W0029299

DAS HAUS HABSBURG

DAS HAUS HABSBURG

EVA DEMMERLE

h.f.ullmann

Vorwort
von Walburga Habsburg Douglas

Wenige Wochen vor dem Tode meines Vaters, Otto von Habsburg, kam die Nachricht, dass Kroatien zum 1. Januar 2013 in die Europäische Union aufgenommen wird. Mein Vater hat diese Nachricht mit großer Freude aufgenommen. Damit war für ihn ein weiterer, wichtiger Meilenstein in der Einigung Europas erreicht.

Das Leben meines Vaters spiegelt in seiner Dauer die Geschichte unseres Kontinents im 20. Jahrhundert wieder. Noch 1912 geboren, prägten ihn als Kind schon der Erste Weltkrieg und die Friedensversuche seines Vaters, Kaiser Karls.

Otto von Habsburg hat immer wieder gesagt, dass, wenn man aus einer Familie stammt, die über 600 Jahre in der Politik ist, dann habe man die Politik in den Genen. Er selbst hat die Verantwortung, die ihm durch seine Herkunft übertragen wurde, nur zu gern übernommen. Als junger Mann erkannnte er früh die Gefahren des Nationalsozialismus, arbeitete intensiv gegen den Anschluss seiner Heimat Österreich an das Deutsche Reich und musste seinen Kampf mit einem neuerlichen Exil in den USA bezahlen. Heimgekehrt nach Europa nach dem Krieg, widmete er sein Leben dem Wiederaufbau Europas und der paneuropäischen Vision der Einigung unseres Kontinents. Nie hat er die Jalta-Grenze akzeptiert – und das Paneuropäische Picknick am 19. August 1989 bedeutete für ihn einen der glücklichsten Momente seines Lebens.

Mein Vater hat es ausgezeichnet verstanden, die Rolle der Habsburger für das 20. und 21. Jahrhundert neu zu definieren. Als Erbe einer Familie, die über viele Jahrhunderte das Heilige Römische Reich und Europa geprägt hatte, war für ihn die Überwindung von Totalitarismus und Nationalismus entscheidend. Er dachte in Völkern und nicht in Staaten. Das Selbstbestimmungsrecht der Völker ist für ihn wesentlich auf dem Weg zur Einigung Europas. Sein Einsatz war einem Europa gewidmet, das, nach christlichen Grundsätzen gestaltet, in Respekt und Achtung vor der Vielfalt seiner Völker, jede Möglichkeit hat, eine starke Supermacht des Friedens zu sein.

An dieser Stelle möchte ich Eva Eleonora Demmerle für ihre unermüdliche Arbeit für meinen Vater und für die Verwirklichung des vorliegenden Bandes danken.

Wir verneigen uns vor einem großen Europäer – Trauer um Otto von Habsburg

Am 4. Juli 2011 verstarb Otto von Habsburg 98-jährig im Kreise seiner Familie in seinem Haus in Pöcking. Seit dem Tod seiner Frau Regina im Februar 2010 hatte er sich aus der Öffentlichkeit zurückgezogen, zumal er seit einem Unfall ein Jahr zuvor in seiner Bewegungsfreiheit eingeschränkt war.

In einem festlichen Trauerzug wird der Sarg von Otto von Habsburg zur Kirche St. Pius in Pöcking gebracht.

Der Tod Otto von Habsburgs wurde national und international mit Betroffenheit aufgenommen. Hunderte von Trauertelegrammen und tausende von Kondolenzen aus der ganzen Welt erreichten die Trauerfamilie und den Chef des Hauses Karl von Habsburg-Lothringen. Durch sein politisches Wirken hatte sich Otto von Habsburg international Achtung und Respekt erworben. In Kondolenzen als auch in öffentlichen Statements würdigten Politiker seinen Kampf gegen Nationalsozialismus und Kommunismus sowie seinen Einsatz für ein geeintes und friedliches Europa.

Die Trauerfeierlichkeiten zeichneten wichtige Stationen im Leben Otto von Habsburgs nach. Am 5. Juli wurden seine sterblichen Überreste in der Kirche St. Ulrich in Pöcking, wo die Familie seit 1954 lebt, aufgebahrt. Schützen aus Tirol und Studenten der Katholischen Österreichischen Landsmannschaften hielten Sargwache. Die Kirche war ununterbrochen, auch nachts, geöffnet. Nicht nur die örtliche Bevölkerung nahm unter großer Anteilnahme Abschied, auch kamen ganze Reisebusse aus Österreich, um dem Sohn des letzten Kaisers noch einmal die letzte Ehre zu erweisen. Ein Busfahrer, der am Münchner Flughafen die Busse vom Terminal zu den Flugzeugen fährt, sagte zu einem der Kinder: *Ihr Vater war der einzige, der mir, als kleinem Busfahrer, die Hand gegeben hat. Nun komme ich, um ihm noch einmal die Hand zu geben.*

Feierliche Aufbahrung von Otto von Habsburg in der Pöckinger kleinen Kirche St. Ulrich. Studenten der Katholischen Österreichischen Landsmannschaften halten Sargwache.

Der frühere Münchner Oberrabbiner Steven Langnas singt ein jüdisches Totengebet für Otto von Habsburg vor der Feldherrenhalle am Odeonsplatz.

Frankreichs Präsident Sarkozy entsandte eine Delegation, den Kanzler der Légion d'Honneur und den französischen Botschafter, um Otto von Habsburg das Großkreuz der Légion d'Honneur zu verleihen. Karl von Habsburg nahm die höchste Ehrung Frankreichs an einen Nicht-Franzosen anstelle seines Vaters dankbar an.

Die höchste Ehrung der Republik Frankreich, das Großkreuz der Légion d'Honneur für Otto von Habsburg übergab General Georgelin Karl von Habsburg am Sarge seines Vaters.

Am 9. Juli verabschiedete sich die Pöckinger Bevölkerung mit einem Trauerzug von der Kirche St. Ulrich zur Kirche St. Pius, wo im Anschluss das Requiem stattfand. Diözesanbischof von Augsburg Dr. Konrad Zdarsa war der Hauptzelebrant.

Am Montag, 11. Juli, wurde in der Theatinerkirche in München ein Requiem gefeiert. Kardinal Reinhard Marx würdigte den Verstorbenen als einen Menschen, der seine Berufung voll gelebt hat und auch trotz vieler Widerstände im Leben seinen Kurs und sein Ziel nie verloren hat. Im Anschluss an das Requiem wurde der Sarg Otto von Habsburgs in einer beeindruckenden Zeremonie auf dem Odeonsplatz vom politischen Bayern verabschiedet. Ministerpräsident Horst Seehofer würdigte vor dem Sarg stehend den Verstorbenen:
Wir verabschieden uns heute von einem großen Europäer und überzeugten Demokraten. Otto von Habsburg hat seine visionäre Kraft ganz in den Dienst einer friedvollen und freien Gemeinschaft der europäischen Völker gestellt. Den Fall des Eisernen Vorhangs und die Wiedervereinigung unseres Vaterlandes haben wir seinem mutigen Einsatz für Demokratie und Menschenrechte mit zu verdanken. Er hielt die Flamme der Freiheit gerade in dunklen Stunden der europäischen Geschichte am Leben.
Einen großen Teil seines Lebens musste Otto von Habsburg im Exil verbringen. In Bayern fand er eine zweite Heimat. Otto von Habsburg war ein großartiger Botschafter Bayerns in Europa und der ganzen Welt. Er war ein Mann des Ausgleichs, der Versöhnung und der Völkerverständigung. Otto von Habsburg stand für zeitlos gültige Werte. Sein Beispiel an tiefer Menschlichkeit wird bleiben. Wir sind ihm zu großem Dank verpflichtet. Wir werden Otto von Habsburg in dankbarer Erinnerung behalten.

Nach dem katholischen Segen sang der Münchner Oberrabbiner Steven Langnas ein jüdisches Totengebet, was von den Trauergästen vor der Feldherrnhalle mit tiefer Bewegung mitverfolgt wurde. Oberrabbiner Langnas würdigte damit Otto von Habsburg, der sein ganzes Leben lang für den Ausgleich unter den drei großen monotheistischen Religionen eingetreten war. Beim anschließenden Trauerempfang im Kaisersaal der Münchner Residenz sprachen neben Ministerpräsident Seehofer auch der ehemalige österreichische Bundeskanzler Wolfgang Schüssel und Hans Gert Pöttering, ehemaliger Präsident des Europäischen Parlamentes und heute Vorsitzender der Konrad-Adenauer-Stiftung. Karl von Habsburg dankte im Namen der Familien und betonte den politischen Vorbildcharakter seines Vaters.

Am folgenden Tag wurde der Sarg Otto von Habsburgs zusammen mit dem Sarg seiner Frau Regina, die bis dahin auf der thüringischen Heldburg ihre Ruhe gefunden hatte, in Mariazell aufgebahrt. Mariazell hat als Wallfahrtsort schon seit vielen Jahrhunderten für die Donaumonarchie eine große Bedeutung gehabt, bis heute wird die Gnadenmutter in allen Ländern des ehemaligen Reiches tief verehrt. Darüber hinaus hatten Otto und Regina von Habsburg eine tiefe persönliche Beziehung zu Mariazell. Schon bei ihrer Hochzeit in Nancy im Mai 1951 stand eine Kopie der Muttergottes auf dem Altar, sowohl die Silberne als auch die Goldene Hochzeit feierten beide in Mariazell.

Diözesanbischof Dr. Egon Kapellari in seiner Predigt im festlichen Requiem: *Erzherzog Otto war auch ein tiefgläubiger katholischer Christ. Dieser Glaube beseelte ihn ebenso als Politiker wie als »pater familias«. Als Politiker kannte er das Wort Bismarcks, dass man mit der Bergpredigt allein keinen Staat regieren könne. Erzherzog Otto wusste aber mit dem heiligen Augustinus, dass ein Staat ohne unzählige Fermente gelebter Bergpredigt in Gefahr ist, zu einem großen Latrocinium, also einer Räuberbande, zu verkommen. Auch im Wissen darum wurden als Evangelium dieser Eucharistiefeier Worte aus der Bergpredigt Jesu Christi verkündet.*

Die Basilika von Mariazell mit Trauerfahne.

Im österreichischen Wallfahrtsort Mariazell werden die Särge von Otto und Regina von Habsburg gemeinsam aufgebahrt.

Aufbahrung von Otto und Regina von Habsburg in der Wallfahrtsbasilika von Mariazell, wo beide zeit ihres Lebens so häufig hingepilgert sind.

Otto von Habsburg ist stets für das Verständnis unter den drei großen Religionen eingetreten. In einem interreligiösen Gebet in der Kapuzinerkirche in Wien gedenken ein jüdischer, ein katholischer und ein muslimischer Geistlicher des Verstorbenen.

Kinder, Schwiegerkinder und Enkel beim Betreten des Stephansdoms in Wien vor dem großen Requiem.

Die spirituelle Immunschwäche unseres Kontinents Europa, auf dem viele Menschen so leben, als ob es Gott nicht gäbe, war dem Verstorbenen eine ständige Herausforderung, sich damit nicht resignativ abzufinden, sondern mit einem nicht arroganten, sondern aus dem tiefen Brunnen Gottes schöpfenden christlichen Selbstbewusstsein ein missionarischer Zeuge Jesu Christi zu sein. Die Kirche liebte er in unbeirrbarer Treue, und mit den Augen seines gläubigen Herzens sah er nicht nur ihre Wunden, sondern auch ihre offenbare und oft verborgene Schönheit weil Heiligkeit.

Nach Mariazell erfolgte die Aufbahrung von Otto und Regina von Habsburg in der Kapuzinerkirche in Wien. Viele Menschen nahmen stundenlange Wartezeiten in Kauf, um Otto und Regina von Habsburg die letzte Ehre zu erweisen. Nach dem Wunsch des Verstorbenen fand ein interreligiöses Gebet statt, bei dem der Wiener Weihbischof Stephan Turnovszky, der frühere Oberrabbiner der jüdischen Kultusgemeinde in München und Oberbayern Steven Langnas und der Großmufti von Sarajevo, Reisu-l-Ulema Mustafa Ceri, die Totengebete sprachen. Die Verständigung der drei sich auf Abraham berufenden Religionen war zeitlebens ein zentrales Anliegen des verstorbenen Otto von Habsburg. Die enge Beziehung des gläubigen Katholiken zum Judentum und zum Islam hat historische, familiengeschichtliche und auch lebensgeschichtliche Dimensionen. Otto von Habsburg war davon überzeugt, dass Juden, Christen und Muslime an den einen Schöpfer-Gott glauben und deshalb bei allem, was sie unterscheidet und trennt, doch eine breite gemeinsame Basis im Glauben und in der Verantwortung haben.

Der österreichische Bundespräsident Heinz Fischer und seine Gemahlin, König Carl Gustaf und Königin Silvia von Schweden, Fürst Hans Adam und Fürstin Marie von Liechtenstein sowie Großherzog Henri von Luxemburg nehmen am Requiem teil. In der zweiten Reihe: Der österreichische Bundeskanzler Faymann und Georgiens Staatspräsident Mikhail Saakashvili.

Am Samstag, 16. Juli, erfolgte das große Requiem im Wiener Stephansdom. Über tausend Trauergäste nahmen in der Kathedrale Platz, darunter zahlreiche Vertreter des europäischen Hochadels und der internationalen Politik. Auch die Republik Österreich war vertreten durch Bundespräsident Fischer und Bundeskanzler Faymann. Dieser hatte kurz zuvor in einem Interview die Verdienste Otto von Habsburgs um die Wiedererstehung Österreichs nach dem Zweiten Weltkrieg und die europäische Einigung betont.

Predigt von Kardinal Dr. Christoph Schönborn:
Viel Würdigendes ist in den vergangenen Tagen über das Leben des Verstorbenen gesagt worden. Heute, am Ende seines Pilgerweges, geht es um die letzten Fragen, die sich für jeden von uns angesichts des Todes stellen. Heute stell ich an ihn und an uns, die wir seiner gedenken, die Frage: Wie können wir uns von Otto von Habsburg in Dankbarkeit und Respekt so verabschieden und sein Leben und Sterben so deuten, dass viele angeregt werden, über ihr eigenes Leben und auch über ihr unausweichliches Sterben nachzudenken und es im Licht des Glaubens der Kirche zu verstehen und zu gestalten.
Es ist unsere christliche Grundüberzeugung, dass jeder Mensch von Gott gewollt, einmalig geschaffen ist und eine eigene, unverwechselbare Berufung hat. Sie aufzufinden, auf sie zu antworten, ist letztlich entscheidend für ein geglücktes Leben - vor Gott, nicht immer vor den Menschen.
Menschen sind oft gefordert, einer Berufung treu zu bleiben, obwohl das Umfeld sich völlig verändert hat, alles anders geworden ist. Das Leben des Verstorbenen ist dafür ein Beispiel. Die Lesungen der Heiligen Schrift, die wir gehört haben, weisen in diese Richtung.

Kardinal Dr. Christoph Schönborn bei seiner Predigt im Stephansdom.

»Der Herr sprach zu Abraham: Zieh weg aus deinem Land ... in das Land, das ich dir zeigen werde ... Ein Segen sollst du sein ... Durch dich sollen alle Geschlec hter der Erde Segen erlangen.«
Abraham, den wir als Vater der Glaubenden verehren, wird ein Leben lang unterwegs sein, auf Wegen, die für ihn selber völlig unerwartet waren, denen er sich aber Gott vertrauend, Gott glaubend, gestellt hat. In den neuen Situationen, in die der Ruf Gottes ihn bringt, die ihn aus seiner bisherigen vertrauten Welt herausreißen, findet er seine eigene Berufung.
Otto von Habsburg wurde durch die gewaltigen politischen Umbrüche in eine neue Lebenssituation hineingestellt, die ihm als Kronprinz und Thronfolger der großen Doppelmonarchie sicher nicht vorgezeichnet war.
Das berührende Bild des Vierjährigen im weißen Kleid zwischen seinen Eltern beim Begräbnis von Kaiser Franz Joseph ging dieser Tage durch alle Medien. Als er sechs Jahre alt war, ging die Monarchie zu Ende, und damit die Welt, in der er eine so große Rolle hätte spielen sollen.

Zwei Haltungen bewundere ich an ihm, die er in seinem langen Leben seit dem Zusammenbruch der alten, kaiserlichen Welt, in vorbildlicher Weise vorgelebt hat: Einerseits die Fähigkeit, sich wach und ohne Scheu auf völlig neue Situationen einzulassen. Und andererseits den Mut und die Entschiedenheit, an dem festzuhalten, was er als Erbe und Auftrag aus seiner Herkunft ansah. Das erklärt zum Teil die Widersprüchlichkeit der Urteile über ihn: den einen zu modern, zu unkonventionell, den anderen zu konservativ, ja reaktionär. In Wirklichkeit ist er, so sehe ich es, ein leuchtendes Beispiel einer unbeirrten, lebenslangen Treue zu seiner eigenen, unverwechselbaren Berufung.
Otto von Habsburg hat seine Berufung angenommen, im christlichen Glauben, den er in seltener Tiefe von seinen Eltern vorgelebt sah. Er hat das Erbe seiner Familie als Auftrag und Berufung verstanden. Er hat nicht der Vergangenheit nachgetrauert, sich aber auch nicht von denen einschüchtern lassen, die sie kleinreden möchten und nur deren Schattenseiten sehen wollen. Er hat uns vorgelebt, wie wir unverkrampft aus dem Gestern für das Morgen schöpfen können. In Sachen Umgang mit der Geschichte dürfen wir in Österreich von ihm lernen. Und Lernen war noch nie eine Schande.
Es gehört zur political correctness, die Idee des Gottesgnadentums für völlig vorgestrig zu halten. Otto von Habsburg hat sie, im ganz ursprünglich gemeinten Sinn, zuerst als Verantwortung verstanden: Nicht als ein Anrecht auf eine Herrscherposition, sondern als Auftrag, die anvertrauten Aufgaben, in die wir hineingestellt sind, in Verantwortung vor Gott wahrzunehmen. Die Verantwortung vor Gott, wie wir mit dem uns Anvertrauten umgehen, können wir nicht ablegen oder delegieren.
1971 schrieb Otto von Habsburg über das, was jetzt, 40 Jahre später, für ihn Wirklichkeit geworden ist: »Wenn man seinem Schöpfer entgegentritt, gilt vor diesem nur Pflichterfüllung und guter Wille. Gott verlangt von dem Menschen nicht, Ihm Siegesberichte zu bringen. Den Erfolg gibt Er. Von uns erwartet Er nur, dass wir unser Bestes tun.«

Das Evangelium von den acht Seligpreisungen enthält das Herzstück der Verkündigung Jesu. Es mag schon stimmen, was immer wieder gesagt wird: mit den Seligpreisungen Jesu lasse sich kein Staat machen. Als Staatsgrundgesetz sind

Kondolenzschreiben von Papst Benedikt XVI. an Karl von Habsburg:
Mit tiefer Anteilnahme habe ich vom Heimgang Ihres Vaters S. k. k. H. Erzherzog Otto von Österreich Kenntnis erhalten. In der Stunde der Trauer über diesen schmerzlichen Verlust verbinde ich mich mit Ihnen und der gesamten kaiserlichen Familie im Gebet für den Verstorbenen. In einem langen und erfüllten Leben ist Erzherzog Otto zum Zeugen der wechselvollen Geschichte Europas geworden. In Verantwortung vor Gott und im Bewusstsein eines bedeutenden Erbes hat er sich als großer Europäer unermüdlich für den Frieden, das Miteinander der Völker und eine gerechte Ordnung auf diesem Kontinent eingesetzt. Gott, der Herr, möge ihm sein vielfältiges Wirken zum Wohle der Menschen reichlich lohnen und schenke ihm das Leben in Fülle in seinem himmlischen Reich. Auf die Fürsprache der Gottesmutter Maria erteile ich den Angehörigen und allen, die um Erzherzog Otto trauern und für sein ewiges Heil beten, von Herzen den apostolischen Segen.

Der Wortlaut der Anklopfzeremonie:
(Zeremonienmeister klopft dreimal)
»Wer begehrt Einlass?«
»Otto von Österreich, einst Kronprinz von Österreich-Ungarn, königlicher Prinz von Ungarn und Böhmen, von Dalmatien, Kroatien, Slawonien, Galizien, Lodomerien und Illyrien, Großherzog von Toskana und Krakau, Herzog von Lothringen, von Salzburg, Steyer, Kärnten, Krain und der Bukowina, Großfürst von Siebenbürgen, Markgraf von Mähren, Herzog von Ober- und Niederschlesien, von Modena, Parma, Piacenza und Guastalla, von Auschwitz und Zator, von Teschen, Friaul, Ragusa und Zara, gefürsteter Graf von Habsburg und Tirol, von Kyburg, Görz und Gradisca, Fürst von Trient und Brixen, Markgraf von Ober- und Niederlausitz und in Istrien, Graf von Hohenems, Feldkirch, Bregenz, Sonnenberg etc., Herr von Triest, von Cattaro und auf der Windischen Mark, Großwojwode der Wojwodschaft Serbien., etc., etc.«
»Wir kennen ihn nicht!«
(Zeremonienmeister klopft dreimal)
»Wer begehrt Einlass?«
»Dr. Otto von Habsburg, Präsident und Ehrenpräsident der Paneuropa-Union, Mitglied und Alterspräsident des Europäischen Parlamentes, Ehrendoktor zahlreicher Universitäten und Ehrenbürger vieler Gemeinden in Mitteleuropa, Mitglied ehrwürdiger Akademien und Institute, Träger hoher und höchster staatlicher und kirchlicher Auszeichnungen, Orden und Ehrungen, die ihm verliehen wurden in Anerkennung seines jahrzehntelangen Kampfes für die Freiheit der Völker, für Recht und Gerechtigkeit.«
»Wir kennen ihn nicht!«
(Zeremonienmeister klopft dreimal)
»Wer begehrt Einlass?«
»Otto – ein sterblicher, sündiger Mensch!«
»So komme er herein!«

sie nicht gedacht. Wohl aber als Charta für ein geglücktes Leben, das sich gelohnt hat, dem Gott Seinen Lohn verheißt. Ich nehme hier drei heraus:

»Selig, die arm sind vor Gott.«
Zu einem geglückten Leben gehört vor allem die große Gabe der Demut, die Gabe der wirklich Großen, die sich vor Gott klein wissen und daher auf niemanden herabschauen. Zahllosen Menschen ist das an Otto von Habsburg aufgefallen: Keinerlei Standesdünkel, gepaart mit dem »bescheidenen Selbstbewusstsein« (Papst Benedikt XVI.), der Erbe des Hauses Habsburg zu sein.
Wie gut täte es uns allen, auch ohne aus dem kaiserlichen Haus zu stammen, uns der königlichen Würde jedes Christen, jedes Menschen bewusst zu sein, von der die jüdisch-christliche Tradition so mächtig Zeugnis gibt. Diese tief in seinem lebendigen Glauben wurzelnde Überzeugung ermöglichte es Otto von Habsburg, Menschen unterschiedlichster Herkunft und Weltanschauung »auf Augenhöhe« zu begegnen. So sagt er selber: »Der gläubige Mensch sieht in sich selbst und in seinem Nächsten ein Ebenbild Gottes, dem der Schöpfer Rechte gegeben hat, die ihm weder ein Einzelner noch ein Staat, weder ein Tyrann noch der schwankende Wille einer Mehrheit wegnehmen kann.«

»Selig, die hungern und dürsten nach der Gerechtigkeit.«
Das Streben nach der Gerechtigkeit war eine weitere Grundhaltung seines Lebens. Im Äußeren Burgtor, durch das nachher der Kondukt führen wird, steht der Wahlspruch Kaiser Franz I. (seines Ur-Ur-Urgroßvaters): »Justitia regnorum fundamentum« – die Gerechtigkeit ist das Fundament aller Herrschaft. Otto von Habsburg hat in seinem langen Leben gesehen, wie Staaten zu Räuberbanden degenerieren, wenn die Gerechtigkeit nicht mehr ihre Grundlage ist, wenn Einzel- oder Nationalinteressen das Gemeindewohl verdrängen, wenn brutale Macht die Ordnung der Gerechtigkeit verdrängt.

»Selig die Friedensstifter.«
Keine der Seligpreisungen Jesu hatte im Leben des Verstorbenen so ein Gewicht wie diese. »Ein Tag Krieg kostet viel mehr als ein Jahr Friedenserhalt«, hat er einmal gesagt. Es sei mir gestattet, zum Schluss im Blick auf diese Seligpreisung einen Gedanken auszusprechen, den ich im Herzen trage.
Ich denke an die Katastrophe des 1. Weltkrieges. In der langen, prägenden und in vieler Hinsicht reich gesegneten Regierungszeit Kaiser Franz Josephs gab es wohl keinen schwereren, folgenreicheren Fehler als den, diesem Krieg zuzustimmen und ihn zu erklären. Er hat zum sinnlosesten Blutvergießen geführt, dem auch das Bemühen des Vaters unseres Verstorbenen, des seligen Kaisers Karl, nicht mehr Einhalt gebieten konnte. Die beiden schlimmsten, massenmordenden Ideologien, die die Menschheit bisher gekannt hat, waren bittere, giftige Früchte auch dieses Krieges.
Dürfen wir das Lebenswerk dieses großen Verstorbenen nicht auch als einen unermüdlichen Versuch verstehen, das Unglück, das der 1.Weltkrieg über Europa, über die Menschheit gebracht hat, wieder gutzumachen? Mit aller Leidenschaft seines Herzens, seiner großen Intelligenz und seines Mutes hat er dem Friedensprojekt Europa gedient. Gewiss, auch eine noch so gut gelungene europäische Integration schafft nicht das Paradies auf Erden. Das ist auch nicht Aufgabe der Politik! Aber ein gutes gedeihliches Zusammenleben der Völker und

Kulturen, der Sprachen und Religionen zu fördern, darin sah Otto von Habsburg seinen Auftrag, seine Berufung, in Treue zum Erbe seines Hauses, im Geiste des Evangeliums Jesu Christi, das die Friedensstifter seligpreist.

Am 22. Mai 2004 fand in Mariazell der »Mitteleuropäische Katholikentag« statt. Über 100.000 Pilger waren aus 8 Ländern gekommen, Polen und Tschechen, Slowaken und Ungarn, Kroaten und Slowenen, Bosnier und Österreicher. Das Wetter war eiskalt und regnerisch. Otto von Habsburg und seine verehrte, ihm unzertrennlich helfend zur Seite stehende Frau Regina waren dabei. Nach dem Gottesdienst fragte ich den damals 92-Jährigen, ob er nicht schrecklich gefroren habe. Seine Antwort, mit einem unvergesslichen Freudestrahlen: »Nein dafür haben wir doch gelebt!«

Dafür gelebt zu haben, dafür sage ich heute:
Vergelt´s Gott, Hoher Herr! Vergelt's Gott, du großer Heimgekehrter!
Vergelt´s Gott, du treuer Diener! Geh ein in die Freude deines Herrn. – Amen.

Nach dem Requiem zog der Trauerkondukt durch die Wiener Innenstadt bis hin zur Kapuzinergruft. Nach dem traditionellen Anklopfzeremoniell öffneten die Kapuzinermönche das Tor und Otto von Habsburg wurde an der Seite seiner Frau Regina in der Gruftkapelle beigesetzt.

Die Trauerfeierlichkeiten fanden ihren Abschluss in Budapest und der Benediktinerabtei Pannonhalma in Ungarn, wo die Herzurne Otto von Habsburgs beigesetzt wurde.

Das Anklopfzeremoniell wird von Dr. Ulrich Lipp, einem Freund der Familie durchgeführt.
Im ersten Teil der Zeremonie referiert der Zeremonienmeister die Herkunft des Verstorbenen, also die Rolle, die ihm von der Geschichte her zuwuchs. Im zweiten Teil referiert er die Ehrungen und Auszeichnungen, die Otto von Habsburg aufgrund seiner eigenen Leistungen verliehen wurden. Die zweimalige Antwort des Kapuzinerpaters »Wir kennen ihn nicht!« bedeutet, dass all dies irdisch ist und auf dieser Erde zurückbleibt. Einlass in die Kirche findet der Verstorbene als »sterblicher, sündiger Mensch« – also so, wie jeder Mensch vor Gottes Richterstuhl tritt: demütig und angewiesen auf die Barmherzigkeit Gottes.

Der Chef des Hauses, Karl von Habsburg, mit seinem Sohn Ferdinand Zvonimir und seinem Bruder Georg von Habsburg in der Kapuzinergruft.

Die Herzurne mit dem Herz Otto von Habsburgs in Pannonhalma.

Vorwort
von
Otto von Habsburg

* 20.11.1912
† 04.07.2011

Wenn wir die Geschichte studieren, stellen wir fest, dass es trotz zahlreicher Brüche doch eine Reihe von Kontinuitäten gibt, die immer existieren, zwar manches Mal vergraben sind, aber immer wieder auftauchen und nicht zerstörbar sind. Die Vergangenheit ist das bestimmende Element für die Gegenwart, und wir leben alle aus der Geschichte heraus, da sie das Fundament für all unser Tun ist.

Zu Beginn des 21. Jahrhunderts befinden wir uns in einer Zeit, in der sich die Einigung Europas sichtbar ihrer Vollendung nähert. Noch ist das Ziel nicht erreicht, dass alle europäischen Nationen in unserer friedlichen Gemeinschaft leben können. Kroatien, Bosnien und Herzegowina, Serbien, Mazedonien, Kosovo und Albanien, aber auch die Ukraine, Weißrussland und die Länder des Kaukasus haben eine lange europäische Tradition, der wir Rechnung tragen müssen. Ohne sie ist dieses Europa nicht vollständig.

Die europäische Einigung ist auf dem Boden des tragischen Endes des Nationalismus und der Nationalstaaten gewachsen. Das 20. Jahrhundert hat, trotz aller wirtschaftlichen, wissenschaftlichen, technischen und medizinischen Fortschritte, ungeahnte Grausamkeiten über die Menschen unseres Kontinentes gebracht. Als die Gründerväter der Europäischen Union – Robert Schuman, Konrad Adenauer und Alcide De Gasperi – deren Keimzelle, die Montanunion, gründeten, knüpften sie dort an, wo es übernationale Werte in unserer Geschichte gibt. Auch wenn es bei manchen nicht so populär ist, so bleibt doch unbestritten, dass unser Europa weitgehend aus den Traditionen des Heiligen Römischen Reiches lebt. Die Übernationalität ist keineswegs eine Erfindung der zweiten Hälfte des vorigen Jahrhunderts, sondern sie hat über ein Jahrtausend lang existiert, institutionalisiert im Reich.

Auch wenn manche schreiben, das Reich habe im Laufe seiner Geschichte immer mehr an Macht und Autorität verloren, so verzerrt dies doch den Blick. Der Leitgedanke des Reiches war nicht die Macht, sondern das Recht, welches sich auf eine höhere Instanz, nämlich Gott, beruft. Es ging vielmehr um einen Rechtsrahmen, um ein Gemeinwesen, welches trotz seiner Verschiedenheit seinen Bürgern eine gewisse Sicherheit bot. Dies erklärt auch die Unsicherheit, die sich im deutschen Raum ausbreitete, als das Reich untergegangen war. Der Gedanke an die irdische Macht, der Glaube an die Nation ersetzten den Glauben und die Verantwortung vor einer transzendenten Macht.

Die Geschichte der Habsburger ist eng mit der des Reiches verknüpft. Über 500 Jahre lang waren Habsburger Kaiser des Reiches. Das hat nicht nur das Reich geprägt, sondern auch die Familie. Wenn die Vorfahren über viele Jahrhunderte hinweg in der Politik waren, dann hat man die Politik sozusagen in den Genen. Und man hat auch die Verantwortung, diesen Ahnen gerecht zu werden.

In der langen Reihe der Vorfahren hat es stärkere, aber auch schwächere gegeben. Im Allgemeinen hat aber ein jeder versucht, seine Pflicht zu tun, wenn auch mit den unterschiedlichsten Begabungen. Immer hat die Erziehung zum Pflichtbewusstsein eine große Rolle gespielt, aber auch die Bindung an die Religion, das Bewusstsein für Gott, vor dem man eines Tages Rechenschaft ablegen muss.

Natürlich ist mein Vater, Kaiser und König Karl, eine der prägendsten Persönlichkeiten für mich. Obwohl er wusste, dass er sehr wenig Zeit haben würde und viele gegen ihn standen, hat er doch nach Antritt seiner Regierung alles versucht, den Krieg zu beenden.

In der langen Geschichte des Hauses hat es viele unterschiedliche Persönlichkeiten gegeben. Kaiser Friedrich III., dem man vorwarf, er habe zu sehr ausgeharrt und sich allem entzogen – aber dabei hat er in seiner langen Regierungszeit wichtige Vorbereitungen für die kommenden Jahrhunderte getroffen. Die Verheiratung seines Sohnes Maximilian mit Maria von Burgund brachte das burgundische Element in das Haus Österreich, welches auch ein wesentliches Element Europas ist. Kaiser Karl V. lebte aus diesem burgundischen Geist heraus, seine Vielsprachigkeit, sein europäisches Bewusstsein können uns heute Richtschnur sein. Von Kaiserin Maria Theresia ist ein kluger Satz überliefert: »Ein Gesetz ist erst dann legitim, wenn es der dümmste Schweinehirt in Galizien versteht.« – Es wäre ratsam, wenn sich die heutigen Bürokraten und Gesetzemacher mit diesem Satz beschäftigen würden. Und auch Kaiser Franz Joseph kann uns heute viel geben mit seinem hohen Arbeitsethos und Pflichtbewusstsein.

Die Donaumonarchie wird oft als ein Vorbild für das geeinte Europa zitiert. Das kann in zweifacher Hinsicht zutreffen: einerseits, weil die Monarchie in gewissem Maße die Erbin des Heiligen Römischen Reiches war, und andererseits, weil der Donauraum eine gewachsene Einheit ist. Es erfüllt mich mit besonderer Freude, wenn ich heute sehe, wie die Länder des Donauraums wieder zusammenwachsen.

Es ist wichtig, aus der Geschichte zu lernen: zum einen, um die Fehler der Vergangenheit nicht zu wiederholen, zum anderen, weil die Geschichte uns prägt und uns wichtige Handreichungen für die Zukunft gibt.

Inhalt

Einleitung

Mittleres gemeinsames Wappen Österreich-Ungarns. *Hugo Gerhard Ströhl, 1915.* Im Jahr 1915 wurde das gemeinsame Wappen für alle österreichisch-ungarischen k.u.k. Institutionen eingeführt. Es ist eine Kombination aus den Wappen der beiden Reichshälften Österreich (Cisleithanien) und Ungarn (Transleithanien) sowie dem Doppeladler, der für die Dynastie Habsburg-Lothringen steht. Auf der linken Seite trägt ein Greif den Wappenschild von Österreich mit den Wappen der zugehörigen Kronländer, gekrönt von der Kaiserkrone. Auf der rechten Seite stehen das von einem Engel getragene ungarische Wappen und die Wappen der ungarischen Reichsländer, gekrönt von der ungarischen Königskrone. Der Wappenspruch »Indivisibiliter ac Inseparabiliter« (»Unteilbar und Untrennbar«) weist auf die Zusammengehörigkeit der beiden Reichshälften hin.

Unter den europäischen Dynastien stellen die Habsburger eine Besonderheit dar. Keine andere Familie ist so eng mit der Geschichte Europas verknüpft. 650 Jahre lang währte ihre Herrschaft, von 1273, als Rudolf von Habsburg überraschend zum König des Heiligen Römischen Reiches gewählt wurde, bis zum Untergang der Doppelmonarchie Österreich-Ungarn im Jahr 1918. Das Heilige Römische Reich Deutscher Nation währte 1000 Jahre, und 500 Jahre davon trugen die Habsburger dessen Krone. Seit Kaiser Maximilian I. und Kaiser Karl V., der mit Spanien über die Neue Welt herrschte, handelte es sich um »Global Players«.

Die Habsburger haben immer global gedacht und gehandelt. Sie sind nicht in die engen Grenzen einer Nation einzuordnen, auch wenn sie sich die Casa d'Austria, das Haus Österreich, nennen. Auch hier sprengt der Begriff Österreich die Dimension eines Nationalstaates. Von Beginn an waren die Habsburger übernational orientiert, bereits zu der Zeit, als König Rudolf I. die Schlacht gegen den böhmischen König Ottokar II. auf dem Marchfeld gewann und sich damit die Dynastie im Donauraum etablierte.

Bis heute üben die Habsburger auch jenseits der Sissi-Romantik eine ungeheure Faszination aus. Die Kontinuität ihrer Herrschaft begründet einen Teil dieser Faszination. Nicht allen Dynastien ist es gelungen, eine solche Menge an Legitimität und an Traditionen zu schaffen. Die Habsburger verfügen über ein außergewöhnliches Prestige.

Der Habsburgermythos findet sich in Kunst, Literatur und Musik. Wehmütig erinnern sich Schriftsteller wie Franz Werfel, Heimito von Doderer, Robert Musil, Friedrich Torberg, Claudio Magris und Gregor von Rezzori an die untergegangene Welt. Für Stefan Zweig wurde dieses Österreich zu einem »goldenen Zeitalter der Sicherheit. Alles in unserer fast tausendjährigen österreichischen Monarchie schien auf Dauer gegründet und der Staat selbst der oberste Garant dieser Beständigkeit... jeder wußte, wieviel er besaß oder wieviel ihm zukam, was erlaubt und was verboten war. Alles hatte seine Norm, sein bestimmtes Maß und Gewicht.« Der kulturelle Lebensstil der Donaumonarchie prägt die Region Mittel- Südosteuropas bis heute. Ganz gleich, wo man sich befindet, zwischen Salzburg und Czernowitz, zwischen Prag, Triest und Sarajevo, überall verspürt man noch etwas von diesem kulturellen Humus. Eine gemeinsame Kultur verbindet noch heute das ehemalige Reich. Mitunter wird behauptet, dass die Verbreitung der Palatschinke Mitteleuropa definiert. Doch wer in Salzburg das Café Bazar aufsucht, wird sich dort ähnlich fühlen wie im Café Gerbeaud in Budapest oder im Café Tirolerhof in Wien. Die Opernhäuser von Zagreb, Budapest und Czernowitz gleichen dem von Wien, selbst in Sarajevo, welches noch die jüngste Metropole in Österreich-Ungarn war, erinnert man sich angesichts vieler Bauten an Österreich.

Spuren der Habsburger lassen sich nahezu überall finden, auch jenseits der Länder der ehemaligen Monarchie: Im Speyerer Dom mit seinen eindrucksvollen mittelalterlichen Kaisergräbern, in den Niederlanden, die lange unter habsburgischer Herrschaft waren, in Bremen, in Bourg-en-Bresse in Frankreich, wo wir die Gräber von Erzherzogin Margarete finden, in Spanien, dessen Escorial uns heute noch ein Abbild des Herrschaftsanspruchs von Philipp II. ist, in Mailand die Scala, die unter Maria Theresia erbaut wurde, in der Region Friaul, wo heute

Die Oper von Czernowitz, der Hauptstadt der Bukowina, tief im Osten des Reiches. Die kulturelle Verbundenheit der Völker des Donauraums reichte weit über die nationalen Grenzen hinaus und verband die 14 Nationalitäten zu einem großen Ganzen.

Maria-Theresien-Denkmal, *1888*. Das Denkmal von Kaiserin Maria Theresia, der »mütterlichen Majestät«, dominiert im Zentrum von Wien den Platz zwischen dem Kunsthistorischen und dem Naturhistorischen Museum.

Krone des Heiligen Römischen Reiches (Detail), *ca. 960*. »Per me reges regnant« – »Durch mich regieren die Könige«. Auf der rechten vorderen Stirnplatte der Krone wird auf das Gottesgnadentum verwiesen, das heute oft falsch definiert wird. Das Gottesgnadentum ist kein Privileg des Herrschers. Es ist eine ganz besondere Aufforderung zum gerechten Herrschen, da eines Tages vor dem Schöpfer Rechenschaft abgelegt werden muss.

noch in Cormòns Kaisers Geburtstag gefeiert wird, selbst in Mittelamerika prangt an manchen Kirchen noch der Doppeladler und in der Schweiz, im Aargau, wo die Ruine der Stammburg, die Habsburg steht.

Das Persönlichkeitsspektrum der Habsburger Herrscher ist weit. Es gab begabte und weniger begabte, weitblickende und dynamische Herrscher, aber auch geistesschwache und nahezu regierungsunfähige. Aber eines hatten sie alle gemeinsam: Jeder hat auf seine Weise dem Hause gedient, und ein jeder war immer überzeugt von der besonderen Stellung der Familie. Man erflehte die Gnade Gottes für das Herrscheramt, mit dem man Gott, den eigenen Ländern und dem Hause diente. Selbst Rudolf II., der sich kauzig in den Prager Hradschin zurückgezogen hatte und sich viel lieber mit Kunst und Alchemie beschäftigte als mit Politik, war überzeugt von seiner Bedeutung in der historischen Kette seiner Ahnen.

Dafür aber war Rudolfs Sammelleidenschaft einer der Höhepunkte im habsburgischen Mäzenatentum. Gerade das 16. und 17. Jahrhundert war die große Zeit der Habsburger als Sammler. Mit viel Kunstverstand wurden Artefakte zusammengetragen und Künstler gefördert. Der weite Horizont der Sammlungen entsprach der Großräumigkeit des politischen Denkens der Casa d'Austria. Besonders fruchtbar erwies sich in dieser Hinsicht die Beziehung zu den Niederlanden. Die Sammlungen können wir heute im Kunsthistorischen Museum und in der Schatzkammer in Wien bestaunen. Nicht umsonst steht das Kunsthistorische Museum im gleichen Rang wie der Louvre in Paris oder das Metropolitan Museum of Art in New York.

Von Anfang an ist die Geschichte der Habsburger einerseits eng verknüpft mit dem Donauraum, andererseits mit dem Heiligen Römischen Reich Deutscher Nation. Otto von Habsburg sagte dazu: »Nicht wir haben das Reich gesucht, sondern das Reich hat uns gesucht. Das Reich hat sich unserer bemächtigt.« Habsburg war die kaiserliche Dynastie des Abendlandes. Sie verkörperte seit Rudolf I. die reichische Idee. Der Kaiser in seiner Funktion als Reichsoberhaupt war kein territorialer Fürst. Seine Aufgabe war eine andere, nämlich über den Fürsten zu stehen. Wer die Verantwortung trägt, wer an der Spitze eines so komplizierten Gebildes, wie es das Reich war, steht oder über viele verschiedene Nationen herrscht, der muss in der Lage sein, Ausgleich zu schaffen und Kompromisse einzugehen. Jene Habsburger, die Zentralisten waren, mussten zwangsläufig scheitern. Joseph II. konnte seine Ideen nicht durchsetzen, und Franz Joseph I. musste nach einigen Jahren von der zentralistischen Regierungsform abrücken. Der Kaiser des Reiches hatte die Aufgabe, das Recht zu vertreten, eine höhere Rechtsordnung, die einen eindeutigen Bezug auf das Transzendente, auf Gott, hatte, zu schaffen. Allein die Reichskrone spiegelt dies in ihrer Symbolik wider. Auf einer ihrer Platten ist Christus dargestellt mit dem Spruch: »Per me reges regnant.« – »Durch mich regieren die Könige.«, das heißt, alle Macht kommt durch Christus und muss daher versuchen, Christus gerecht zu werden.

Das Gottesgnadentum bedeutet eben nicht, dass einem Herrscher oder seiner Dynastie von Gott besondere Vorrechte verliehen werden. Der Begriff sagt nur, dass alle Macht vom Schöpfer gegeben ist und im letzten Ursprung von oben kommt. Über diese Befugnisse wird dereinst Rechenschaft abzulegen sein. Eine solche Auffassung ist freilich eine totale Antithese zum machiavellistischen Machtstreben.

Die Gnadenstatue der Muttergottes von Mariazell, *13. Jh.*, spielt für das Haus Habsburg bis heute eine große Rolle. Die Muttergottes von Mariazell ist nicht nur die »Magna Mater Austriae«, sondern auch die »Magna Mater Hungariae« und die »Mater Gentium Slaworum«. Bis heute pilgern Gläubige aus allen Völkern der Donaumonarchie zu dieser Muttergottes.

Im österreichischen Judentum gab es einen speziellen Segen über den Kaiser. Beim letzten Besuch von Kaiser Karl und Kaiserin Zita in Pressburg (heute Bratislava) sprach der jüdische Oberrabbiner im September 1918 seinen Segen über das Herrscherpaar.

Der Roman »**Radetzkymarsch**« von Joseph Roth erschien erstmals 1932 in Berlin. »Österreich-Ungarn, das war jenes Stück Land, das der liebe Gott Kaiser Franz Joseph anvertraut hatte.« Ursprünglich hatte Roth den Roman als eine Art Abrechnung mit seiner untergegangenen Heimat konzipiert, doch wurde daraus ein wehmütiges Requiem auf den Vielvölkerstaat Österreich-Ungarn. Anhand des Schicksals einer Familie über drei Generationen hinweg beschrieb Roth den Niedergang der Monarchie bis zum Ersten Weltkrieg.

Generell waren die Habsburger im Gegensatz zu anderen Herrschern nicht expansiv ausgerichtet. Gebiete wurden durch Heirat erobert, nicht durch Armeen. Das Sprichwort: »Bella gerant alii – tu, felix Austria, nube!« – »Andere mögen Kriege führen, du, glückliches Österreich, heirate!« ist heute noch in aller Munde. Kriege wurden hauptsächlich zur Verteidigung geführt und nicht zur Gebietseroberung. Kaiserin Maria Theresia machte ihrem Sohn Joseph bittere Vorwürfe, als er sich gemeinsam mit Russland und Preußen an der polnischen Teilung beteiligte.

Die Pietas Austriaca, die österreichische Frömmigkeit, ist sprichwörtlich. Nahezu alle Habsburger zeichnen sich durch eine ausgesprochene Religiosität aus. Kaum einer, der nicht eine große persönliche Frömmigkeit an den Tag legte. Dies zeigte sich auch in der persönlichen Lebensführung. Eine offizielle Mätressenwirtschaft wie beispielsweise am französischen Hof war in Österreich nicht denkbar. Man konnte aber auch mit dem Papst und dem Klerus in Konflikt geraten. Davon gab es nicht wenige. Nicht nur Joseph II. oder Kaiser Karl V. hatten großen Kummer mit der reformbedürftigen Kirche, zeitweilig stand Karl V. mit dem Papst sogar im kriegerischen Konflikt. Doch hatte er auch Verständnis und ein gewisses Maß an Toleranz gegenüber Luther. Noch 100 Jahre zuvor hatte ein Reichstag die Verbrennung des Ketzers Jan Hus angeordnet, aber an solche Maßnahmen dachte man nun nicht mehr. Die Habsburger hatten stets ein besonderes Verhältnis zur katholischen Kirche. Natürlich hatte es auch die zeitbedingte Intoleranz gegenüber den Juden gegeben, aber früher noch als in anderen Staaten setzten sich die Toleranzedikte durch. Im Reich Kaiser Franz Josephs hatte es nicht nur Militärpfarrer und protestantische Militärgeistliche gegeben, sondern auch Heeresrabbiner und Heeresimame. Als Bosnien und Herzegowina unter österreichische Verwaltung kam, war der Kaiser der Ansicht, die neue religiöse Gemeinschaft in seinem Reich, die Muslime, müssten ein eigenes geistliches Oberhaupt haben, und richtete das Amt des Großmufti von Sarajevo ein. Darüber hinaus war auch er tiefreligiös und verehrte auch wie seine Vorfahren die heilige Muttergottes. In Mariazell steht die Gnadenstatue der Heiligen Maria, die nicht nur die Magna Mater Austriae ist, sondern auch die Magna Mater Hungariae und Mater Gentium Slavorum. Bis heute ist Mariazell ein Wallfahrtsort und Heiligtum für alle Völker der einstigen Monarchie.

Auch Kaiser Franz, der unter dem Druck Napoleons das Reich auflöste, wusste genau, was das Reich bedeutete. Er stand jener Verzerrung des Kaiserbegriffes, die Napoleon Bonaparte mit sich brachte, diametral gegenüber. Da er damit rechnete, dass der korsische Eroberer sich die höchste Würde des Reiches aneignen würde, um damit eine direkte Verbindung zu Karl dem Großen herzustellen, war es sein Bestreben, dieser Schändung der größten Institution des Abendlandes vorzukommen. Er legte die Reichskrone nieder und erklärte das Heilige Römische Reich für erloschen. Man mag es als schweres politisches Versäumnis betrachten, dass der Wiener Kongress 1814/15 diesen Schritt nicht rückgängig gemacht hat. Es hat nicht wenige geben, die das gefordert hatten.

Die reichische Idee stand immer im Gegensatz zum Nationalismus. Die Habsburger verkörperten auch nach dem Untergang des Heiligen Römischen Reiches die reichische Idee. Um den eigenen Ideen treu zu bleiben, mussten die Habsburger den Kampf gegen den Nationalismus im 19. Jahrhundert antreten. Und mit dem

Stefan Zweig und Joseph Roth im Exil. Die großen Chronisten der letzten Jahre der Donaumonarchie haben den Untergang ihres Vaterlandes nicht überwinden können. Nur der Vielvölkerstaat konnte ihnen eine geistige Heimat bieten, in dessen kulturell fruchtbaren Zusammenleben der Völker sie ihr literarisches Werk schufen. Im Europa der 30er-Jahre war kein Platz mehr für sie. Joseph Roth, geboren 1894 im jüdischen Schtetl Brody, einem kleinen Ort in Galizien an der russischen Grenze, starb verarmt 1939 im Pariser Exil. Stefan Zweig, 1881 als Sohn reicher jüdischer Unternehmer in Wien geboren, verzweifelte ebenfalls im Exil und beging in Petrópolis in Brasilien Selbstmord, voller Resignation über die Zerstörung seiner »geistigen Heimat Europa«.

Sieg des Nationalismus kam es zwangsläufig zum Niedergang der habsburgischen Monarchie. Franz Grillparzer hat die Auswirkungen einfach ausgedrückt: »Von der Humanität über die Nationalität zur Bestialität.« Die Habsburger haben es geschafft, mussten es schaffen, ihre vielfältigen Herrschaftsbereiche mit ihren unterschiedlichen Traditionen und Kulturen auf einen Nenner zu bringen. Dabei wurde den Völkern ihre Eigenheit gelassen. Eine brutale und grausame Assimilierungspolitik, wie sie beispielsweise die französischen Könige betrieben, war den Habsburgern fremd.

Die Tragödie der Deutschen hat mit dem Untergang des Reiches 1806 begonnen. Das Reich hatte ihnen trotz aller Mängel und Schwächen ein schützendes Dach gegeben. Bismarck hatte noch geglaubt, mit dem Herausdrängen Österreichs aus Deutschland und mit der Gründung des Nationalstaates diesem Volk ohne natürliche Grenzen Halt zu geben. Doch diese Politik führte direkt in die Katastrophe des frühen 20. Jahrhunderts.

Der Sieg des Nationalismus kulminierte in den Pariser Vorortverträgen 1919/20 von Versailles, St. Germain, Trianon, Neuilly-sur-Seine und Sèvres, wodurch die Monarchie zerschlagen wurde. Anders als beim Wiener Kongress, etwa 100 Jahre zuvor, bei dem noch der Verlierer mit am Verhandlungstisch saß, wurden hier den Verlierern die Bedingungen diktiert. Das üble Wort der Monarchie als »Völkerkerker« kam in Umlauf. Neue Staaten wurden geschaffen, aber auch neue, kleine Völkerkerker. Der Krieg im ehemaligen Jugoslawien und die Dauerkrise um den Irak, der durch die Verträge von Neuilly-sur-Seine und Sevres geschaffen wurde, sind Folgen dieser Vorortverträge.

Was aber bleibt heute vom Doppeladler? Schon in den Sechzigerjahren des vergangenen Jahrhunderts hatte sich der Schriftsteller Ernst Trost auf den Weg durch die einstigen Länder der Monarchie gemacht und nahezu überall Österreich entdeckt. Und auf die Frage nach Österreich schrieb der großartige Chronist Joseph Roth in seinem »Radetzkymarsch«: »Freilich sind es die Slowenen, die polnischen und ruthenischen Galizianer, die Kaftanjuden aus Boryslaw, die Pferdehändler aus der Bacska, die Moslems aus Sarajevo, die Maronibrater aus Mostar, die das ›Gott erhalte‹ singen. Aber die deutschen Studenten aus Brünn und Eger, die Zahnärzte, Apotheker, Friseurgehilfen, Kunstfotografen aus Linz, Graz, Knittelfeld, die Kröpfe aus den Alpentälern, sie alle singen die ›Wacht am Rhein‹. Österreich wird an dieser Nibelungentreue zu Grunde gehen, meine Herren! Das Wesen Österreichs ist nicht Zentrum, sondern Peripherie. Österreich ist nicht in den Alpen zu finden, Gämsen gibt es dort und Edelweiß und Enzian, aber kaum eine Ahnung von einem Doppeladler.« Ursprünglich wollte Roth mit dem »Radetzkymarsch« ein kritisches Buch über die Monarchie schreiben, doch es wurde ein Buch des Heimwehs und der Wehmut. Auch Siegmund Freud litt unter dem Untergang und schrieb: »Österreich-Ungarn ist nicht mehr. Anderswo möchte ich nicht leben. Emigration kommt für mich nicht in Frage. Ich werde mit dem Torso weiterleben und mir einbilden, dass er das Ganze ist.« Wenige Jahre später zerstörte Adolf Hitler auch diesen Torso.

Noch im heutigen Österreich finden wir einen ambivalenten Umgang mit der eigenen Geschichte und der einstigen Dynastie. Einerseits floriert der Tourismus aufgrund des imperialen Glanzes. Andererseits haben bis heute die Habsburgergesetze, die die totale Enteignung und den Landesverweis beinhalten, Verfassungsrang. Mitglieder der Familie konnten in Österreich bleiben, wenn sie in einer Erklärung auf ihre Mitgliedschaft im Haus Habsburg verzichteten. Und obwohl er die geforderte Erklärung unterzeichnete, musste Otto von Habsburg sich seine Wiedereinreise fünf Jahre lang vor Gericht erstreiten. Die Einreise der hochbetagten Kaiserin Zita im Jahr 1982 war immer noch ein Politikum.

Robert Kann hat in seinem großen Werk über die Geschichte des Habsburgerreiches geschrieben: »Zur Zeit, als die politische Geschichte des Habsburgerreichs zu Ende ging, hatte die seiner kulturellen Botschaft an die Welt erst begonnen.« Vielfach wird die Donaumonarchie auch zitiert als kleines Vorbild für die Europäische Union. Dies mag in gewissem Rahmen zutreffen. Es ging vor allem um das friedliche Zusammenleben der Völker. Dem hat sich auch der letzte Kronprinz, Otto von Habsburg, verschrieben. Als Kind lehnte er noch an den Knien Kaiser Franz Josephs und erlebte die Krönung seines Vaters Kaiser und König Karl zum ungarischen König in Budapest. Nach dem Tod seines Vaters im Exil war er der Erbe eines Reiches ohne Land. Doch er trat dieses Erbe an, indem er den Geist dieses Reiches auf Europa übertrug. Sein politisches Alter Ego war Richard Coudenhove-Kalergi, der Gründer der Paneuropa-Union, der ebenfalls aus dem alten Reich stammte. 20 Jahre lang war Otto von Habsburg schließlich Abgeordneter des Europäischen Parlamentes, im Jahr 1989 organisierte er mit Freunden der Paneuropa-Union das Paneuropäische Picknick an der österreichisch-ungarischen Grenze, bei dem der Eiserne Vorhang, der Europa 40 Jahre lang zerteilt hatte, fiel. Bis heute ist Otto von Habsburg ein Anwalt der Völker, die noch nicht in der Europäischen Union sind.

Eine umfassende Darstellung über die Habsburger zu schreiben, wo doch die Literatur darüber schon ganze Bibliotheken füllt, ist ein kühnes Unterfangen. Der begrenzte Raum dieses Buches führt zwangsläufig zur subjektiven Auswahl der Schwerpunkte. Vieles hätte verdient, breiter behandelt zu werden – die Besonderheiten des ungarischen Verhältnisses zur Dynastie, der Einfluss der Habsburger in Italien und auf die Niederlande, die Geschichte der spanischen Habsburger und vieles mehr. Doch sechseinhalb Jahrhunderte auf 260 Seiten unterzubringen, fordert seinen Tribut. Dennoch hofft die Verfasserin, dass es gelungen ist, den Leserinnen und Lesern einen Eindruck zu geben von einer der außergewöhnlichsten Familien Europas.

rechte Seite oben: Bis heute bleibt das Verhältnis der Österreicher zu ihrer einstigen Dynastie gespalten. Als Otto von Habsburg in den 1960er-Jahren um seine Wiedereinreise in seine Heimat kämpfte, stürzte die Republik in eine schwere Krise. Als 1963 der Verwaltungsgerichtshof entschied, dass seine Verzichtserklärung ausreichend sei, stürzte die Große Koalition zwischen SPÖ und ÖVP. Die SPÖ organisierte Großdemonstrationen und Streiks gegen die Heimkehr des Habsburgers. Erst im Jahr 1966 konnte Otto von Habsburg seine Heimat wieder betreten, aus der er 1919 ausgewiesen worden war.

rechte Seite unten rechts: Auch eine Art, von der Geschichte zu profitieren: Das politische Österreich hat nach wie vor seine Probleme mit den Habsburgern, andere jedoch verstehen es sehr gut, mit ihnen zu werben. Ein Werbespruch für die Schatzkammer lässt auch die Interpretation zu, dass man ganz froh sei, die Kaiser los zu sein, aber glücklicherweise die Juwelen behalten habe. Pikanterweise zeigt das Bild die Rudolfskrone, die niemals Staats- oder Hofbesitz gewesen ist, sondern immer ausschließlich Privatbesitz der Familie, der 1919 enteignet wurde.

rechte Seite unten linke Seite: **Otto von Habsburg mit Parlamentspräsident Prof. Dr. Hans Gert Pöttering** im Europaparlament, Februar 2009. Der Name Habsburg ist für Otto vor allem Verpflichtung. Er ist weit davon entfernt, eine Rolle als »Exilmonarch« zu spielen. Sein ganzes Leben lang setzte er sich für die Völker des Donauraumes ein. Als Abgeordneter fand er im Europäischen Parlament dazu die ideale Plattform.

OTTO RAUS
OTTO BLEIB' WO DU WARST
FÜR ÖSTERREICH
GEGEN HABSBURG
1968
50 JAHRE
REPUBLIK ÖSTERREICH
OTTO BLEIB' UNS ERSPART -
die "Kaiser" die
wir haben,
schon genug!
OTTO WO
1945
OTTO RAUS

sorry, we don't
have emperors.
only their jewels.
schatz
kammer
khm
HOFBURG, SCHWEIZERHOF | 1010 WIEN | MO, MI – SO 10.00 – 18.00 | www.khm.at

I

Der Wille zur Macht

»Wie's beliebt!« – der Auftakt im Reich

Basel, Oktober 1273 – Graf Rudolf IV. von Habsburg belagert die Stadt, als Burggraf Friedrich von Nürnberg das Lager erreicht und eine überraschende Nachricht überbringt: Die sieben Kurfürsten des Reiches haben Rudolf von Habsburg Anfang Oktober in Frankfurt einstimmig zum König des Heiligen Römischen Reiches gewählt.

Voller Entsetzen ruft der belagerte Baseler Bischof, als auch er unterrichtet wird: »Lieber Gott, halte Deinen Thron fest, sonst wird dieser Rudolf ihn Dir nehmen!« Er scheint bereits geahnt zu haben, womit wohl keiner der Kurfürsten gerechnet hatte. Durch diese Wahl wurde eine Familie in die Reichspolitik katapultiert, die das Heilige Römische Reich, den Donauraum und Europa bis in unsere Tage zutiefst prägen sollte.

Rudolf von Habsburg war zu jener Zeit ein mächtiger Regionalherr im Südwesten des Reiches. Sein Wahlspruch lautete »Utrum lubet!« – »Wie's beliebt!« Wie viele andere Herren war auch er ununterbrochen damit beschäftigt, seinen Herrschaftsbereich zu sichern, auszuweiten und abzurunden. Hierin lag auch der Grund für die Belagerung des Bistums Basel, das sich »störend« zwischen seine Besitzungen im Elsass und in Oberschwaben befand. Rudolf war nicht arm, aber auch nicht übermäßig reich. Wiewohl von einigem Einfluss in seiner Region, hatten er und sein Geschlecht bislang kaum eine größere Rolle in der Reichspolitik gespielt.

Wie kam es also dazu, dass die Wahl der mächtigen Kurfürsten auf einen relativ unbedeutenden Grafen gefallen war? Otto von Habsburg, bis zum Jahr 2006 Chef des Hauses, merkt dazu an: »Nicht wir haben uns des Reiches bemächtigt, sondern das Reich hat sich unser bemächtigt.«

Rudolphus Röm. Künig/Graaff
zů Habspurg vnd Land
graaff zü Elsaß.

Das Wappen Rudolfs I. ist eine Zusammensetzung aus dem Reichsadler und seinem persönlichen Wappen. Es zeigt die Zeichen der Habsburger – einen blau gekrönten roten Löwen auf goldenem Grund – und das Wappen des Oberelsass, drei gespiegelte goldene Kronen.

linke Seite: **König Rudolf I. von Habsburg, Fenster im Stephansdom,** *Wien, 15. Jh.* Die Kurfürsten hatten lange Zeit einen Kandidaten gesucht, der repräsentabel war, ohne ihnen gefährlich werden zu können. Doch sie hatten sich in Rudolf getäuscht. Mit geschickter Politik stellte er die Reichsmacht wieder her und katapultierte damit die Habsburger in die erste Reihe der Weltgeschichte.

»Die schreckliche, die kaiserlose Zeit«

Im Jahr 1273 war es 23 Jahre her, dass Kaiser Friedrich II., der letzte Staufer und letzte große Kaiser des Reiches, gestorben war. Herangewachsen in den Städten Süditaliens als »Puer apuliae«, der apulische Knabe, wurde er zu einem der glanzvollsten und bis heute rätselhaftesten Kaiser – »Stupor mundi«, das Staunen der Welt, wurde er genannt. An seinem Hof auf Sizilien fanden sich die berühmtesten Gelehrten seiner Zeit, er galt als aufgeklärter Mensch, der den Dialog der Kulturen und Religionen förderte. An seinen Hof holte er muslimische und jüdische Theologen und Minister als Ratgeber. Mit Kirche und Papst lag er im Dauerstreit, seine Interessen setzte er machtvoll durch. Sein Buch über die Falkenjagd zeigt bis heute seine vielfältige Begabung.

Kaiser Friedrich II. hatte sich in seiner Zeit wenig um das Reich gekümmert, er bevorzugte sein effizient und straff organisiertes Königreich in Süditalien und Sizilien. So waren im Laufe der Jahre im Reich die verschiedensten Machtzentren entstanden, die nach Friedrichs Tod zur Uneinigkeit über die Wahl des Kaisers führten. Wenn die Zeit zwischen Friedrichs Tod im Jahr 1250 und Rudolfs Wahl im Jahr 1273 die »schreckliche, die kaiserlose Zeit« genannt wird, so weckt dies falsche Vorstellungen. Es hat eine lange Reihe von Königen gegeben, die jedoch alle an den Machtkämpfen innerhalb des Reiches scheiterten. Nach Wilhelm von Holland, der 1256 gestorben war, wurden im Jahr darauf gleich zwei Kandidaten gewählt: Alfons von Kastilien und Richard von Cornwall.

Der Alltag im Reich war geprägt durch uneingeschränktes Faustrecht, die Rechtlosigkeit nahm zu, die wachsende Unsicherheit hemmte die wirtschaftliche Entwicklung. Vor allem die Städte waren an einem starken Kaiser interessiert, der die Interessen des anwachsenden Bürgertums gegen die Machtgier der Kurfürsten zu schützen wusste. Die schwachen Herrscher, die ohnehin kaum den Boden des Heiligen Römischen Reiches betraten, waren nicht in der Lage, Recht und Ordnung wieder einzuführen. Im April 1272 starb Richard von Cornwall, der Kastilier hingegen verfügte über keinerlei Autorität, also war die Kaiserfrage wieder aktuell. Auch Papst Gregor X. war daran interessiert, dass es bald zu einer Einigung auf einen adäquaten Kandidaten kam, nicht zuletzt deshalb, weil er einen starken Kaiser als Verbündeten für einen erneuten Kreuzzug suchte.

Verschiedene Kandidaten standen zur Diskussion. Die staufische Fraktion brachte Friedrich von Thüringen ins Spiel, einen Enkel des großen Kaisers Friedrich II., doch der Papst lehnte ab. Zu unangenehm waren noch die Erinnerungen an den machtvollen Staufer. Auch König Ottokar II. von Böhmen blickte sehnsuchtsvoll nach der Kaiserkrone, aber der Papst lehnte auch ihn ab, zur Genugtuung der Kurfürsten, denen der mächtige und reiche »goldene König« zu stark und damit völlig indiskutabel war. Sie wollten keinen Kaiser, der sich zu intensiv in ihre eigenen Geschäfte einmischen konnte. Schließlich legte der Papst die Entscheidung in die Hände der Kurfürsten, nicht ohne darauf hinzuweisen, dass er sich selbst nach jemand Geeignetem umschauen würde, wenn sie sich nicht rasch einigen würden.

In der Runde der sieben Kurfürsten brachte schließlich der Burggraf von Nürnberg den Habsburger ins Spiel, dessen Vorteile überzeugten. Für die Kurfürsten stellte er am Ende den idealen Kandidaten dar: Er war nicht arm, aber auch nicht zu reich, er stammte aus gutem Hause, war aber nicht zu mächtig. Er war streitbar, aber kein Raubritter. Und nicht zuletzt war er zu jenem Zeitpunkt bereits 55 Jahre alt, würde den Kaiserthron also voraussichtlich nicht allzu lang besetzen.

So fand – nach einigen gezielten »Handsalbungen«, ein etwas charmanterer Ausdruck für Schmiergelder – der offizielle Wahlakt Anfang Oktober 1273 in Frankfurt statt, und Friedrich von Nürnberg begab sich auf den Weg nach Basel, um Rudolf zu unterrichten. Dieser brach daraufhin die Belagerung der Stadt ab, schloss eiligst Frieden mit dem Bischof und machte sich umgehend auf den Weg nach Aachen, wo sich am 24. Oktober das feierliche Krönungsritual abspielte.

Rudolf von Habsburg empfängt während der Belagerung von Basel die Nachricht von seiner Erwählung zum deutschen König, *Matthäus Merian d. Ä., aus: Johann Ludwig Gottfried, Historische Chronica, Frankfurt a. M., 1630, S. 591*

Kaiser oder König? In der Literatur wird unterschieden zwischen dem gekrönten Kaiser und dem gewählten, aber noch nicht zum Kaiser gekrönten König. Die Bezeichnung ist durchaus nicht einheitlich, vor allem in der älteren Literatur. So wurde Rudolf von Habsburg zwar nie vom Papst zum Kaiser gekrönt, seine Herrschaft jedoch von den Zeitgenossen als quasi-kaiserlich aufgefasst. Sein Sohn Albrecht hingegen wird durchgängig nur als König bezeichnet. In der Regel war es aber so, dass der Herrscher erst mit der Krönung durch den Papst zum Kaiser wurde. Die Kaiserkrönung Rudolfs scheiterte schlicht an der schwierigen Terminfindung, da er zur Zeit seiner Herrschaft mit nicht weniger als acht Päpsten zu tun hatte. Der erste Habsburger, der vom Papst zum Kaiser gekrönt wurde, war Kaiser Friedrich III. Er wurde auch als Einziger in Rom gekrönt. Später verzichtete man auf die zwingende Krönung durch den Papst. Seit Kaiser Maximilian I. wird der Herrscher des Heiligen Römischen Reiches bereits mit der Wahl durch die Kurfürsten als Kaiser bezeichnet. Unter Maximilian I. wurde dem Heiligen Römischen Reich auch der Zusatz »Deutscher Nation« hinzugefügt. Karl V. ließ sich später dennoch vom Papst krönen. Allerdings nicht in Rom, sondern in Bologna.

Der volkstümliche König

Siegel König Rudolfs I.

Wer war aber der neu gewählte König Rudolf I., der Kompromiss- und Übergangskandidat, dessen Wahl auch zugleich eine Wahl gegen den Böhmenkönig Ottokar II. war und an den trotz allem hohe Erwartungen geknüpft waren?

Wenige Bilder sind von ihm überliefert. Am eindrucksvollsten ist sein Grabdenkmal im Dom zu Speyer, gleichzeitig ein Glanzstück mittelalterlicher Bildhauerkunst. Ungewöhnlich groß scheint er gewesen zu sein und hager. Er wird als klug und mächtig beschrieben. Vom Glück begünstigt mit der Königswahl, ergriff er die Gunst der Stunde und gestaltete das Königtum als volkstümlicher Herrscher neu.

Die Kurfürsten beschrieben ihn in ihrer Begründung an den Papst wie folgt: Er sei »rechtgläubig, ein Freund der Kirchen, pflege die Gerechtigkeit, sei klug in Entschlüssen und leuchtend in der Frömmigkeit, stark an eigenen Kräften und vielen Mächtigen durch Verwandtschaft verbunden, Gott genehm und angenehm in seiner menschlichen Erscheinung, mit kräftigem Körper und erfolgreich im Krieg gegen die Ungläubigen.« Allerdings dürfen wir an diesem Bild gewiss Abstriche machen, ein idealisiertes Bild wurde seinerzeit nur zu oft für einen Herrscher benutzt.

»Se non è vero, è ben trovato«, wenn es auch nicht stimmt, so ist es doch gut erfunden, sagt ein italienisches Sprichwort. So ranken sich zahlreiche volkstümliche Anekdoten und Legenden um Rudolf. Am berühmtesten ist wohl jene, die Friedrich Schiller in seiner Ballade »Der Graf von Habsburg« beschreibt: Während eines Jagdausflugs begegnet Rudolf einem Priester, der unterwegs ist, einen Sterbenden mit dem Allerheiligsten zu versehen.

Da setzt ihn der Graf auf sein ritterlich Pferd
Und reicht ihm die prächtigen Zäume,
Daß er labe den Kranken, der sein begehrt,
Und die heilige Pflicht nicht versäume.
Und er selber auf seines Knappen Tier
Vergnüget noch weiter des Jagens Begier,
Der andre die Reise vollführet,
Und am nächsten Morgen, mit dankendem Blick,
Da bringt er dem Grafen sein Roß zurück,
Bescheiden am Zügel geführet.

»Nicht wolle das Gott«, rief mit Demutsinn
Der Graf, »daß zum Streiten und Jagen
Das Roß ich beschritte fürderhin,
Das meinen Schöpfer getragen!
Und magst dus nicht haben zu eignem Gewinst,
So bleib es gewidmet dem göttlichen Dienst,
Denn ich hab es dem ja gegeben,
Von dem ich Ehre und irdisches Gut
Zu Lehen trage und Leib und Blut
Und Seele und Atem und Leben.«

Die Grabplatte Rudolfs I. im Speyerer Dom ist ein Meisterstück der mittelalterlichen Bildhauerkunst und zeigt eine starke Persönlichkeit. Die Platte ist mit hoher Wahrscheinlichkeit bereits zu seinen Lebzeiten geschaffen worden. In seinen Gesichtszügen spiegelt sich der starke Charakter wider. Die Wahl Rudolfs zum Herrscher des Heiligen Römischen Reiches war von den Kurfürsten als Zwischenlösung gedacht. Immerhin war er bei seiner Wahl schon über 50 Jahre alt. Aber er beendete erfolgreich das Interregnum und die damit verbundene Rechtsunsicherheit im Reich. Rudolf erneuerte den Mainzer Reichslandfrieden von 1235, beendete zahlreiche Fehden und verfolgte die Wiederherstellung widerrechtlich entfremdeten Reichsgutes. Es gelang ihm, die ungerechtfertigte Erhebung von Zöllen durch einige Territorialherren in den meisten Fällen abzuschaffen. Rudolf galt als ein Förderer der Städte, in denen er sich lieber aufhielt als auf dem Land. Gern gab er sich volkstümlich. Pracht und Prunk waren ihm zuwider. Sein Lebensstil war vielmehr von großer Bescheidenheit geprägt.

Rudolf von Habsburg und der Priester, *Ludwig Ferdinand Schnorr von Carolsfeld, 1828.* Der Kaiser stellt sein Pferd einem Priester zur Verfügung, der die Sakramente zu einem Sterbenden trägt. Diese Begebenheit wurde vor allem im 19. Jahrhundert vielfach zum Gegenstand romantischer Darstellungen.

Solche und andere Geschichten trugen bei zum Habsburgermythos, der sich auch bemühte, Rudolf als den armen, aber moralisch überlegenen Grafen zu stilisieren.

Rudolf war aber weder arm noch immer moralisch überlegen. Oft lag er mit seinen Nachbarn in Streit und Fehde. Er schien aber ein guter Militärstratege und Taktiker gewesen zu sein, der seine Siege eher durch Klugheit als durch Gewalt erringen konnte. Eine Belagerung ließ er lieber länger dauern, als große Verluste zu riskieren. Zudem war er ein städtischer Mensch. Früh erkannte er die Bedeutung des wachsenden Bürgertums und wohnte lieber in Städten als auf zugigen Burgen. Entgegen der Sitte der Zeit waren ihm Pracht und Prunk zuwider, er bevorzugte einfache Kleidung und trat mit persönlicher Bescheidenheit auf. Eine dennoch kritische Betrachtung seiner Person finden wir bei Peter Moraw: »Ein befähigter Kriegsmann und Praktiker regionaler Politik, freilich illiterat und ohne jeden Anklang an staufische Hofkultur und Welterfahrung.«

Regionalherren vom Oberrhein

Doch woher sollte Rudolf I. die Welterfahrung haben? Die Habsburger blickten zu jener Zeit zwar auf eine bereits 300 Jahre währende Familientradition zurück, aber sie waren Regionalherren und tief verwurzelt in der oberrheinischen Region. Ihr Herrschaftsgebiet war kein geschlossenes, sie hatten Besitzungen beiderseits des Rheins, im Breisgau, Elsass, Sundgau und im Aargau. Eine größere politische Rolle hatte der Habsburger Werner, Bischof von Straßburg, gespielt, der als kaiserlicher Gesandter 1028 in Konstantinopel gestorben war. Dieser Werner war es auch, der die Habichtsburg zwischen Reuß und Aare gebaut hat, die der Familie schließlich ihren Namen gab. Ein Großneffe Werners, Otto II. (gestorben 1111), nannte sich dann als Erster Graf von Habsburg.

Eine Legende rankt sich um den Bau der Burg: Nachdem sie fertiggestellt war, beklagte Werners Bruder Radbot das Fehlen von Mauern und Wehrtürmen. Werner versprach, das über Nacht nachzuholen. Am nächsten Tag umgab die Burg eine Mauer aus Getreuen, mit Rittern als Türmen. Nicht Steine, sondern die Treue der Menschen sollen die Grundlage habsburgischer Macht sein.

Mit geschickter Heiratspolitik und durch glückliche Erbfälle gelang es den Habsburgern, sich eine solide Machtbasis zu schaffen. Ihre Stellung konnten sie während der Herrschaft der Staufer ausbauen. Rudolf war also keineswegs der arme Graf, das »Aschenhäufchen aus Schwaben«, wie ihn sein wichtigster Gegner, Ottokar II. von Böhmen, bezeichnete. Doch sollte er auch nicht in Schwaben bleiben. Ihm war es gegeben, die Familie vom Südwesten in den Südosten des Reiches zu führen.

Ansicht der Habsburg *in der Topographia Helvetiae von Matthäus Merian, 1642.* Eine Sage rankt sich um die Entstehung der Burg: Radbot verlor auf der Jagd einen Habicht, den er auf dem Hügel wiederfand – und beschloss, dort die Habichtsburg zu bauen. Wahrscheinlich ist aber der Name eher vom althochdeutschen Wort »hab« abgeleitet, das »Flussübergang« bedeutet. Die Habsburger selbst haben nur etwa 200 Jahre auf der Burg gelebt, danach wurde sie immer wieder an Ministerialfamilien verliehen. Im frühen 15. Jahrhundert ging die Burg, im Zuge der Spannungen zwischen dem deutschen König Sigmund und dem habsburgischen Herzog Friedrich IV., verloren. Seit 1804 ist sie im Besitz des Kantons Aargau.

Was ist Österreich?

Als im Jahr 996 erstmals der Name Österreich in Form von »ostarrichi« auf einer Urkunde auftauchte, war damit lediglich ein kleiner Teil des heutigen Niederösterreichs um Neuhofen an der Ybbs gemeint, eine fruchtbare Region im Donautal. Damals war jenes »ostarrichi« noch eine kleine Verwaltungseinheit im Einflussgebiet der bajuwarischen (bayerischen) Herzöge. Es war aber die Zeit, in der der territoriale Kern dessen, was einmal Österreich werden sollte, etabliert wurde.

Die Ungarnschlacht auf dem Lechfeld, 955. *Gemälde von Michael Echter, 1860.* Der Sieg Kaiser Ottos über die Ungarn bei der Schlacht auf dem Lechfeld bei Augsburg schuf die Voraussetzung für die Neuordnung des südöstlichen Reichsgebietes.

In der Frühzeit wenig besiedelt, gelang es den Römern ab 15 v. Chr. das keltische Königreich Noricum zu integrieren und zu entwickeln. Aus keltischen

Siedlungen wurden römische Städte wie Lentia (Linz), Juvavum (Salzburg), Brigantium (Bregenz) und Vindobona (Wien). Durch Ausgrabungen wissen wir, dass Carnuntum eine der größeren römischen Städte war, Vindobona (Wien) hingegen diente als Hafen der Versorgung von Carnuntum. Die Römer kultivierten das Gebiet durch Weinbau, Ausbau von Straßen und Wirtschaft und durch ihre Rechtsordnung.

Während der Völkerwanderung entwickelte sich das Donautal zu einer wichtigen Durchzugsroute, und die Römer wurden verdrängt durch Ostgoten, Ostgermanen, Slawen und Hunnen. Die Langobarden folgten, und nach ihrem Abzug nach Italien rückten verbündete Slawenstämme und die Awaren nach. Mit der Zeit entwickelten sich die Bajuwaren (Bayern) zur aufsteigenden Macht in der Region.

Die Habsburg im Aargau, 2011. Der Stammsitz der Habsburger.

Ottokar II. Přemysl – auch genannt der »goldene König«. Als König von Böhmen, Herzog von Österreich, Herzog der Steiermark und Herzog von Kärnten und Krain erreichte er für seine Familie der Přemysliden eine ungeheure Machtfülle. Sein Streben galt allerdings der Reichskrone, die er mit allen Mitteln für sich sichern wollte. Unter seiner Herrschaft in Böhmen profitierten vor allem die Städte von seiner großen Bautätigkeit, allen voran Prag. Um die Randgebiete Böhmens stärker zu fördern, lud er Bauern und Handwerker aus Schwaben ein und stattete sie mit großzügigen Freiheiten aus. Den Beinamen »goldener König« erhielt er wegen seines ungeheuren Reichtums.

Markgraf Leopold III. von Babenberg (1095–1136). *Glasfenster im Zisterzienserkloster Heiligenkreuz, 1290.* Markgraf Leopold III., der Heilige, aus dem Geschlecht der Babenberger ist bis heute der Landespatron Niederösterreichs.

Die Schlacht auf dem Lechfeld im August 955, in der es Otto dem Großen und seinen Verbündeten gelang, dem magyarischen Ansturm Herr zu werden und einen entscheidenden Sieg zu erringen, schaffte die Voraussetzung für die politische Neuorganisation des Gebietes. Kaiser Otto setzte Markgraf Ludwig, den ersten Babenberger, ein. Im folgenden Vierteljahrtausend sollte diese Herrscherfamilie den Ausbau und die Festigung der Herrschaft über Österreich sowie die Herzogtümer Steiermark und Krain erfolgreich betreiben. Der babenbergischen Herrschaft gelang es mittels geschickter Wirtschaftspolitik, Klostergründungen und Besiedlungen, das ohnehin fruchtbare Gebiet zu einem der reichsten Mitteleuropas zu machen. Noch bis 1156 blieb der Markgraf von Österreich dem Herzogtum Bayern untergeordnet, dann aber verschaffte das sogenannte Privilegium minus den Babenbergern wichtige Vorteile, vor allem aber die Herausbildung Österreichs zu einem eigenständigen Machtblock. Dieser war zwar bei Weitem nicht der größte und wichtigste – war doch jenes Gebiet im Norden und Osten von den Königreichen Böhmen, Polen und Ungarn umgeben –, dennoch aber durch seinen Reichtum und die geografische Lage attraktiv.

Als der letzte Babenberger Herzog Friedrich II. der Streitbare, im Jahr 1246 ohne männliche Erben starb, lag es für Ottokar II., den »goldenen König« von Böhmen, nahe, sich das »Privilegium minus«, das auch die weibliche Erbfolge der Babenberger vorsah, zunutze zu machen. Er heiratete Margarete, die Schwester Friedrichs, und streckte damit seine Hand aus nach Österreich, der Steiermark und der Krain. Damit und mit dem Erwerb der Herzogtümer Friaul und Venetien wurde er einer der mächtigsten Herrscher im Reich, sein Einfluss reichte vom Erzgebirge bis an die Adria. Dass im Reich ohnehin Chaos um die Kaisernachfolge herrschte, war ihm dabei durchaus recht. Die alten babenbergischen Herzogtümer waren Reichslehen, was Ottokar nicht sehr kümmerte – ein Fehler, der sich für ihn später dramatisch auswirken sollte.

Belehnung Ottokars II. durch König Rudolf, 1276, *nach Hermann Plüddemann, aus: F. Bülau, Dt. Geschichte in Bildern, Dresden 1855.* König Rudolf nimmt den Lehnseid König Ottokars II. an. Ottokar hatte die Königswahl Rudolfs nicht anerkannt. In der Folge forderte Rudolf den Böhmen auf, die widerrechtlich angeeigneten Reichsterritorien zurückzugeben. Ottokar weigerte sich, und die Reichsacht wurde über ihn verhängt. Im Frieden von Wien 1276 schließlich musste Ottokar alle seine Erwerbungen zurückgeben. Die Ableistung des Lehnseids war für ihn eine der größten Demütigungen. In aller Pracht bekleidet, musste er vor dem in einfacher Jagdkleidung ausgestatteten römisch-deutschen König niederknien. Zwei Jahre später versuchte er Rache zu nehmen, doch die Schlacht bei Dürnkrut und Jedenspeigen war für ihn ein Fehlschlag, den er mit seinem Leben bezahlte.

Entscheidung um Mitteleuropa – die Schlacht bei Dürnkrut und Jedenspeigen

Franz Grillparzer stellte dem Böhmenkönig in »König Ottokars Glück und Ende« kein charmantes Zeugnis aus. Ein Tyrann soll er gewesen sein mit napoleonischem Charakter, ein lasterhafter Bösewicht. Doch Ottokar war in all seinen Eigenschaften einer der herausragenden Herrscher seiner Zeit. Seine Prunksucht war berühmt, aber kunstsinnig förderte er die Hofkultur, sowie den Minnesang und schuf ein künstlerisches Klima in Prag, welches über Jahrhunderte dauern und Böhmen zu einem kulturellen Mittelpunkt Europas machen sollte.

Im babenbergischen Gebiet führte er eine straffere Verwaltung ein, förderte Handel und Gewerbe und gab den Städten als Wirtschafts-, Verwaltungs- und Verteidigungseinheiten weitreichende Privilegien. Die großen wirtschaftlichen Freiheiten, die er dabei den Juden gab, hatten dabei durchaus Nutzen für seine Finanzkraft.

Aber gerade auf dem Höhepunkt seiner Macht hat er sich übernommen. Den neuen Herrscher Rudolf schätzte er gering, schon den Krönungsfeierlichkeiten im Jahr 1273 in Aachen war er ferngeblieben. Nie hatte er ernsthaft um eine reichsrechtliche Belehnung mit den Babenberger Herzogtümern angesucht. Rudolf hingegen sah die Möglichkeit, hier seine Machtbasis auszubauen, ohne den Kurfürsten im Inneren des Reiches etwas wegzunehmen. An einem Kampf zwischen Rudolf und Ottokar führte nun kein Weg mehr vorbei.

Um dieses Vorhaben durchzuführen, bediente Rudolf sich zunächst einer geschickten Strategie. Auf dem Hoftag in Nürnberg im November 1274 ließ er beschließen, dass der König wieder alles Reichsgut in Besitz nehmen sollte, welches seit dem Tod Friedrichs II. dem Reich entfremdet worden war. Übersetzt hieß dies, dass Ottokar nun eiligst den Lehnseid leisten sollte.

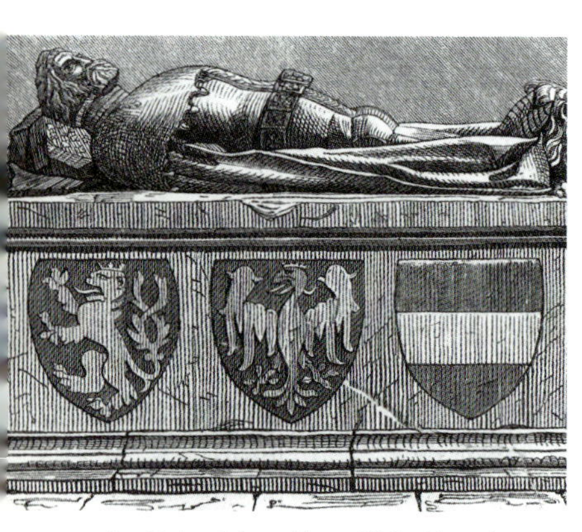

Das Grabmal des goldenen Königs Přemysl Ottokar II. in der Domkirche zu Prag, *aus: Illustrierte Zeitung, 32. Bd. Nr. 818, Leipzig, 5.3.1859, S. 157.*

Ottokar erschien nicht zum angesetzten Termin, worauf ihm alle Lehen aberkannt wurden, deren Herausgabe er aber verweigerte. Die Folge war die Reichsacht. Die Kirche zog nach und belegte Ottokar mit dem Kirchenbann.

Rudolf erzwang den Lehnseid nun militärisch. Er zog mit einem Heer bis Wien und belagerte die Stadt. Nach einem Nervenkrieg musste Ottokar schließlich einlenken und den Lehnseid leisten. Dieser Unterwerfungsakt war einer der demütigendsten in Ottokars Leben: Mit allem königlichen Prunk bekleidet und umgeben, musste er vor dem in ein einfaches Wams gekleideten, auf einem Dreispitz sitzenden Rudolf die Knie beugen.

Wieder in Prag zurück, sann Ottokar auf Rache. Zum einen konnte er diese Schmach nicht hinnehmen, zum anderen hatte er zusätzlich auf Österreich, die Steiermark und Kärnten verzichten müssen. Im Jahr 1278 schien die Gelegenheit günstig. Beide Heere begegneten sich auf dem Marchfeld zwischen Dürnkrut und Jedenspeigen. Am 26. August 1278 wurde die für Mitteleuropa so ent-scheidende Schlacht geschlagen. Das militärische Geschick Rudolfs war dem Ottokars überlegen. Als strategische Reserve hatte Rudolf einen Trupp schwerer Panzerreiter vorerst zurückgehalten, die er nach einem langen, unentschiedenen Schlachtengetümmel in den Kampf schickte. Als sich die böhmischen Truppen unter dieser Übermacht auflösten, fand Ottokar den Tod. Die Schlacht war entschieden.

König Rudolf I. belehnt seine Söhne Albrecht und Rudolf im Jahr 1282 mit den Herzogtümern Österreich, Steiermark, Kärnten und Krain »zur gesamten Hand«, *Buchmalerei, 1555.* Nachdem diese Reichslehen durch den Tod des Böhmenkönigs wieder an das Reich zurückgefallen waren, sicherte Rudolf mit dem Einverständnis der Kurfürsten diese Gebiete für seine Familie. Damit war die Grundlage der habsburgischen Verbindung mit Österreich geschaffen, die bis in unsere Tage anhält. Die gemeinsame Herrschaft »zur gesamten Hand« erwies sich hingegen als nicht praktikabel, und so legte die Rheinfelder Hausordnung von 1282 fest, dass diese Güter nur durch Albrecht und dessen Erben beherrscht werden sollten. Der Bruder Rudolf wurde finanziell entschädigt.

Die Habsburger nehmen Platz in Österreich

Für Rudolf I. war die erste Etappe erreicht. Er ließ sich in Wien nieder und verbrachte die kommenden Jahre damit, in der Region wieder gesicherte Verhältnisse zu schaffen. Sein großes Ziel erreichte er schließlich im Jahr 1282, als ihm die Kurfürsten mit einem »Willebrief« zugestanden, die Fürstentümer Österreich, Steiermark, Krain und Kärnten seinen Söhnen Albrecht und Rudolf als Lehen zu geben. Kurz vor Weihnachten 1282 erfolgte die feierliche Belehnung in Augsburg. Damit begann die 650 Jahre dauernde Herrschaft des Hauses Habsburg über Österreich.

Sein letztes Ziel aber, die Kaiserkrönung durch den Papst und die Sicherung der Nachfolge im Reich für seinen Sohn Albrecht, konnte Rudolf I. nicht mehr erreichen. Er starb am 15. Juli 1291 und wurde im Dom zu Speyer begraben.

Ursprünglich waren seine Söhne Albrecht und Rudolf »zur gesamten Hand« mit Österreich belehnt worden, das heißt, sie sollten sich die Herrschaft teilen.

Der Sohn von Přemysl Ottokar II., der spätere König Wenzel II., bittet König Rudolf um den Leichnam seines Vaters. Dieser wurde nach dem Tod zunächst 30 Wochen lang in der Wiener Minoritenkirche aufgebahrt. Mit diesem Bild schuf Anton Petter, Professor für Historienmalerei, im Jahr 1826 eine seiner ausdrucksstärksten Arbeiten. Es spiegelt den Moment nach dem Dankgottesdienst für die gewonnene Schlacht bei Dürnkrut und Jedenspeigen wider. Deutlich ist die Fassade des Wiener Stephansdomes zu erkennen. Der Sarg des böhmischen König, ist auf dem Trauerwagen rechts zu sehen. Rudolf trägt den Krönungsmantel der römisch-deutschen Könige, der im frühen 12. Jahrhundert auf Sizilien geschaffen wurde. Er ist heute noch in der Schatzkammer von Wien zu besichtigen.

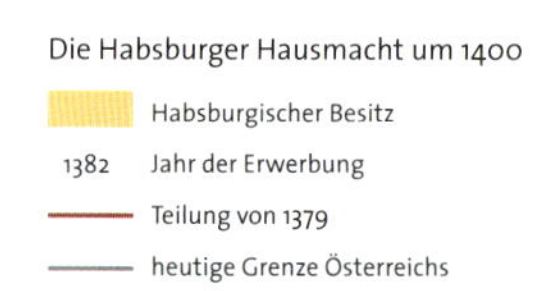

In Österreich aber stieß dieses Modell auf Widerstand, und in der Rheinfeldener Hausordnung von 1283 wurde Albrecht nach Entschädigung seines jüngeren Bruders Rudolf zum alleinigen Herrscher bestellt.

Nach dem Tode seines Vaters war Albrecht zunächst damit beschäftigt, seine landesfürstliche Gewalt in Österreich durchzusetzen. Die Konsolidierung seiner Macht war die Grundlage für die Vorbereitungen zum Erwerb der deutschen Königskrone. Albrecht war durchdrungen vom Machtanspruch seines Hauses. Hatten einst die Kurfürsten, als sie Rudolf wählten, kaum ahnen können, zu welch einem machtbewussten König er sich entwickeln würde, so wussten sie nun bei Albrecht, womit sie zu rechnen hatten. Die Widerstände waren eine Reaktion gegen den Aufstieg der Habsburger, von denen jeder nun wusste, dass sie den unbedingten Willen besaßen, in der Reichspolitik an erster Stelle mitzuspielen.

Albrecht hatte viel von seinem Vater geerbt: seine Stärke, sein Augenmaß, seine Klugheit, den Sinn für das politisch Machbare und auch seine Durchsetzungsfähigkeit. Allerdings ging ihm die Leutseligkeit, die Herzlichkeit und dessen Sinn für Humor völlig ab. Um ihn ranken sich keine Legenden wie einst um seinen Vater Rudolf. Zudem schien sein Äußeres nicht sonderlich anziehend gewesen zu sein, und der Verlust eines Auges nach einer dilettantischen ärztlichen Behandlung tat sein Übriges.

Zu Beginn seiner Herrschaft hatte Albrecht mit Aufständen und Adelserhebungen nacheinander in Wien, Ober- und Niederösterreich und in der Steiermark zu kämpfen. Sein großes Ziel war aber die Reichskrone. Die Kurfürsten zeigten sich allerdings nicht kooperativ. Der Habsburger war ihnen bereits zu mächtig, hatte zu viel Einflussgebiete sowohl im Südwesten als auch im Südosten des Reiches. Sie wählten schließlich am 5. Mai 1292 den bedeutungslosen Adolf von Nassau.

Albrecht akzeptierte dies notgedrungen und huldigte dem neuen König. »Es war ein Akt der politischen Klugheit des Herzogs, der dabei sicher nicht an eine Unterwerfung gedacht hat. Von Albrecht an konnten die Habsburger sich nie damit abfinden, wenn die deutsche Krone einem anderen Geschlecht zufiel«, schreibt Richard Reifenscheid.

Wenige Jahre später kam es zum Bruch zwischen Adolf von Nassau und den deutschen Kurfürsten. Nachdem er versucht hatte, mit weiteren Territorialerwerbungen eine starke zentraldeutsche Hausmacht zu gründen, entschieden sich die Kurfürsten nun doch dazu, mit dem Habsburger zu kollaborieren, und setzten den Nassauer kurzerhand auf dem Mainzer Fürstentag am 23. Juni 1298 ab. Einen Tag später wählten sie Albrecht zum deutschen König. Adolf protestierte natürlich gegen diese Entscheidung und zog gegen Albrecht ins Feld. Bei der Entscheidungsschlacht am 2. Juli 1298 bei Göllheim verließ ihn sein Glück endgültig, auf dem Feld fand er den Tod.

In Aachen wurde Albrecht am 24. August 1298 zum römisch-deutschen König gekrönt. Sogleich machte er sich an die Verwirklichung seiner nächsten Ziele. Seine Machtstellung festigte er durch Bündnisverträge mit Brandenburg, Böhmen und Frankreich. Den rheinischen Kurfürsten fügte er empfindlichen Schaden zu, indem er die in ihren Händen befindlichen Rheinzölle den Städten übertrug.

Albrecht erkannte, dass der Besitz Böhmens für die Erhaltung der Macht im Reich von entscheidender Bedeutung war. Nachdem das Herrschergeschlecht der Böhmenkönige, der Přemysliden, im Mannesstamm – und damit nach Albrechts Interpretation auch das Reichslehen – erloschen war, lag es für ihn nahe, sich die Herrschaft über Böhmen für seine Familie zu sichern. Sein Sohn Rudolf wurde zum König von Böhmen gekrönt, gleichzeitig erhielt Böhmen die Kurwürde. Allerdings setzte der frühe Tod Rudolfs im Jahr 1307 den ehrgeizigen Plänen der Habsburger ein Ende, Böhmen blieb vorerst ein Unruheherd.

Ebenso bereiteten die habsburgischen Stammlande im Südwesten des Reiches reichlichen Kummer. Bereits wenige Tage nach dem Tode Rudolfs kam es zur Gründung des »Ewigen Bundes« der drei Waldstädte Uri, Schwyz und Unterwalden, die heute als die Urschweiz gelten. Dies bedeutete eine erhebliche Schwächung der habsburgischen Stellung im Kerngebiet, die verlorene Schlacht am Morgarten im Jahr 1315 tat ihr Übriges dazu.

Albrecht war Zeit seines Lebens damit beschäftigt, die Herrschaft seines Hauses zu festigen und gegen alle Eventualitäten und Rivalitäten abzusichern. Seine Regierungszeit war von großem Realitätssinn geprägt, er war sicherlich eine der kraftvollsten Persönlichkeiten in der langen Reihe der Habsburger durch sein politisches Talent, gepaart mit Klugheit und kriegerischer Härte. So sehr er sich aber für die Hausmacht der Habsburger eingesetzt hatte, alle aus seiner Familie konnte er doch nicht befriedigen. Auf dem Weg zu seinen Stammlanden, zur Habsburg, wurde Albrecht am 1. August 1308 das Opfer eines Mordanschlages seines Neffen Johann, der sich von Albrecht übergangen gesehen hatte.

Die Schlacht am Morgarten, 1315, *aus der Berner Chronik des Diebold Schilling von 1483.* Die Schlacht am Morgarten am 15. November 1315 war die erste Schlacht zwischen den Eidgenossen und den Habsburgern. Sie leitete den Niedergang der habsburgischen Macht in der Schweiz ein und damit den Verlust der habsburgischen Stammlande. Für die Schweizer ist diese Schlacht, wie auch die bei Sempach, einer der Gründungsmythen der Eidgenossenschaft. In dieser Schlacht stießen zwei ungleiche Heere aufeinander: zum einen das Ritterheer von Herzog Leopold, zum anderen eine scheinbar schlecht gerüstete Truppe von Bauern und Handwerkern der Eidgenossenschaft, die mit umgestürzten Bäumen die Bewegungsfreiheit der Reiter erheblich behinderte. Geworfene Steine brachten die Pferde zu Fall. Die Ritter waren in ihren schweren Rüstungen reichlich unbeweglich. Die Schlacht endete für Herzog Leopold in einer vernichtenden Niederlage.

Die Ermordung Albrechts am 1.5.1308, *entstanden um 1555.* König Albrecht lässt sich in einem Kahn über die Reuß rudern (links) und wird an Land von seinem Neffen Johann Parricida ermordet (rechts). Johann war der Sohn von Albrechts Bruder Rudolf, fühlte sich in der Erbfolge übergangen und ermordete aus Groll darüber seinen mächtigen Onkel.

Albrecht wurde im Speyerer Dom neben seinem Vater Rudolf und seinem glücklosen Vorgänger Adolf von Nassau begraben.

Wenn auch Albrecht die Verwirklichung seiner Ziele nicht vergönnt gewesen ist, so war er doch eine der starken Persönlichkeiten seiner Familie. Sein Konzept war wohldurchdacht: die Umfassung des Reichskörpers durch eine starke habsburgische Hausmacht im Südosten und im Südwesten – der Versuch, Böhmen an sich zu bringen, wie auch die misslungene Erwerbung Meißens und Thüringens gehörten ebenso dazu –, die politische Entmachtung der Kurfürsten und damit die Schaffung eines starken erblichen deutschen Königtums der Habsburger. Der Historiker Adam Wandruszka mutmaßt, dass Albrecht, »wäre er am Leben geblieben, wahrscheinlich durch die Begründung einer starken Königsgewalt der deutschen wie der europäischen Geschichte eine andere Wendung hätte geben können«.

Nach dem großen Auftakt, den 1273 die Wahl Rudolfs von Habsburg zum römisch-deutschen König darstellte, verloren sich die Habsburger zunächst in ihren eigenen Territorien. Doch den Anspruch auf das Reich haben sie über die Generationen hinweg in den kommenden 150 Jahren stets aufrechterhalten. Ihre Politik war immer auf den Kaiserthron ausgerichtet. Wenn man auch vordergründig meinen wollte, diese Zeit sei ohne Bedeutung für die Habsburger gewesen, so täuscht man sich. Den Söhnen Albrechts gelang die Verwurzelung der Familie in Österreich, man wurde von einem schwäbischen Geschlecht zu Österreichern, auch im Bewusstsein der Untertanen. Der dynastische Gedanke wurde bestimmend für die Zielrichtung, das Sendungsbewusstsein für die Macht im Reich immer ausgeprägter. Allerdings zeigte sich nun auch die Schwäche der Belehnung »zur gesamten Hand«: War eine gemeinsame Herrschaft von Brüdern nicht möglich, wurden Erbaufteilungen unausweichlich. Das Haus teilte sich 1379 in verschiedene Linien auf, es sollte 114 Jahre bis Kaiser Maximilian I. dauern, bis die Herrschaft wieder in einer Hand war.

Nach Albrechts Tod bemühte sich sein Sohn Friedrich um die Krone des Reiches, musste aber seinem Widersacher, Ludwig dem Bayern, nach der Schlacht bei Mühldorf am Inn am 28. September 1322 weichen. Friedrich erkannte die Herrschaft Ludwigs an und verzichtete auf die Ausübung der Königswürde, behielt aber den Titel. Sein jüngerer Bruder Albrecht, der nach dessen Tod im Jahr 1330 als Albrecht II. der Weise die Herrschaft übernahm, beendete die alte Fehde. Mit dem Vertrag von Hagenau vom 6. August 1330 begann ein dauerhafter Friede zwischen den Habsburgern und König Ludwig. Dieser war dringend notwendig, hatten doch die permanenten Auseinandersetzungen dem Land schweren Schaden zugefügt. Albrecht war ein wahrer Friedensfürst, nicht kriegerisch gesinnt und geliebt von seinen Untertanen. Er förderte die Städte, und mit einer soliden Wirtschaftspolitik wurden die Finanzen auf eine feste Grundlage gestellt. Im Jahr 1335 gelang ihm der Erwerb des Herzogtums Kärnten und Krain. Sein Wille, den Frieden zu bewahren, hielt ihn von ehrgeizigen Abenteuern in der Reichspolitik fern.

Die Krone des Heiligen Römischen Reiches *(ca. 960)* übt bis heute eine große Faszination aus. Gemeinsam mit den anderen Reichsinsignien – Zepter, Apfel, Heilige Lanze, Schwert und Reichsevangeliar – bildet sie die sogenannten Reichsreliquien, die von den Menschen zutiefst verehrt wurden. Die Krönung mit der Reichskrone war eine Sakramentale, das heißt ein heiliges Ritual, das in Nachahmung der Sakramente eine geistliche Wirkung entfaltet. Die Bildsprache der Krone weist uns auf das mittelalterliche Verständnis des Herrschers hin. Alle in der Krone verarbeiteten Steine und Perlen haben in Anzahl, Farbe und Positionierung eine religiöse Bedeutung und Symbolik. Die achteckige Form verweist auf das himmlische Jerusalem, das nach der Apokalypse des Johannes ein Oktogon bildet. Die vier Bildplatten zeigen die drei alttestamentarischen Könige David, Salomon und Ezechias sowie Jesus Christus. Die Charaktere dieser Könige deuten auf wichtige Herrschereigenschaften hin: Gottesfurcht, Weisheit, Gerechtigkeit und Gottvertrauen.

Rudolf der Stifter – ein Visionär

Erst Albrechts II. Sohn Rudolf reckte sich wieder in die oberen Etagen der Politik. Als sein Vater im Jahr 1358 starb, war Rudolf erst 19 Jahre jung. Er sollte nur sieben Jahre regieren. Dennoch gilt er als eine der vielleicht genialsten Gestalten der Habsburger. In die Geschichte ist er eingegangen als »Rudolf der Stifter«. Seine Stadt war Wien, zwar schon entwickelt und in Ansätzen großstädtisch, doch war es sein Bestreben, dieser Stadt einen adäquaten fürstlichen Glanz zu verleihen.

Zentrum des Reiches war damals Prag, wo Kaiser Karl IV. (aus der Familie der Luxemburger) auch als König von Böhmen glanzvoll residierte. Im Vergleich zu Prag war Wien noch eine provinzielle Kleinstadt, die nicht einmal einen eigenen Bischof hatte.

Rudolf IV., der mit einer Tochter Karls IV., Katharina, verheiratet war, trachtete also, Prag den Rang abzulaufen. Er stiftete den Stephansdom und gründete die »Alma Mater Rudolfina«, nach Prag die zweite deutsche Universität. Allerdings musste man an der Wiener Universität mangels kirchlicher Zustimmung zunächst einmal auf die Königsdisziplin der Theologie verzichten. Rudolf bemühte sich zwar beim Papst um die Einrichtung eines eigenen Bistums, allerdings vergeblich.

Das »**Privilegium maius**« von 1358/59 mit gefälschter Datierung von 1156 ist eine der dreistesten Fälschungen des Mittelalters. Sie entsprang dem Ehrgeiz Rudolfs IV., der sich damit in den Rang eines Kurfürsten erheben wollte.

Sein größtes Werk jedoch war das »Privilegium maius«, eine der dreistesten Urkundenfälschungen der mittelalterlichen Geschichte. Im Jahr 1356 hatte Karl IV. mit der sogenannten »Goldenen Bulle« die längst schon zum Gewohnheitsrecht gewordenen Verfahren der Herrscherwahl im Reich festgelegt. Das Wahlkollegium, in dessen Händen doch eigentlich die Zukunft des Reiches lag, bestand aus vier weltlichen und drei geistlichen Kurfürsten: dem König von Böhmen, dem Herzog von Sachsen, dem Markgrafen von Brandenburg, dem Pfalzgrafen bei Rhein und den Erzbischöfen von Mainz, Köln und Trier. Habsburg war darin nicht vertreten. Herzog Rudolf fühlte sich herausgefordert, sah er doch in seinem Haus schon längst eine maßgebliche Größe für das Reich.

Er beauftragte kurzerhand, sieben Urkunden herzustellen, die die herausragende Stellung des Hauses Habsburg bestätigten, und ließ diese angeblich wie der aufgefundenen Urkunden seinem Schwiegervater in Prag zustellen. Doch dieser wurde misstrauisch, als er den gefälschten Papieren entnahm, dass bereits die römischen Caesaren den österreichischen Herzogtümern umfangreiche Privilegien gegeben hätten und diese von Friedrich Barbarossa den Babenbergern bestätigt worden seien. Karl IV. bat den Humanisten Francesco Petrarca um ein Gutachten, und dieser schloss, dass derjenige, der auf die Falsifikate hereinfalle, »ein brüllender Ochse und ein schreiender Esel« sein müsse. Damit war der Bruch zwischen Kaiser und dem ehrgeizigen Rudolf perfekt. Aus dem ganzen Fälschungsversuch ist allerdings der Titel »Erzherzog« übrig geblieben, mit dem sich die Habsburger fortan bezeichneten.

linke Seite: **Herzog Rudolf IV. (der Stifter).** *1360/65.* Rudolf IV. von Österreich (1339–1365), regierte nur sieben Jahre von 1358–1365, stellte in dieser kurzen Zeit aber viele und entscheidende Weichen. Er gehörte der dritten Generation der Habsburger Herzöge an und war der erste, der in Österreich geboren war, was erheblich zu seiner Popularität beitrug. Seine Ziele waren ehrgeizig: Er wollte seine Position unbedingt ausbauen und der habsburgischen Herrschaft einen unbestreitbaren Rang verschaffen. Ein Mittel dazu war für den jungen und energischen Erzherzog auch der Ausbau Wiens, das in der Bedeutung noch weit hinter dem glanzvollen Prag seines Schwiegervaters, dem Luxemburger Kaiser Karl IV., stand. Er gründete die Wiener Universität, die Alma Mater Rudolphina, stiftete den Bau des Stephansdomes, erlebte allerdings nicht mehr, dass Wien Bischofssitz wurde. Nicht zuletzt gelang es ihm auch durch einen Vertrag mit der Tiroler Gräfin Margarete, das Land Tirol an die habsburgische Herrschaft zu binden.

Bildnis Kaiser Karls IV. *1. Hälfte 15. Jh., nach Vorlage von 1360.* Kaiser Karl IV., aus dem Geschlecht der Luxemburger, gilt als einer der bedeutendsten Herrscher des Spätmittelalters. Unter seiner Herrschaft erlebten Prag und Böhmen eine besondere Blütezeit.

Einige Jahre später aber kam es wieder zu einer Annäherung zwischen Kaiser Karl IV. und Herzog Rudolf, als es um die Unterzeichnung eines Erbvertrags ging, der die Möglichkeit einer Vereinigung der habsburgischen und böhmischen Länder eröffnete. Kurios ist allerdings, dass es nur wenige Generationen dauerte, bis das offen als Fälschung erkannte Privilegium maius wieder voll in Kraft gesetzt wurde – von Kaiser Friedrich III. im Jahr 1453.

Einen seiner wesentlichsten Erfolge aber erreichte Rudolf mit der Erwerbung Tirols, das aufgrund seiner geografischen Lage von einer erheblichen strategischen Bedeutung war. Es war nicht nur aufgrund seiner winterfesten Alpenübergänge für den Weg in den Süden relevant, auch für die Habsburger bedeutete es eine wichtige Verbindung zwischen Österreich und ihren Stammlanden. Gräfin Margarete von Tirol, genannt die »Maultasch«, die außer ihrem verstorbenen Sohn keine weiteren Kinder mehr hatte, übertrug die Herrschergewalt im Jahr 1363 an die Habsburger. Rudolf und sein Nachfolger mussten zwar die neue Erwerbung mit Waffengewalt gegen die Ansprüche ihres bayerischen Widersachers verteidigen, doch blieb dieses wichtige Land von nun an im habsburgischen Herrschaftsbereich. »Alle Straßen, die von Deutschland nach Italien führen, stehen in unserer Gewalt«, schrieb Rudolf an den Dogen von Venedig. Doch sein außenpolitischer Ehrgeiz war damit nicht gestillt.

Rudolf sollte seine Macht allerdings nicht mehr vergrößern können. 1365 begab er sich nach Mailand, um mit Herzog Bernabò Visconti ein Bündnis gegen den Patriarchen von Aquileia zu verhandeln, erkrankte dort und verstarb nach sechs Wochen am 27. Juli.

Rudolfs politische Ziele waren hochgesteckt. Aufgrund der politischen Konstellation während seiner kurzen Regierungszeit hatte er keine Aussicht auf den Kaiserthron, doch war seine Politik unablässig darauf ausgerichtet. Auch nach Böhmen und Ungarn hatte er seine Fühler ausgestreckt. Sein Haus wurde zum »Erzhaus«, er galt als der Begründer des Habsburgermythos und der Vermittler des Glaubens der Dynastie auf das kaiserliche Amt, so Adam Wandruszka.

Nach seinem Tod übernahmen seine jüngeren, charakterlich wesentlich voneinander verschiedenen Brüder Albrecht und Leopold die Regierung. Die Erbteilungen wurden nun unvermeidlich, die Habsburger teilten sich in die albertinischen, Leopoldiner und schließlich Tiroler Linien auf. Mit dem Zerfall in verschiedene Linien ging der Verfall des Einflusses in den Stammlanden einher, die Schlacht bei Sempach im Jahr 1386 brachte den Eidgenossen den Sieg. Für Österreich aber gelangen weiter wichtige Erwerbungen, 1382 stellte sich Triest unter den Schutz der Habsburger, Istrien kam hinzu, die Windische Mark, und schließlich konnte durch den Kauf der Grafschaft von Feldkirch auch im Westen das Gebiet erweitert werden.

Wenn nun auch hauptsächlich in der Regionalpolitik angelangt und scheinbar unendlich weit vom Kaiserthron entfernt, waren die Habsburger doch ein wichtiger Faktor im Reich. Es sollte keine Generation mehr dauern, bis sie einen Kaiser stellten.

rechte Seite: **Margarete Maultasch,** *1. Hälfte 16. Jh.* Gräfin Margarete von Tirol-Görz (1318–1369), genannt »die Maultasch«, war eine kluge und tolerante Herrscherin. Ihr persönliches Schicksal war nicht glücklich, doch gelang es ihr, Tirol zu einer Blüte zu führen. Ihre besondere Toleranz den Juden gegenüber war eine Ausnahme in jener Zeit.

MARGRET · VON · GOTS · GNADEN · HERCZOGIN · ZV̊ · BAIRN
· ZV̊ · KÄRNDTEN · GRÄEIN · ZV̊ · TIROL · RCE

Ein Stammbaum des Hauses Habsburg, *1592*, mit König Rudolf I. als Gründervater (liegend ganz unten). Der Stammbaum reicht bis zu Philipp dem Schönen (ganz oben).

Die römisch-deutschen Kaiser von Friedrich II. bis Albrecht II.

Vereinfachte Darstellung

Friedrich II.	*1220–1250*	*Staufer*	*»Stupor mundi«*
Wilhelm von Holland	*1254–1256*		
Richard von Cornwall	*1257–1272*		*War selten im Reich*
Alfons von Kastilien	*1257–1275*		*Betrat niemals den Boden des Reiches*
Rudolf I.	*1273–1291*	Habsburg	*In Aachen gekrönt*
Adolf von Nassau	*1292–1298*		*Wegen Unfähigkeit abgesetzt*
Albrecht I.	*1298–1308*	Habsburg	*Erfolgreiche Hausmachtpolitik*
Heinrich VII.	*1312–1313*	Luxemburg	*Kaiserkrönung in Rom*
Friedrich der Schöne	*1314–1330*	Habsburg	*Geduldeter Gegenkönig zu Ludwig dem Bayern*
Ludwig IV., der Bayer	*1341–1347*	Wittelsbach	
Karl IV.	*1355–1378*	Luxemburg	
Wenzel	*1378–1400*	Luxemburg	*Goldene Bulle*
Ruprecht	*1400–1410*	Wittelsbach	*Wegen Untätigkeit abgesetzt*
Jobst von Mähren	*1410–1411*	Luxemburg	*Erfolgloser König*
Sigismund I.	*1411–1437*	Luxemburg	
Albrecht II.	*1438–1439*	Habsburg	

II

Über Burgund zum Weltreich

Friedrich III. – der erfolgreiche Zauderer

Schwer erschließt sich dem Menschen unserer Zeit eine Persönlichkeit wie Kaiser Friedrich III. Zu rätselhaft erscheint er uns. Kaum einer war so macht- und heimatlos wie er, und doch stößt er das Tor auf zur Weltgeltung der Habsburger. Ununterbrochen verwickelt in Ärgernisse in seinen Stammlanden, ständig bedrängt von seinen Gegnern, tat er vor allem eines: zuwarten. Er war nicht derjenige, der sich kraftvoll durchsetzte, der in entscheidenden Momenten zu den Waffen griff. Kein strahlender Held, der seinen Ruhm auf den Schlachtfeldern erkämpfte, eher ein Phlegmatiker und Zauderer.

Münze Friedrichs III.

Der Historiker Edward Crankshaw urteilt besonders ungnädig über ihn: Mit seiner Wahl begann eine »über 50 Jahre lange Regierungszeit, die voll Schmach und Unbill war«. Er musste Verhöhnungen ertragen, etwa »des Heiligen Römischen Reiches Erzschlafmütze«, wie ein Pamphlet von 1470 ihn nannte. Friedrich und sein Lebensentwurf konnten den Erwartungen der nachfolgenden Generationen kaum entsprechen, zu strahlend ist doch das Bild seines Sohnes, Kaiser Maximilians, des letzten Ritters, obwohl er diesen positiven Eindruck eher durch geschickte Propaganda und – heute würden wir sagen – schlaue Medienpolitik als durch große Politik beeinflusst hat.

Und doch – die Geschichtsschreibung tut Kaiser Friedrich III. unrecht. Natürlich hätte er ein aktiverer Mensch sein können, doch bei der historischen Beurteilung darf nie außer Acht gelassen werden, welche Möglichkeiten Friedrich überhaupt hatte. Seine Machtlosigkeit und seine Inaktivität in der Reichspolitik rührten auch daher, dass er einfach von allen Seiten bedrängt wurde: Die österreichischen Stände organisierten einen Aufstand nach dem anderen, sein eigener Bruder wandte sich gegen ihn, und Ungarnkönig Matthias Corvinus schob sich konstant in die österreichischen Erblande hinein.

linke Seite: **Kaiser Friedrich III.** *Hans Burgkmair der Ältere, 1468.* Friedrich III. ist bis heute eine der widersprüchlichsten Gestalten in der langen Reihe der Habsburger. Von zögerlichem und resignierendem Charakter, aber dennoch mit dem Glück gesegnet, dass alle seine Gegner im entscheidenden Moment verstarben. Sein größter Coup war die Einfädelung der Hochzeit seines Sohnes Maximilian mit Maria von Burgund, der Erbin eines reichen und mächtigen europäischen Staates.

Szene: Krönung Piccolominis durch Friedrich III. zum Dichter. Freskenzyklus zu Leben und Taten des Enea Silvio Piccolomini, Papst Pius II., *Bernardino Pinturicchio, Fresko, 1502–1507.*
Enea Silvio Piccolomini kam aus Pienza und war Friedrichs Hofsekretär.

Buchmalerei Kaiser Friedrichs III., *um 1490.*
Sein Bildnis mit den Wappen seiner Herrschaftsgebiete.

»AEIOU«, *Buchmalerei in der Handregistratur König Friedrichs III., 1446.* Für das rätselhafte »AEIOU« gibt es bis heute über 300 Deutungen.

Friedrich erlitt von seinen Gegnern zahllose Demütigungen, doch am Ende hat er sie alle überlebt. Mit Rilke lässt sich sagen: »Wer spricht vom Sieg? Übersteh'n ist alles!« Und das ist eines der großen Verdienste Friedrichs. Ein weniger verharrender Charakter wäre vielleicht an diesem Schicksal zugrunde gegangen.

Was ihm über alle Schmach hinweggeholfen haben mag, war sein unbeirrtes Festhalten am und die Überzeugung vom Sendungsbewusstsein seines Hauses. Er war es, der das bis heute oftmals zitierte Kürzel »AEIOU« auf allen seinen Gegenständen anbringen ließ: »Austriae est imperare orbi universo – Alles Erdreich ist Österreich untertan«. Ein Anspruch, der offenbar in krassem Gegensatz zur politischen Realität stand. Aber er verstand es so, dass dem Haus Österreich das deutsche Königtum und das römische Kaisertum mit Recht zustehe. Und er erfüllte nahezu alle Träume seines Vorgängers Rudolf IV., dem Stifter.

Sein Biograf Bernd Rill nennt ihn einen »dynastischen Kolumbus«, wie den großen Entdecker, der sich, als er auf dem amerikanischen Kontinent landete – übrigens noch zu Lebzeiten Kaiser Friedrichs –, kaum der Bedeutung seiner Entdeckung bewusst war. So fädelte Friedrich Dinge ein, die sich erst wesentlich später als äußerst gewinnbringend zeigen sollten.

Seine wenigen politischen Erfolge erzielte er durch Zuwarten, durch geschicktes Spinnen der Fäden, durch hinhaltendes Taktieren und durch gekonnte Diplomatie. Indem er die Hochzeit seines Sohnes Maximilian mit Maria von Burgund, einziger Erbin eines der reichsten Länder in Europa, arrangierte, eröffnete er den Habsburgern völlig neue Möglichkeiten. Darin zeigt sich, dass er doch ein beachtliches politisches Gespür gehabt haben muss. Er zehrte von der Vision künftiger Größe.

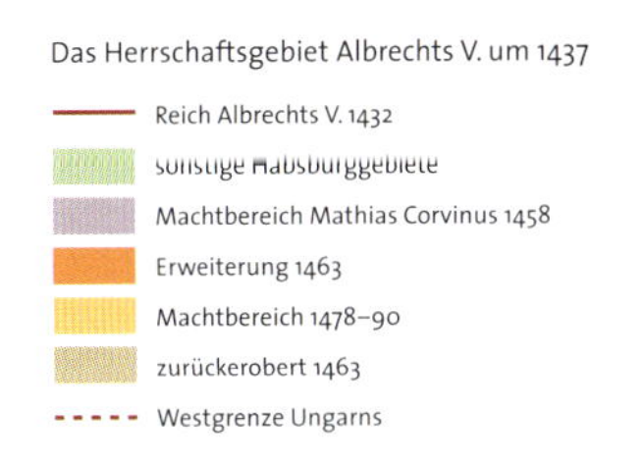

Das Herrschaftsgebiet Albrechts V. um 1437

Der einzig erwachsene Habsburger

Als Friedrich am 21. September 1415 geboren wurde, war die Herrschaft über die habsburgischen Länder noch weitgehend auf verschiedene Linien aufgeteilt. Sein Vater war Herzog Ernst der Eiserne, der über die Steiermark herrschte, seine Mutter Cimburgis von Masowien aus Litauen. Von ihr haben die Habsburger wohl die berühmte hängende Unterlippe geerbt. Sie war keine Schönheit, aber von außergewöhnlicher Kraft, und es heißt, sie konnte einen Nagel mit bloßen Händen in die Wand treiben.

Friedrich genoss eine gute Ausbildung in der Burg in Wiener Neustadt zusammen mit seinem Bruder Albrecht, mit dem er sich später bitter bekämpfen sollte. Er konnte lesen und schreiben, was zu jener Zeit auch für einen Herrscher nicht selbstverständlich war; und er sprach Latein, wenn auch mäßig, wie sein Sekretär Enea Silvio Piccolomini, der spätere Papst Pius II., anmerkte.

Die Eltern starben früh, der Vater, als Friedrich neun, die Mutter, als er 14 Jahre alt war. Er kam unter die Vormundschaft seines Onkels Herzog Friedrich IV. von Tirol, aufgrund seiner ständigen Geldnot auch der »Friedel mit der

Die Burg in Wiener Neustadt. Die Lieblingsresidenz Friedrichs, seine »allzeit Getreue«.

leeren Tasche« genannt. Aus macht- und finanzpolitischen Gründen ließ ihn dieser erst reichlich spät, erst mit 20 Jahren, für volljährig erklären. Friedrich forderte sogleich sein Erbe und machte sich als frischer Herzog der Steiermark als Erstes zu einer Pilgerfahrt ins Heilige Land auf. Nach seiner Rückkehr nahm er Residenz in Wiener Neustadt. Mit dieser Stadt blieb er sein Leben lang eng verbunden, besonders in Krisenzeiten zog er sich gern in die »allzeit Getreue« zurück. Wien mied er und fand nie Gefallen an dieser Stadt und ihren aufsässigen und untreuen Bürgern.

Im Jahr 1437 starb Kaiser Sigismund, der letzte Luxemburger und König von Böhmen und Ungarn. Sein Nachfolger wurde Herzog Albrecht II. von (Nieder-) Österreich – wieder ein Habsburger, dessen Regierungszeit aber zu kurz war, als dass sie Spuren hinterlassen hätte. Er starb zwei Jahre später – 1439. Albrecht war mit einer Tochter Sigismunds verheiratet. Beider Sohn, Ladislaus Postumus (der Nachgeborene), wurde fünf Monate nach Albrechts Tod geboren, ein Säugling mit Erbansprüchen auf Niederösterreich und von Mutterseite her auf Böhmen und Ungarn. Die luxemburgische Hausmacht war hiermit auf die Habsburger übergegangen.

Mit einem Mal war Friedrich der einzig erwachsene Habsburger. Er übernahm die Vormundschaft über Ladislaus und sah sich umgeben von zahlreichen Erb- und sonstigen Ansprüchen. Nun musste er versuchen, die Teilung der habsburgischen Länder zu überwinden.

Die Macht des Kaisers ohne Macht

Kaiser Friedrich III. *Anonym, um 1490.*

Zu diesen Aufgaben, die für sich allein schon schwierig genug waren, kam nun noch eine weitere hinzu. Völlig überraschend, auch für ihn selbst, wurde Friedrich im Jahr 1440 von den Kurfürsten zum König gewählt. Die Beweggründe sind kaum überliefert, es liegt aber nahe, dass die Kurfürsten sehr genau Bescheid wussten über die chaotischen Zustände in den habsburgischen Erblanden. Sie konnten annehmen, dass Friedrich, dem die Probleme über den Hals wuchsen, daheim genügend zu tun haben würde, um ihnen keinen Verdruss durch große Veränderungen im Reich zu schaffen.

Friedrich aber zögerte mit der Annahme der größten weltlichen Würde, die das Abendland zu bieten hatte. Erst sechs Wochen später nahm er im Rahmen einer prachtvollen Zeremonie im Dom zu Wiener Neustadt die Wahl an. Von nun an bis 1806, als Kaiser Franz die Krone niederlegte, würde immer – bis auf eine kurzzeitige Ausnahme – ein Habsburger Kaiser des Heiligen Römischen Reiches sein.

Erst zwei Jahre später kam es zur Krönung in Aachen. Friedrich bestand darauf, mit den Reichsinsignien gekrönt zu werden, die eilends dazu aus Nürnberg herbeigeschafft wurden. Am 17. Juni 1442 setzte ihm der Erzbischof von Köln die Krone aufs Haupt.

Die Wappenwand der St. Georgskapelle in der ehemaligen Burg in Wiener Neustadt. Über dem Standbild des Kaisers und dessen Devise sind 14 habsburgische und 93 Fantasiewappen angebracht.

Eine der großen Herausforderungen für den neuen Kaiser war die längst überfällige Reichsreform. Doch Friedrich war viel zu sehr mit seinen eigenen Erblanden beschäftigt, als dass er die Reichsreform hätte durchführen können. Das deutsche Kaisertum war auch mittlerweile zu schwach geworden. Der Widerstand der Partikulargewalten war zu stark, selbst gegen jemanden, der eine kraftvolle Reichspolitik durchführen wollte. Die Wahl Friedrichs hatte auch in einer veränderten Situation im späten Mittelalter stattgefunden. Die geopolitischen Gegebenheiten waren völlig andere als noch eine Generation zuvor. In Mitteleuropa, in Böhmen, hatten die Hussitenkriege das luxemburgische Königtum ausgehöhlt und aus einer blühenden Region ein wirtschaftliches Entwicklungsland gemacht. Und von Südosten her drängten die Türken, die eben im Jahr 1453 Konstantinopel erobert hatten, über den Balkan nach Zentraleuropa hinein.

Friedrich resignierte in Bezug auf das Reich – allein von 1445 bis 1471 ließ er sich auf keinem einzigen Reichstag blicken, immerhin eines der wichtigsten Organe des Reiches. Er erkannte genau, dass es kaum mehr Spielraum für die kaiserliche Herrschaft gab. Er hatte eine zwar hoch angesehene, aber ohnmächtige Würde.

Innerhalb des Reiches herrschte ein kompliziertes Gleichgewicht. Dennoch aber war das Kaisertum ein Hort der Legitimität. Und von diesem und dessen Würde wollte Friedrich nicht lassen. Ihm schwebte die Krönung in Rom vor Augen. Im Winter 1451/52 machte er sich mit nur kleinem Gefolge auf die be-

Enea Silvio Piccolomini, Erzbischof von Siena, führt die Verlobten Friedrich III. und Eleonora von Portugal bei der Porta Camoll zusammen. *Bernardino Pinturicchio, Fresko, 1502–1505.* Das Fresko zeigt die Trauung Kaiser Friedrichs III. mit Eleonore von Portugal in Rom am 16. März 1452. Aus der Ehe stammten sechs Kinder, aber nur zwei überlebten.

schwerliche Reise nach Rom. Traditionell unter Geldmangel leidend, hatte er sich die notwendigen Mittel dazu vom Papst leihen müssen. Leicht hätte er mit dem spärlichen Gefolge Opfer eines Überfalls werden können, doch strahlte offensichtlich das Kaisertum noch Respekt und Würde aus. Die Reise hatte auch einen anderen Zweck, nämlich seine Eheschließung mit Eleonore von Portugal. In Siena begegneten sich die künftigen Eheleute zum ersten Mal.

Eleonore war eine südländische Schönheit mit dem entsprechenden Temperament. Sie hatte es nicht leicht mit dem trägen Friedrich in der kalten, zugigen Burg in Wiener Neustadt, die so prachtlos war wie ihre Heimat prachtvoll. Von den fünf Kindern überlebten nur zwei, Kunigunde und Maximilian. Eleonore verstarb nach 15-jähriger Ehe im Jahr 1467 im Alter von 31 Jahren.

Nach kurzem Zwischenaufenthalt in Siena zogen Friedrich und Eleonore am 9. März 1452 in Rom ein. In einem prachtvollen Zeremoniell wurde Friedrich am 19. März vom Papst in der Peterskirche gekrönt, auch seine Frau empfing die Salbung. Friedrich war damit der einzige Habsburger und der letzte Kaiser, der in der Ewigen Stadt die Krone aus den Händen des Papstes empfing. Nach ihm wurde kein Kaiser mehr in Rom gekrönt.

Der Überlebenskünstler – Von der Krone getragen

Ladislaus Postumus, König von Ungarn und Böhmen, *1457.* Der Nachgeborene war das Mündel Kaiser Friedrichs III. und stets ein Spielball der Macht. Er starb mit 17 Jahren, ohne seine Ansprüche erfolgreich durchgesetzt zu haben.

Von seinem Romzug zurückgekehrt, holte ihn zu Hause die politische Realität wieder ein. In seiner Abwesenheit hatten seine Gegner die österreichischen Stände mobil gemacht und erwarteten ihn in Wiener Neustadt mit einer Kampfmacht, die eine militärische Auseinandersetzung unvermeidlich machte. Vor seiner Abreise nach Italien hatte Friedrich sich geweigert, sein Mündel Ladislaus Postumus zu übergeben. Als sein wichtigstes Pfand hatte er den Knaben mit nach Rom genommen. Nun forderten seine Gegner dessen Herausgabe. Die Kampfhandlungen dauerten nur einen Tag und endeten mit einer Niederlage Friedrichs, er musste den Jungen herausgeben, der seit seiner Geburt nichts anderes gewesen war als ein Spielball der Mächtigen.

Ladislaus wurde im Oktober 1453 zum König von Böhmen gekrönt, aber er starb vier Jahre später knapp 19-jährig in Prag. Mit ihm erlosch die albertinische Linie der Habsburger. In Böhmen wurde Georg von Podiebrad und in Ungarn Matthias Corvinus zum König gewählt. Friedrich musste erst einmal mit dem Verlust dieser beiden Länder fertig werden.

Doch dieses war noch nicht genug. Friedrichs jüngerer Bruder Albrecht erhob nun Anspruch auf das Erzherzogtum Österreich. Einstweilen gelang im Jahr 1458 für eine gewisse Zeit eine einvernehmliche Regelung, die Friedrich das Land unter der Enns (Niederösterreich) und Albrecht das Land ob der Enns (Oberösterreich) zusprach, doch die erhoffte Ruhe blieb aus. Albrecht nutzte den Autoritätsverlust des Kaisers aus, der nicht in der Lage war, in seinem Land für Ruhe und Ordnung zu sorgen, und tatenlos dem Niedergang von Handel und Handwerk zusah. Die Wiener verbündeten sich 1462 mit Albrecht, und der

Eleonore von Portugal. *Hans Burgkmair der Ältere, 1468.* Es ist fraglich, ob sie eine wirklich glückliche Ehe mit Friedrich geführt hat. Aus dem sonnigen Portugal stammend, musste ihr Wien wie eine kulturelle Wüste vorgekommen sein. Der in sich gekehrte Friedrich trug das Seine dazu bei. Alt wurde sie nicht. Sie starb im Alter von 31 Jahren.

Kaiser musste mit seiner Familie in der Hofburg eine monatelange Belagerung ertragen, bis ihn ein böhmisches Entsatzheer befreien konnte. Resigniert zog er sich in sein geliebtes Wiener Neustadt zurück. Der Bruderzwist schwelte weiter bis zum plötzlichen Tod Albrechts im Jahr 1463. Friedrich hatte schon wieder einen seiner Gegner überlebt.

Erfolgreiche Politik

In den kommenden Jahren sollte Friedrich, der nun der unumstrittene Herr der Donauländer war, etwas Ruhe haben vor der heimatlichen Unbill, und er konnte sich seinen eigentlichen Plänen und Vorhaben widmen. Hier zeigt sich auch, dass er gar kein so schlechter Politiker und Verhandler gewesen war. Bereits unmittelbar nach seiner Krönung hatte er – widerspruchslos – das Privilegium maius wieder in Kraft gesetzt, jenes Fälschungswerk seines Vorfahren Rudolf IV., des Stifters, mit dem dieser so grandios gescheitert war. Damit verschaffte er den Inhalten der Dokumente eine reichsrechtliche Anerkennung.

Im Herbst 1468 machte er sich erneut auf den Weg nach Rom, um dort mit dem Papst über seine kirchenpolitischen Ziele zu verhandeln. Ohne Schwierigkeiten zu machen, genehmigte der Papst die Errichtung der Bistümer in Wien und Wiener Neustadt und die Stiftung des St.-Georgs-Ordens. Friedrich erreichte weiterhin die Eröffnung des Heiligsprechungsverfahrens für den Babenberger Markgrafen Leopold III., die er zwei Jahrzehnte später selbst noch erlebte.

Matthias Corvinus Rex Pannoniae. *Tobias Stimmer, 1575.* Matthias Corvinus, eigentlich Hunyadi, 1443–1490, König von Ungarn. Er war einer der lebenslangen Gegner Friedrichs III. Sein erfolgreicher Kampf gegen die Türken ermutigte ihn, nach den Nachbarherrschaften zu greifen. Wien besetzte er über fünf Jahre lang ohne nennenswerten Widerstand des Kaisers.

Doch die Freude über seine politischen Erfolge, um die sich einige seiner Vorgänger vergeblich bemüht hatten, währte nicht lange. Eine Fehde des Krainer Söldnerführers Baumkircher, unterstützt von steirischen Adeligen und dem ungarischen König Matthias Corvinus, verwüstete das Land und forderte zahlreiche Opfer auf beiden Seiten. Am Ende machte Friedrich kurzen Prozess und ließ – völlig untypisch für seinen friedliebenden Charakter – Baumkircher kurzerhand enthaupten. Doch am südöstlichen Rand der habsburgischen Lande drohte eine neue Gefahr, die über 200 Jahre lang nicht verschwinden sollte: die osmanischen Türken.

Mit Stoßtrupps unternahmen sie Raubzüge bis tief in den Süden der österreichischen Länder und vernichteten, was sie greifen konnten. Der Kaiser stand dem macht- und tatenlos gegenüber. Er verfügte schlicht und einfach nicht über die Armee, die dem Ansturm hätte Herr werden können, und seine Appelle an die Reichsfürsten um militärische Unterstützung verhallten ergebnislos. Es war Matthias Corvinus, der die Türken immer wieder zurückschlug. Und nachdem er dies getan hatte, widmete er sich wieder seinem großen Traum der Vereinigung der Donauländer unter ungarischer Führung. Immer wieder fiel er nach Österreich ein und besetzte schließlich Wien, wo er fünf Jahre bis zu seinem Tod im Jahr 1490 residierte. Und wieder hatte Friedrich einen Gegner überlebt.

Neue Allianz im Westen

In der Zwischenzeit aber widmete sich der Kaiser der Westpolitik. Sein Vetter Sigismund von Tirol hatte ihn auf die Idee gebracht, wie sich die beständige Expansion Burgunds auf Kosten des Reiches und damit der Habsburger wenn nicht verhindern, so doch letzten Endes wenigstens kanalisieren ließe.

Und so zog Friedrich im September 1473 nach Trier, um sich dort mit dem burgundischen Herzog Karl dem Kühnen zu treffen und mit diesem ein äußerst zukunftsfähiges Projekt zu verhandeln. Friedrich wollte seinen Sohn Maximilian mit dem einzigen Kind Karls verheiraten, Maria von Burgund, eine der reichsten Erbinnen Europas.

Burgund war kein geschlossenes Herrschaftsgebiet, umfasste aber unter anderem die reiche Grafschaft Flandern mit ihren großen Handelsstädten Brügge und

Karl der Kühne. *Werkstatt des Rogier van der Weyden, 1454/60.* Karl I. war Herzog von Burgund. Er galt als einer der reichsten Fürsten Europas. Am burgundischen Hof herrschten überschwänglicher Luxus und Pracht. Berühmt sind vor allem die Tapisserien, die Karl gern und oft in Auftrag gab. Seine Politik war bestimmt durch den ständigen Konflikt mit Frankreich. Innenpolitisch jedoch konnte er nicht unbedeutende Erfolge in seinem Herrschaftsgebiet verzeichnen. Vor allem die Verwaltung wurde reformiert und zentralisiert, was für das doch sehr uneinheitliche burgundische Gebiet von großer Bedeutung und Effizienz war. Zahlreiche Verwaltungsreformen fanden sich durch den burgundischen Einfluss in Österreich wieder. In seinen späteren Jahren verstrickte sich Karl immer mehr in politischen Ränkespielen und musste eine militärische Niederlage nach der anderen hinnehmen. In der Schlacht von Nancy am 5. Januar 1477, bei der er gegen die Lothringer und die Eidgenossen gezogen war, fand er schließlich den Tod. Sein ehrgeiziger Traum, vom Kaiser den Königstitel zu erhalten, war nie in Erfüllung gegangen.

Gent. Karl der Kühne war sich seiner Macht stets bewusst und zögerte nicht, sich immerzu mit seinem westlichen Nachbarn Frankreich anzulegen. Ihm war völlig klar, dass Friedrich, im Gegensatz zu ihm, seine Erblande bei Weitem nicht im Griff hatte. Was also waren seine Beweggründe, über eine Ehe seiner Tochter mit dem Sohn des armen Friedrichs nachzudenken? Er strebte nach der Königswürde, denn nur der Kaiser konnte diese verleihen. Nach Trier kam er mit einem riesigen Gefolge und dem Burgunderschatz, wogegen sich die Habsburger, die sich das Geld für die Reise – wieder einmal – zusammengeborgt hatten, wie arme Leute ausmachten. Der ganze Glanz des burgundischen Hofes entrollte sich vor Friedrich und seinem 14-jährigen Sohn Maximilian. Der Ausgang der Verhandlungen schien perfekt, Karl gab bereits seine Königskrone bei Juwelieren in Auftrag, als Friedrich ohne Angabe von Gründen einfach abreiste. Der Burgunder hatte seiner Ansicht nach offensichtlich zu viel gewollt.

Voller Wut stürzte Karl sich in waghalsige Abenteuer mit den Eidgenossen und Lothringen, verlor aber eine Schlacht nach der anderen und fand schließlich im Jahr 1477 bei Nancy den Tod. Sein Leichnam wurde gefleddert vom Schlachtfeld geholt. Sein Tod aber bedeutete das Ende Burgunds als selbstständige Macht.

Das war der Moment, auf den Friedrich gewartet hatte. Eiligst organisierte er Geld und Truppen für Brautfahrt und Hochzeit seines Sohnes.

Maria von Burgund. *Niclas Reiser, zw. 1498–1512.* Sie war die einzige Tochter Karls des Kühnen und damit eine der reichsten Erbinnen Europas. Darüber hinaus war sie von außerordentlicher Schönheit.

Friedrich war zu diesem Zeitpunkt 62 Jahre alt, ein hohes Alter nach damaligen Maßstäben. Seine Kräfte wurden bald wieder in Anspruch genommen durch die Reichspolitik, durch die Türkengefahr und durch seinen Dauerfeind Matthias Corvinus. Doch im Jahr 1486 konnte er einen weiteren wesentlichen Erfolg verzeichnen. Die Kurfürsten wählten Maximilian zum römisch-deutschen König. Damit war die Nachfolge im Reich gesichert.

Schließlich konnte Friedrich noch Herzog Sigismund von Tirol gegen eine ordentliche Abfindung davon überzeugen, zugunsten Maximilians abzudanken. Die Einheit der Erblande war damit garantiert.

In den letzten Jahren hatte Friedrich Linz zu seiner Altersresidenz gewählt. Im Prinzip konnte er, trotz aller Rückschläge und Demütigungen, zufrieden sein. Er regierte 58 Jahre in Innerösterreich, 53 Jahre als römisch-deutscher König und 41 Jahre als römischer Kaiser. Das Chaos in den Erblanden war beseitigt, es befand sich nun wieder alles in einer Hand. Wichtige kirchenpolitische Ziele waren erreicht. Sein Sohn Maximilian würde der nächste Kaiser sein. Und vor allem: Die Habsburger hatten im Westen durch Burgund Fuß gefasst. Friedrich mochte nicht ahnen, welche Folgen einst sein geschickter Schachzug haben würde. Der Erwerb von Burgund sollte das Schicksal und den Stil der habsburgischen Dynastie für die ganze Folgezeit bestimmen, schreibt Adam Wandruszka.

Am 19. August 1493 starb Friedrich 78-jährig in Linz. Sein Herz wurde in der Linzer Stadtpfarrkirche beigesetzt, sein Leichnam ruht im Stephansdom in einem prächtigen Hochgrab im Apostelchor.

Das Hochgrab Kaiser Friedrichs III. im Stephansdom. Bis heute sind einige rätselhafte Inschriften und Symbole auf dem Grab nicht gedeutet.

Maximilian – der letzte Ritter

Zum Zeitpunkt des Todes Friedrichs war Maximilian bereits 34 Jahre alt. Er war das absolute Gegenteil seines Vaters, sein Charakter war durchaus extrovertiert. Ihn zeichnete eine große Lebensfreude aus. Er war humorvoll, liebte Feste und Tanzvergnügen, genoss die Gesellschaft schöner Frauen – gezählt wurden neun uneheliche Kinder –, und er liebte es, als Repräsentant des Rittertums aufzutreten. Auf seinen Beinamen »der letzte Ritter«, den ihm die Nachwelt gab, wäre er sicherlich sehr stolz gewesen. Turnierkämpfe und Jagdausflüge gehörten zu seinen bevorzugten Beschäftigungen. Maximilian war ein vielseitig begabter Mensch, ein »uomo universale«, will heißen eine Art Allroundgestalt der Renaissance. Er förderte Wissenschaften und besonders die Künste. Albrecht Dürer, den er in den Adelsstand erhob, gehörte zu seinen persönlichen Freunden.

Auch die Wiener Sängerknaben gehen auf Maximilian zurück. Wir verfügen heute über eine große schriftliche Hinterlassenschaft Maximilians, auch zahllose Briefe sind überliefert. Maximilian ließ seine eigene Biografie schreiben, den »Weißkunig« und den »Theuerdank«, und zeigte sich damit als Medienprofi, der die Legendenbildung über seine Person geschickt selbst steuerte. Trotz seines strahlenden Bildes aber ist die Erfolgsbilanz seiner Regierung eher mager. Sein eigentlicher Erfolg lag in der geschickten Verheiratung seiner Kinder und Enkelkinder.

Bildnis Maximilians I. im Kaiserornat. *Bernhard Strigel, um 1508.* Kaiser Maximilian I., auch genannt der letzte Ritter, liebte ritterliche Schauspiele, Turniere und prachtvolle Feste. In vielen Bereichen war er vollkommen gegensätzlich zu seinem introvertierten Vater. Unter Maximilians Herrschaft wurden die habsburgischen Lande wiedervereint und die Trennung zwischen der leopoldinischen und der albertinischen Linie aufgehoben. Er gab Österreich die Gestalt, die es bis 1918 haben sollte. Hatte er selbst durch die Heirat mit Maria von Burgund sein Reich wesentlich vergrößert, so dehnte er durch geschickte Heiratspolitik den Einfluss des Hauses Österreich bis nach Spanien und Übersee aus. In der Reichspolitik war seine Bilanz eher mager, da er gegen den Willen der Kurfürsten die Zentralgewalt nicht stärken konnte. Seiner Frau Maria war er von Herzen zugetan. Als sie nur fünf Jahre nach der Hochzeit an den Folgen eines Reitunfalls starb, war dies für ihn ein schwerer Schlag. Aufgrund der Erfahrungen aus seiner Kindheit mied er die Residenzstadt Wien und hielt sich, wenn nicht auf Reisen, lieber in Wiener Neustadt oder in Innsbruck auf. Noch heute existiert in Tirol eine lebendige Erinnerung an den Kaiser, der dort eine enorme Popularität besaß.

von oben nach unten: **Die Kapitelversammlung des Ordens vom Goldenen Vlies** in Dijon im November 2008; **Wappen des Vliesritters Simon de Lalaing**; **Das Schwurkreuz des Ordens** – ein Meisterwerk der burgundischen Goldschmiedekunst

Erzherzog Karl, der aktuelle Souverän des Ordens mit dem Schwurkreuz.

DER ORDEN VOM GOLDENEN VLIES *wurde am 10. Januar 1430 von Herzog Philipp dem Guten von Burgund anlässlich seiner Vermählung mit Prinzessin Isabella von Portugal gegründet. Er verdankt seine Entstehung der Kultur des späten Mittelalters, wie sie am prunkvollen Hof der Herzöge von Burgund ihre Ausprägung fand. An der Schwelle zur Moderne, in der die alten Ideale unterzugehen drohten, lebten in diesem Orden die ritterlichen Ideale und Werte weiter.*

Das Ordenssymbol ist ein goldenes Widderfell (Vlies), das an einen blau emaillierten Feuerstein gehängt ist. Damit nimmt es Bezug auf die alte Sage von Jason und den Argonauten.

Die Grabinschrift Philipps zitiert das Hauptanliegen des Ordens: »Pour deffendre l'Eglise qu'est de Dieu la Maison, J'acquis sur la noble ordre que l'on dit la Toison.« – »Zur Verteidigung der Kirche, die das Haus Gottes ist, habe ich diesen noblen Orden gegründet, den man das Vlies nennt.«

Eine Rittercollane des Ordens.

Die Potence (Wappenkette) des Herolds des Ordens.

Mit der Heirat von Maria von Burgund, der Tochter Karls des Kühnen und damit Enkelin Philipps des Guten, mit Maximilian von Habsburg ging der Orden auf das Haus Habsburg über. Das Goldene Vlies als mittelalterliche Ordensgründung besteht ohne wesentliche Änderung bis zum heutigen Tag, was sicherlich zu seiner Faszination beiträgt. Der Orden ist nicht geografisch festgelegt, sondern mit der Person des Souveräns verbunden. Es spricht für die Weitsicht des Ordensgründers Philipp des Guten, dass er die verschiedenen Wechselfälle der Geschichte als Möglichkeit in den Statuten des Ordens voraussah und deshalb den Orden hauptsächlich an zeitlosen Wertvorstellungen, den ritterlichen Tugenden und der Achtung der katholischen Kirche, orientierte.

Grabmal der Maria von Burgund in der Liebfrauenkirche in Brügge.

Kirche Zu Unserer Lieben Frau in Brügge, eine der prächtigen Städte im flämischen Teil Burgunds.

Maximilian zählt zu den Schlüsselgestalten in dieser Wendezeit zwischen Mittelalter und Renaissance. Wiewohl noch in den mittelalterlichen Traditionen des Rittertums stehend, verstand er dennoch die Anforderungen der neuen Zeit. Nicht nur die Pracht Burgunds beeindruckte ihn tief, sondern auch dessen Modernität. Nach dem Vorbild der burgundischen Verwaltung reformierte er die herrschaftlichen Strukturen in seinen Erblanden, richtete Zentralbehörden in Innsbruck und Wien ein, mit denen er beabsichtigte, die Herzogtümer einheitlicher verwalten zu können.

Maximilian war eben 18 Jahre alt, als er am 18. August 1477 mit prächtigem Gefolge nach Gent einzog und dort zum ersten Mal seiner Verlobten, der 20-jährigen Maria von Burgund, begegnete. Beide fühlten sich sofort voneinander angezogen, obwohl sie die Sprache des anderen nicht verstanden. Am nächsten Tag wurde Hochzeit gefeiert, das junge Paar schwelgte im Eheglück, was keineswegs der Normalfall bei Fürstenheiraten war. 1478 wurde Sohn Philipp geboren, 1480 Tochter Margarete, ein drittes Kind starb nach der Geburt.

Die Schlacht bei Guinegate vom 17. August 1479, in der Maximilian I. die Truppen selbst anführte. Die burgundischen Truppen siegten, und so war der Streit um das burgundische Erbe zwischen Frankreich und Maximilian entschieden.

Der junge Habsburger war zutiefst beeindruckt von der Kultur Burgunds. Er bemühte sich rasch, die burgundische Staatskunst zu erlernen, sprach und schrieb bald fließend Französisch. Die geistig-kulturelle Verwurzelung Habsburgs im burgundischen Stil fand ihren ersten Ausdruck im Leben Maximilians. Der Orden vom Goldenen Vlies wurde zum Hausorden der Habsburger.

Nur fünf Jahre nach der Hochzeit fand das Glück des jungen Paares ein jähes Ende: Maria starb an den Folgen eines Reitunfalls. Maximilian konnte nie so richtig über diesen Verlust hinwegkommen, seine Trauer war tief. Noch kurz vor ihrem Tod hatte Maria ihre Kinder als Erben eingesetzt, Maximilian zu deren Vormund bestimmt und sich diese testamentarischen Verfügungen von den Vertretern der Landstände bestätigen lassen. Doch nach ihrem Tod hielt sich von diesen keiner mehr daran. Sie mochten den Fremden aus Österreich nicht und wollten sich eher mit Frankreich arrangieren. Der französische König nutzte die Stunde und schloss mit den niederländischen Generalständen den Vertrag von Arras: Die zweijährige Margarete wurde mit dem Dauphin verlobt und nach Frankreich gebracht, Philipp nahmen die Genter in Gewahrsam.

Maximilian musste nun das Erbe seiner Frau verteidigen. Wild entschlossen bekämpfte er den Aufstand, bis sich 1485 schließlich Gent und Brügge unterwarfen und er nach Jahren seinen Sohn endlich wiedersah. Immer wieder kämpfte er mit den widerspenstigen flandrischen Städten um seine Stellung. Ebenso mit Frankreich, das er zwar 1479 in der Schlacht bei Guinegate besiegt hatte, das aber trotzdem immer wieder nach Burgund griff, gern unterstützt von den reichen Städten Flanderns.

Selbst die Krönung zum deutschen König im Jahr 1486, ein diplomatischer Erfolg seines Vaters, brachte ihm keinen Respekt seiner Untertanen ein. Die Brügger bemächtigten sich seiner Person und setzten ihn kurzerhand gefangen – ein europaweiter Skandal. Selbst der Papst drohte der Stadt mit dem Kirchenbann, und der sonst so phlegmatische Kaiser Friedrich trommelte ein Heer zusammen und erzwang die Herausgabe seines Sohnes und die Huldigung der Rebellen.

Der Konflikt mit Frankreich aber ging weiter. Maximilian plante, seinen Hauptfeind mittels Heiratspolitik aus dem Feld zu schlagen, und bemühte sich um die elfjährige Anne de Bretagne. Der französische König Karl VIII. konnte sich diese habsburgische Einkreisung nicht bieten lassen, rückte in die Bretagne ein und heiratete kurzerhand selbst die bretonische Erbin. Die kleine Margarete aber, Tochter Maximilians, die seine eigentliche Braut sein sollte, schickte er nach Gent zurück. Erst 1493 kam es durch den Vertrag von Senlis, der Maximilian das burgundische Erbe sicherte, zu einem Frieden mit Frankreich – keineswegs endgültig, denn der französisch-habsburgische Gegensatz sollte Europa noch mehr als 250 Jahre beschäftigen.

Kaiser Max auf der Martinswand. *Moritz von Schwind, um 1860.* Bei einem Jagdausflug versteigt sich Maximilian in der Martinswand bei Zirl in Tirol und wird von einem Bauern gerettet.

Die Familie Kaiser Maximilians I. *Bernhard Strigel, um 1515/20.* Das Bild wurde von Bernhard Strigel wahrscheinlich anlässlich der Doppelverlobung der Enkel Maximilians 1515 in Wien gemalt, worauf die Kränze auf den Köpfen von Ferdinand und Ludwig hinweisen. Mit diesem Bild zeigt sich der Einfluss Maximilians auf nahezu ganz Europa: er, Kaiser des Heiligen Römischen Reiches, zusammen mit seiner burgundischen Frau, sein Enkel Ferdinand, der Österreich erben sollte. Sein Schwiegerenkel Ludwig, künftiger König von Böhmen, und sein Enkel Karl, in dessen Reich einmal »die Sonne nicht untergehen« sollte.

Jakob Fugger der Reiche.

DIE FUGGER *waren eine reiche Kaufmannsfamilie aus Augsburg. Dort ansässig seit der Mitte des 14. Jahrhunderts, beschäftigten sie sich aber nicht nur mit Handel, sondern waren auch als Montanunternehmer und Bankiers tätig. Einer der berühmtesten Vertreter der Familie war Jakob Fugger, genannt »der Reiche« (1459–1525). Unter seinem Neffen Anton Fugger (1493–1560) erreichte das Vermögen der Familie seinen höchsten Stand.*

Die Fugger waren ein nahezu weltweit tätiges Unternehmen und hatten Niederlassungen in allen wichtigen Städten Europas. Nach der Entdeckung der Neuen Welt nutzte Jakob Fugger die Chance und sicherte sich etliche Handelsmonopole.

Jakob Fugger war es auch, der mit dem jungen Maximilian von Habsburg in Kontakt kam und mit ihm Geschäfte abwickelte. Jakob sah die Habsburger als die führende Familie für den deutschen Raum. Die Verbindungen zu den Habsburgern waren eng verflochten. Es fällt schwer zu sagen, wer von dem anderen wirklich abhängig war – der Kaiser von den Fuggern oder die Fugger vom Kaiser. Die Verbindlichkeiten der Habsburger bei den Bankiers waren so groß, dass diese gezwungen waren, sie weiter zu unterstützen, um ihre Forderungen nicht zu verlieren. Allein für die Wahl Kaiser Karls V. brachten die Fugger die ungeheure Summe von über 500.000 Gulden auf.

Mit Fugger stets verbunden bleibt die Augsburger Fuggerei, die älteste Sozialsiedlung der Welt, die bis heute existiert.

Das Kontor von Jakob Fugger.

Das Kontor heute.

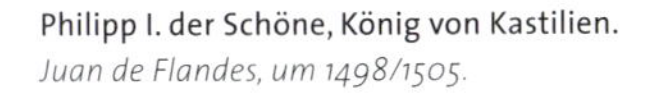
Philipp I. der Schöne, König von Kastilien.
Juan de Flandes, um 1498/1505.

Johanna die Wahnsinnige, Königin von Kastilien und Aragón. *Juan de Flandes, um 1496.*

Im Jahr 1493 übernahm Maximilian das Erbe seines Vaters als Kaiser und als Herr über die Erblande. Zum ersten Mal seit langer Zeit befanden sich die Erblande wieder in einer Hand. Der Kaiser baute Innsbruck zu seiner Residenz aus, in Tirol ging er gern zur Jagd. Problematisch war aber die andauernde Geldnot. Eine Lösung schien eine neuerliche Heirat zu sein – mit Bianca Maria Sforza, eigentlich eine Mesalliance, war sie doch die Enkelin eines bäuerlichen Condottiere, worüber Maximilian aber großzügig hinwegsah.

Die Sforzas waren reich, die Mitgift Bianca Marias betrug über 300.000 Gulden und eine beträchtliche Ausstattung an Schmuck. Besonders glücklich scheint die Ehe nicht gewesen zu sein, Maximilian beklagte sich mehr als einmal über den recht mäßigen Verstand seiner Frau, und auch das Geld reichte nicht sehr lange, saß doch beiden der Gulden recht locker in der Tasche. Abhilfe schufen da die Fugger. Maximilian unterhielt enge Beziehungen zu der Augsburger Handelsfamilie, ohne deren Unterstützung er vieles nicht erreicht hätte. Er erhob sie sogar in den Adelsstand.

Aus der Ehe mit Bianca hatte Maximilian keine Nachkommen, das Schicksal der Dynastie ruhte also auf seinen beiden Kindern aus erster Ehe: Philipp und Margarete. Mit der Verheiratung seiner Nachfahren hatte Maximilian eine glückliche Hand. Noch von Matthias Corvinus stammt das geflügelte Wort, das seit Jahrhunderten immer gern in Bezug auf die habsburgische Heiratspolitik zitiert wird:

> *»Bella gerant alii, tu, felix Austria, nube!*
> *Nam quae Mars aliis, dat tibi diva Venus!« –*
> *Andere mögen Kriege führen,*
> *du, glückliches Österreich, heirate!*
> *Denn was Mars den anderen,*
> *gibt dir die göttliche Venus.«*

Bianca Maria Sforza. *Bernhard Strigel, um 1505/10.* Die Enkelin eines Mailänder Condottiere. Sie brachte als zweite Frau Maximilians viel Geld in die Ehe mit.

1494 wurde Philipp im Alter von 16 Jahren in der Kirche von Mechelen für volljährig erklärt. Ein Jahr später schloss Maximilian ein Bündnis mit dem spanischen Königspaar Ferdinand von Aragón und Isabella von Kastilien; »eine vollkommene und immerwährende Allianz«, wie es im Vertrag heißt. Philipp und Margarete wurden im Dezember 1495 mit den spanischen Infanten Johann und Johanna verheiratet. Damit war die Einkreisung Frankreichs perfekt.

Während Philipp mit seiner Braut nach Flandern zog und sich auf seine dortige Herrschaft konzentrierte, blieb Margarete in Spanien. Doch sie hatte nicht lange Freude an ihrer Ehe, denn nach 18 Monaten verstarb ihr Mann Johann, das Paar hatte keine Kinder. Margarete kehrte zurück nach Burgund. Nun aber war Philipps Frau Johanna, die wir als »die Wahnsinnige« kennen, die alleinige Thronerbin Spaniens, des größten aller zu erbenden Besitztümer jener Zeit. Philipp, der aufgrund seines guten Aussehens auch den Beinamen »der Schöne« trug, hat wohl bei seiner Frau Johanna überaus großes Gefallen gefunden. Bekannt geworden ist sie vor allem durch ihre rasende Liebe zu ihrem Mann, die zu großen Eifersuchtsdramen ihrerseits führte und auch dazu, dass sie ihrem Mann bald lästig wurde. Doch scheint immer wieder eine Versöhnung stattgefunden zu haben, das Paar hatte insgesamt sechs Kinder.

Johanna die Wahnsinnige am Totenbett ihres Gemahls Philipp des Schönen. *Louis Gallait, 1856.* Die Geschichte von Johanna der Wahnsinnigen hat zahlreiche Künstler inspiriert. Bereits zu Lebzeiten Philipps erdrückte sie ihren Mann mit wiederholten und argen Eifersuchtsanfällen. Nach seinem Tod soll sie ständig in Begleitung seines Sarges gereist sein. Sie habe diesen immer wieder öffnen lassen, um ihren geliebten Gatten zu betrachten. Wahrscheinlich aus machtpolitischen Gründen wurde sie schließlich in die Festung Tordesillas unter die Obhut von Ordensfrauen gebracht, wo sie 1555 starb – im vergleichsweise hohen Alter von 75 Jahren. Ihre Tochter Katharina verbrachte einige Jahre bei ihrer Mutter, wobei man sich sicher vorstellen kann, welchen Einfluss die düstere Atmosphäre auf das Kind gehabt haben muss.

Im Jahr 1501 reisten Philipp und Johanna nach Spanien, damit die Cortes vor Johanna ihren Treueeid ableisten können. Philipp, der die antifranzösische Politik seines Vaters nicht mittragen wollte, wählte anstatt des Seeweges den Landweg durch Frankreich und schloss sogar einen Freundschaftsvertrag mit dem französischen König.

Unterdessen verfiel Johanna immer mehr dem Wahnsinn. Als ihr Mann Philipp starb, konnte sie nicht von ihm lassen, sie zog mit dem Sarg durchs Land. Schließlich brachte man sie nach Tordesillas, wo sie den Rest ihres Lebens verbringen sollte. Ihre Tochter Katharina blieb zunächst bei ihr, der Sohn Ferdinand wuchs am spanischen Hof auf. Die anderen vier Kinder des Paares, Karl, Eleonore, Isabella und Maria, wurden in Mechelen von ihrer Tante Margarete erzogen.

Margarete, nach dem Tod ihres zweiten Ehemannes Philibert von Savoyen erneut verwitwet, führte nun ihren Hof als Statthalterin der Niederlande. Sie erwies sich als äußerst tüchtig und überaus beliebt beim Volk, verfügte über einen praktischen und erdverbundenen Charakter und erzog die Kinder mit kluger Hand. Ihr Vater Maximilian war ihr zeit seines Lebens eng verbunden.

Maximilian, der sich unterdessen mehr und mehr auf Innsbruck konzentrierte, plante nun weitere Hochzeiten. Noch mehr als sein Vater Friedrich organisierte er die künftige Weltmacht Habsburgs. Nun ging es um die Verheiratung seiner Enkel – und mit diesen wurde die Bindung Böhmens und Ungarns an Habsburg manifest.

Matthias Corvinus starb im Jahr 1490, daraufhin eroberte Maximilian die östlichen Erblande zurück. Die Ungarn wählten danach den Jagiellonenkönig Wladislaw, der nicht nur polnischer Königssohn, sondern auch König von Böhmen war, zu ihrem König. Maximilian schloss mit dem neuen König Wladislaw II. einen Vertrag, nach dem Böhmen und die Heilige Stephanskrone an die Habsburger fallen sollten, falls Wladislaw keine männlichen Nachkommen habe. Die Bindung Habsburgs zu Böhmen und Ungarn wurde immer enger. Wladislaw aber hatte Kinder, und so wurde in einem 1507 abgeschlossenen Ehekontrakt vereinbart, dass Wladislaws Sohn Ludwig Maximilians Enkelin Maria heiraten sollte und die kleine Anna von Böhmen und Ungarn einen der Enkel, Karl oder Ferdinand.

Margarete von Österreich, Bildnis als Witwe.
Bernard van Orley, nach 1506.

Erzherzog Karl mit seinen Schwestern Eleonore und Isabella. *Meister der St. Georgsgilde, 1502.* Das Brustbild des Zweijährigen zeigt den späteren Kaiser Karl V.

Albrecht Dürer, *Selbstbildnis, 1498.* Das Selbstbildnis Albrecht Dürers ist eines der ungewöhnlichsten Bildnisse der Porträtgeschichte. In seiner Frontalität erinnert es stark an Christusdarstellungen.

Im Jahr 1515 kam es dann zur berühmten Wiener Doppelhochzeit. Da immer noch nicht entschieden war, welcher der beiden Enkel, Karl oder Ferdinand, nun Anna von Böhmen und Ungarn heiraten sollte, stellte sich Maximilian selbst als Bräutigam vor den Altar. Später wurde entschieden, dass Ferdinand der Auserwählte sei.

In den letzten Jahren seines Lebens galten Maximilians Bemühungen vor allem der Sicherung der Kaiserwürde für seinen Enkel Karl. Er borgte sich bei den Fuggern ungeheure Summen, um die Bestechungsgelder an die Kurfürsten zahlen zu können. Von über 600.000 Gulden ist die Rede.

Von Juni bis Oktober 1518 saß Maximilian in Augsburg seinem letzten Reichstag vor, bei dem er aber kaum noch etwas durchsetzen konnte. Zu kraftlos fühlte er sich und spürte den nahenden Tod. Heim nach Innsbruck wollte er, doch eine letzte Demütigung blieb ihm nicht erspart: Die Innsbrucker Wirte weigerten sich, den kaiserlichen Tross aufzunehmen, da noch Rechnungen zu begleichen waren. Der Kaiser zog weiter nach Wels, wo er am 12. Januar 1519 starb.

Beigesetzt wurde er in Wiener Neustadt unter dem Hochaltar der Burgkapelle. Sein Herz aber ruht in Brügge an der Seite seiner geliebten Maria von Burgund.

Als Herrscher über die habsburgischen Erblande hat Maximilian dem Gebiet die Form gegeben, die es in weiten Teilen bis 1918 haben sollte. Seine Kinder und Enkel hat er erfolgreich verheiratet. Als Kaiser des Heiligen Römischen Reiches Deutscher Nation, wie der Titel nun lautete, konnte er nur wenige Erfolge verzeichnen. Die Reform des Reiches war ihm immer ein dringendes Anliegen gewesen. Sollte dieses riesige Gebilde überhaupt regierbar sein, musste die Zentralgewalt gestärkt werden. Das Reich war in sich tief zerrissen, doch die Reichsfürsten kümmerte das traditionell wenig. Zu sehr waren sie an ihren individuellen Interessen orientiert. Maximilian konnte und wollte keine straffe Alleinherrschaft organisieren, das wäre nicht durchsetzbar gewesen. Aber er wollte eine Reform des Reiches im Sinne einer funktionierenden Zusammenarbeit zwischen den Reichsfürsten und dem Kaiser, um den inneren Frieden und den Schutz nach außen zu gewährleisten. Immerhin gelang es ihm, auf dem Wormser Reichstag 1495 den »Ewigen Landfrieden« durchzusetzen, mit dem jedes Fehdewesen ein Ende hatte. Die Fürsten folgten ihm widerwillig. Auch ein Reichskammergericht setzte er ein, die erste selbstständige Reichsbehörde. Eine Reichssteuer aber war nicht durchsetzbar. Der Versuch, den »Gemeinen

Maximilian I. *Albrecht Dürer, 1519.* Kaiser Maximilian war stets ein großzügiger Förderer von Wissenschaft und Kunst. Mit Albrecht Dürer, dessen Kunst er sehr verehrte, verband ihn nahezu eine Freundschaft. Dürer erhielt häufiger als andere Künstler Aufträge des Kaisers, bekam von ihm einen Freibrief zum Schutz vor der Fälschung seiner Werke und wurde vom Kaiser auch geadelt. Das berühmte Porträt Maximilians mit dem Granatapfel ist das letzte des Kaisers aus Dürers Hand. Es entstand nach einer Zeichnung, die Dürer während des Reichstages 1518 in Augsburg anfertigte. Das Gemälde wurde wohl erst nach dem Tod des Kaisers vollendet. Es zeigt einen gealterten Kaiser, immer noch mit Schalk in den Augenwinkeln, aber dennoch mit traurigem Blick und grauem Haar. Maximilian erscheint hier als ein vornehmer Privatmann mit einem beeindruckenden Pelzkragen, aber voller Macht und Würde.

POTENTISSIMVS · MAXIMVS · ET · INVICTISSIMVS · CÆSAR · MAXIMILIANVS
QVI · CVNCTOS · SVI · TEMPORIS · REGES · ET · PRINCIPES · IVSTICIA · PRVDENCIA
MAGNANIMITATE · LIBERALITATE · PRÆCIPVE · VERO · BELLICA · LAVDE · ET
ANIMI · FORTIDVDINE · SVPERAVIT · NATVS · EST · ANNO · SALVTIS · HVMANÆ
M · CCCC · LIX · DIE · MARCII · IX · VIXIT · ANNOS · LIX · MENSES · IX · DIES · XXV
DECESSIT · VERO · ANNO · M · D · XIX · MENSIS · IANVARII · DIE · XII · QVEM · DEVS
OPT · MAX · IN · NVMERVM · VIVENCIVM · REFERRE · VELIT

Der Triumphwagen Kaiser Maximilians. *Zeichnung Albrecht Dürers, 16. Jh.*

Das Goldene Dachl in Innsbruck, bis heute das Wahrzeichen der Lieblingsstadt Maximilians.

Pfennig« wenigstens befristet einzuziehen, scheiterte daran, dass einfach niemand bezahlte. Die Idee eines Reichsheeres blieb völlig illusorisch, ebenso wie eine Reichsregierung.

Seinen Kindern und Enkeln hinterließ Maximilian immense Schulden. Seine Geldnot war permanent. Die 25 Kriegszüge während seiner Regierungszeit, die Hofhaltung, die Ritterturniere und die Festmähler haben Unsummen von Geld verschlungen. Den »Massimiliano senza danaro!« – »Maximilian ohne Geld!« nannten ihn die Italiener. Aus dem Reich konnte er kein Geld ziehen, aber seine Erblande presste er mittels beständig sich erhöhender Steuerforderungen aus. Auch in dieser Hinsicht war er ganz ein Herrscher der Neuzeit, übermäßige Steuererhebung ist bis in unsere Tage eine Unart des Staates. Aber auch die Steuern haben sein löcheriges Säckel nicht gefüllt. Ohne die Fugger und die Welser wäre Maximilian mehrfach verloren gewesen.

Maximilian war, bei all seiner Geldnot, die viele seiner Projekte und Pläne platzen ließ, ein prachtliebender Herrscher. Seine Residenz Innsbruck baute er aus, das »Goldene Dachl« ist bis heute das Wahrzeichen der Stadt, deren Handel und Gewerbe kräftig von der kaiserlichen Anwesenheit profitierten.

In der Hofkirche ließ er sich ein prachtvolles Grabmal bauen, umgeben von 40 überlebensgroßen Figuren seiner Vorfahren und Familienmitglieder, eines der großartigsten aller Kaisergräber in Europa. Am Ende wurde er doch nicht dort begraben. Doch bis heute ist Maximilian in Tirol der populärste der habsburgischen Herrscher.

Er förderte Künste und Wissenschaften, war ein großzügiger Mäzen und Impulsgeber der Künstler. Mit den großen Gelehrten seiner Zeit pflegte er einen regen Gedankenaustausch. Bei all dem ist er ein tiefreligiöser Mensch gewesen, achtete das Gebet, ging täglich zur Heiligen Messe, verehrte Reliquien. Seiner Tochter Margarete gestand er gar, dass er daran denken würde, Papst zu werden und damit die weltliche und geistliche Macht des Abendlandes in einer Person zu vereinen. Wie ernst dieser Vorschlag gemeint war, wissen wir allerdings nicht.

Das Kenotaph Maximilians I. in der Hofkirche in Innsbruck, der sogenannten »Schwarzmanderkirche«. Zeit seines Lebens hat sich Maximilian immer gern Denkmäler gesetzt und sich auch mit seinem eigenen Grabmal beschäftigt. Erst kurz vor seinem Tod bestimmte er allerdings sein Grab – in der St. Georgskapelle in der Wiener Neustädter Burg. Allerdings war diese zu klein für die wuchtigen Bronzefiguren. Sein Sohn Ferdinand ließ in Innsbruck die Hofkirche mit einem leeren Grabmal (Kenotaph) erbauen, um das herum die 40 Bronzefiguren gruppiert wurden.

Maximilian stand treu zum Papsttum, doch war ihm die Reformbedürftigkeit der Kirche völlig klar. Ablasshandel und Ausschweifungen des Klerus in Rom waren ihm und vielen anderen im Reich ein Dorn im Auge. Er hatte sich bereits eine Liste der ärgsten Missstände anfertigen lassen. Als dann aber während der letzten Tage des Reichstags in Augsburg 1518 ein kleiner Augustinermönch namens Martin Luther auftauchte, der im Jahr zuvor an die Wittenberger Schlosskirche 95 Thesen angeheftet hatte, hörte Maximilian ihn nicht an. Es war des Kaisers Angelegenheit, die Kirche zu Reformen zu drängen, nicht die eines kleinen Mönchleins. Luther kam für ihn einfach zum falschen Zeitpunkt.

Die Konflikte, die Maximilian seinen Nachfolgern hinterließ, waren zu groß, als dass sie von einer Generation hätten gelöst werden können. Sie sollten das europäische Geschehen in den kommenden Jahrhunderten prägen: die Türkengefahr im Südosten des Reiches, den französisch-habsburgischen Dauerkonflikt, der im Spanischen Erbfolgekrieg einen seiner blutigen Höhepunkte erreichte, und die Glaubensspaltung, undenkbar für die Menschen zu Maximilians Zeit.

TUNETO QUOD
RELIQUERAT
ATQUE ITA RELICTO

III

Karl V. – der Erbe der Welt

Der tragische Weltenherrscher

Die Geschichte Kaiser Karls V. ist eine Geschichte des Scheiterns, behaftet mit Tragik und Wehmut. Karl V. war der erste und der letzte Weltkaiser. Bis heute übt er eine starke Faszination aus, obwohl ihm angesichts seiner Ziele und Ideale wenig Erfolg beschieden war. Er erbte gewaltige Gebiete, sein Weltkaisertum sprengte die Grenzen des kontinentalen Reiches. Zu der ungleichmäßigen Ausbreitung seiner europäischen Herrschaft kamen die überseeischen Besitzungen der Neuen Welt hinzu. Nach ihm sollte kein Kaiser mehr ein so großes Gebiet beherrschen. In seinem Reich ging wahrhaftig die Sonne nicht unter.

»Man kann die Geschichte seines Lebens als missglückten Versuch des reichsten und mächtigsten Mannes der Welt sehen, eine übernationale geistliche und weltliche Ordnung zu etablieren«, schreibt Edward Crankshaw. Aber Karl konnte sich nur kurz der Hoffnung hingeben, eine einheitliche Christenheit zu schaffen, die um den ganzen damals bekannten Erdball reichte. Letzten Endes gelang es ihm nicht. Resigniert zog er schließlich die Konsequenz und dankte ab.

Medaille mit dem Porträt Karl V. mit Zepter und Reichsapfel. *Hans Reinhart d. Ä., 1537.*

Karl war einer der außergewöhnlichen Habsburger: auf der einen Seite in der Tradition seines Hauses stehend, auf der anderen Seite neue Akzente setzend. Er war, obwohl man dieses Attribut bereits seinem Großvater Maximilian verliehen hatte, doch der Letzte, der den alten ritterlichen Idealen des Mittelalters diente.

Das Scheitern seiner Mission liegt aber nicht in ihm selbst begründet, vielmehr an der ungeheuren Grundproblematik seiner Aufgaben: Er war Inhaber der Kaiserwürde – mit dem traditionellen Verständnis einer kaiserlichen Universalgewalt – und Oberhaupt des Reiches, das von Südosten her immer konkreter durch das expandierende Osmanische Reich bedrängt wurde. Als König von Spanien

linke Seite: **Allegorie auf Kaiser Karl V. als Weltenherrscher.** *Peter Paul Rubens, um 1604.* Peter Paul Rubens beeindruckendes Gemälde drückt auch die Bewunderung Rubens' für den Kaiser aus.

Karl V. *Bernard van Orley, um 1516.* Das Jugendbildnis Karls zeigt einen äußerlich nicht besonders ansprechenden jungen Mann. Wahrscheinlich hat sich der Maler in der Wiedergabe der Realität noch zurückgehalten. Zeit seines Lebens sollte Karl durch seinen stark vorstehenden Unterkiefer Probleme beim Sprechen haben. Auffällig auf diesem Bild ist die übergroße Collane des Ordens vom Goldenen Vlies – Zeichen dafür, wie sehr sich die Habsburger mit diesem burgundischen Orden und seinen Werten identifizierten. Karl V. zog es stets vor, nur mit der Ordenskette als Dekoration gemalt zu werden, auch aus seinem übernationalen Charakter heraus.

hatte er entsprechende Interessen im Mittelmeerraum und im Maghreb. Als Herr der Niederlande musste er aufgrund der vielfältigen Handelsbeziehungen auf ein Gleichgewicht zwischen Frankreich und England achten, was wegen der Feindschaft des französischen Königs fast ein Ding der Unmöglichkeit war. Und schließlich drohte im Reich die Glaubensspaltung, der er nicht Herr werden konnte, auch wegen der mangelnden Unterstützung des Papsttums. Diese vielen divergierenden Interessen waren kaum zu bündeln, das Scheitern war eigentlich vorprogrammiert.

Die burgundische Prägung

Geboren am 24. Februar 1500 in Gent, wuchs Karl zusammen mit seinen Schwestern Eleonore, zu der er immer eine enge Beziehung pflegte, und Isabella und Maria am Hof seiner Tante Margarete, der Statthalterin der Niederlande, in Mechelen auf. Sein Vater, Philipp der Schöne, starb, als Karl sechs Jahre alt war. Seine Mutter, Johanna die Wahnsinnige, lebte in Spanien auf Schloss Tordesillas in geistiger Umnachtung. Zeit seines Lebens sollte er ein enges

Papst Hadrian VI. *Nach Jan van Scorel, 17. Jh.* Der Lehrer Karls V., Adriaan Florisz Boeyens (Adrian von Utrecht), wurde später Papst Hadrian VI.

Wilhelm II. von Croy, Herzog von Aarschot, Herr von Chievres. *Anonym, um 1510.* Karls Erzieher.

Verhältnis zu seiner Tante haben. Diese erste Diplomatin Europas mit ihrem besonderen taktischen Geschick blieb ihm bis zu ihrem Tode im Jahr 1530 eine gute Ratgeberin. Sein Erzieher war Wilhelm von Croy, Seigneur de Chièvres, der ihn schon früh in die Staatsgeschäfte einführte. Schnell lernte der junge Karl die Feinheiten und Grundlagen staatsmännischer Kunst und Diplomatie.

Auch der Theologe Adrian von Utrecht, der spätere Papst Hadrian VI., war sein Lehrer. Er sah es als seine strenge persönliche Verpflichtung an, einen besonderen Einfluss auf die religiöse Entwicklung Karls auszuüben. Die Habsburger waren immer fromm gewesen, aber dies hier war ein besonderer Faktor. Karl hatte sich die Ideale des Ordens vom Goldenen Vlies zu eigen gemacht. Auf vielen Bildern ist er nicht mit den kaiserlichen Insignien der Macht, sondern mit der Dekoration des Ordens vom Goldenen Vlies zu sehen.

Als Kind liebte er die Jagd. Er spielte mit großem Eifer Flöte und entwickelte eine große Liebe zur Musik, die ihn sein Leben lang begleiten sollte. Aber er war schon in jungen Jahren mit viel Ernst und Aufmerksamkeit bei den Staatsgeschäften, schon früh wurde er in die Verantwortung gedrängt. Da ständig Erzieher und Kämmerer um ihn waren, zog er sich stark in sein Inneres zurück und musste sich schon früh mit dem Fehlen von Privatleben abfinden. Von ihm sind wenige emotionale Äußerungen überliefert, seine Verfassung war eher melancholisch, geprägt von harter Disziplin, hohem Pflichtbewusstsein und Aufopferung für sein hohes Amt. Der Historiker Heimann nennt ihn einen »letzten Dienstreisenden in Sachen mittelalterliches Kaisertum«. Aber der wortkarge und zurückhaltende Karl übte zeitlebens eine starke Faszination auf seine Umgebung aus.

Karl war in der niederländisch-burgundischen Welt beheimatet. Zu den habsburgischen Ländern im Südosten hatte er kaum mehr Beziehungen und überließ diese seinem Bruder Ferdinand. Sein Denken über das Reich und die Kirche wuchs organisch aus der mittelalterlichen Tradition, und mit der Wiederauf-

Karl V. und Ferdinand I. *Bernard van Orley, 1531.* Im Mai 1517 begegnen sich die ungleichen Brüder Karl (rechts) und Ferdinand (links) in Spanien seit vielen Jahren zum ersten Mal. Nahezu ein ganzes Leben lang pflegten beide ein gutes Verhältnis. Erst als es um die Nachfolgefrage und Erbaufteilung ging, kam es zu Spannungen. Das Relief von Bernard van Orley ist eine der wenigen Abbildungen von ihrem Zusammentreffen.

nahme der staufischen Kaiseridee ging die Wiederbelebung des Spannungsverhältnisses mit dem Papsttum einher. Die Geschichte Karls ist auch die Geschichte einer fast nicht abreißenden Kette von Konflikten mit der römischen Kurie. Während seiner Regierung musste er sich mit sieben Päpsten herumschlagen, die sogar teilweise seine politischen Gegner waren. Er hatte stets seine Not mit der reformbedürftigen Kirche. Dabei war er aber ein Mann, der seine Fehler einsah und sie zu korrigieren versuchte, und das sein ganzes Leben lang.

Porträt von Mercurino Arborio di Gattinara. *Jan Cornelisz Vermeyen, um 1530.* Mercurino Arborio di Gattinara übte einen starken Einfluss auf Karl aus. Aus italienischem Kleinadel stammend, diente er bereits Karls Tante Margarete als Rechtsberater. Die Idee Karls von einer »universellen Monarchie« stammt von Gattinara, der die aufkommenden nationalstaatlichen Vorstellungen ablehnte. Er orientierte sich vielmehr am Humanismus des Erasmus von Rotterdam und wurde zu einem unverzichtbaren Ratgeber des jungen Kaisers.

König von Spanien und der Neuen Welt

Nach dem Tode seines aragonischen Großvaters Ferdinand im Januar 1516 machte Karl sich auf den Weg nach Spanien, um die Thronfolge anzutreten. Gemeinsam mit seiner Lieblingsschwester Eleonore, die dem portugiesischen König versprochen war, schiffte er sich Anfang 1517 in Richtung Spanien ein. Es sollte die erste seiner vielen Reisen sein, kaum ein Herrscher seiner Zeit war soviel unterwegs wie er. König Ferdinand hatte eigentlich den jüngeren Bruder Karls, den nach ihm benannten Ferdinand, für den Thron bevorzugt, doch Karl pochte auf sein Recht als Erstgeborener. Trotz allem verstanden sich die beiden Brüder, die sich im Mai 1517 zum ersten Mal begegneten, gut. Fast ein Leben lang sollte zwischen ihnen ein gutes Einvernehmen bestehen. Ferdinand verließ Spanien in Richtung der Niederlande und kehrte nie wieder in seine Heimat zurück.

In Spanien traf Karl seine Mutter, Königin Johanna, wieder, ebenso seine kleine Schwester Katharina, die er aus dem düsteren Palast der Mutter befreite. Für die Spanier aber war Karl ein Fremder, der ganz in der burgundisch-niederländischen Tradition aufgewachsen war. Es brauchte seine Zeit, bis er sich mit ihnen und sie sich mit ihm anfreunden konnten. Sein Großkanzler und ständiger Ratgeber wurde Mercurino Gattinara, ein hochgebildeter, charakterstarker Mann, der aus piemontesischem Kleinadel stammte und sich durch einen natürlichen politischen Instinkt auszeichnete.

Karl war der erste Herrscher eines vereinigten Spaniens, von Kastilien und Aragon (die bis in unsere heutige Zeit noch ein starkes Eigenleben führen). Mit der Herrschaft über Spanien erbte er die jahrhundertealte Realität des Kampfes gegen die »Feinde der Christenheit«, gegen Moslems und Juden, die mit nicht zimperlichen Methoden entweder christianisiert oder vertrieben wurden.

Spanien hatte zu jener Zeit immense Einnahmen aus den Besitzungen in der Neuen Welt. Mit dieser schier unermesslichen Geldquelle finanzierte Karl seine Großmachtpolitik, die aber dennoch so viele Mittel verschlang, dass Spanien am Ende der Regierungszeit Karls am Rande des Bankrotts stand. Das Geld floss fast zur Gänze in seine kriegerischen Unternehmungen. Es ging sogar so weit, dass Karl im Jahr 1527 gezwungen war, Venezuela an die Welser zu verpfänden. Letzten Endes schenkte Karl der Neuen Welt relativ wenig Aufmerksamkeit. Deren Eroberung war wahrhaftig kein Ruhmesblatt gewesen. Gerade die erste Generation der Eroberer scheute sich nicht, im Namen des barmherzigen Christus zu rauben, zu morden und zu schänden.

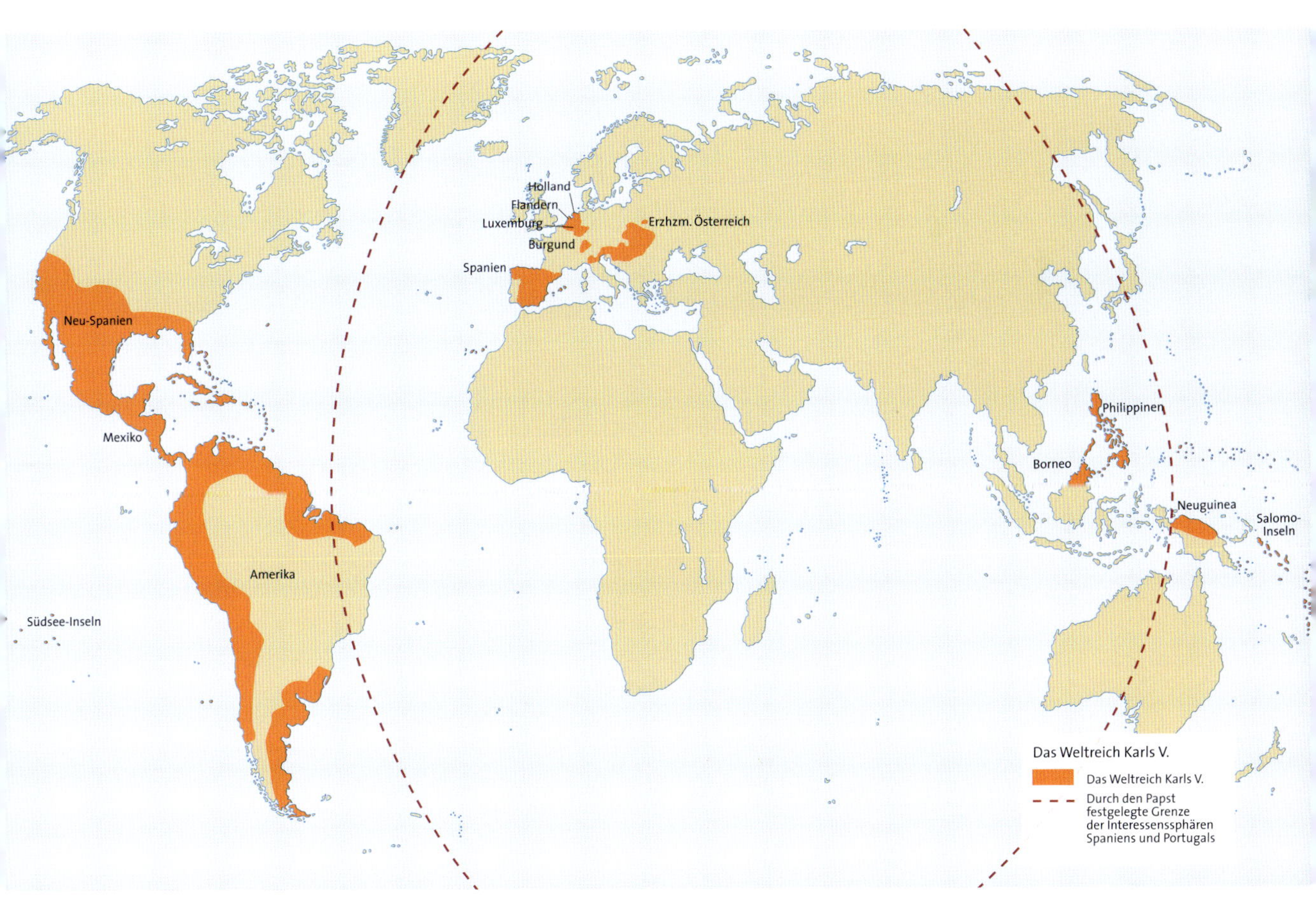

Federkrone Montezumas. Angeblich ein Geschenk, aber doch eher geraubt. Der prachtvolle aztekische Federkopfschmuck, die sogenannte Federkrone Montezumas, befindet sich heute im Völkerkundemuseum in Wien.

Bartolomé de Las Casas. *Anonym, Ende 17. Jh.* Dem spanischen Mönch Bartolomé de Las Casas, dem Anwalt der Indios, hat der Schriftsteller Reinhold Schneider mit seinem Buch »Las Casas vor Karl V.« ein beeindruckendes Denkmal gesetzt.

Muttergottes von Guadalupe. *Miguel Cabrera, 1764.*

Der Kaiser war über die Gräueltaten unterrichtet, nicht zuletzt dank des Mönches Bartolomé de Las Casas, auf dessen Initiative hin der Kaiser die sogenannten »Neuen Gesetze« erließ. Die Versklavung der Indianer sollte verboten werden, ihre Missionierung sollte vielmehr durch Güte und Liebe und nicht mittels Gewalt erreicht werden. Karls Hauptwunsch war es, die Indianer zur wahren Erkenntnis Gottes hinzuführen, was aber nur gelingen konnte, wenn man sie mit Nächstenliebe behandelte. Auch Papst Paul III. erließ 1537 eine Bulle mit dem Inhalt, dass Indianer als Menschen entsprechend zu behandeln seien.

Doch die Neuen Gesetze waren in der Praxis schlecht durchführbar, da der Aufbau der Kolonialwirtschaft auf der unfreien Arbeit der Indios fußte. Die guten Absichten Karls blieben folgenlos, letzten Endes brauchte er die Einnahmen aus der Neuen Welt. Doch ein reiner Segen war das Geld auch für Spanien nicht, der enorme Goldstrom führte zur Inflation mit allen sozialen Folgen.

Die Wahl zum Kaiser – ein großer Handel

Als im Frühling 1519 die Nachricht vom Tod seines Großvaters, Kaiser Maximilian, eintraf, hielt Karl sich gerade in Lleida in Katalonien auf. Schnell war klar, dass die Vorkehrungen und bereits geleisteten Bestechungszahlungen, die Maximilian für Karls Kaiserwahl geleistet hatte, nicht mehr viel wert waren. In ganz Europa begann nun ein großer Handel um die ehrwürdige Krone des Heiligen Römischen Reiches, von Moskau bis London wurde von nichts anderem mehr gesprochen. Den Kurfürsten war sehr wohl klar, dass sie nun über das Schicksal Europas zu entscheiden hatten, dabei wollten sie aber noch das Beste für sich herausschlagen. Etliche Bewerber waren im Rennen, sogar König Sigismund von Polen und König Ludwig von Böhmen und Ungarn. Doch bestimmend war die neue Generation der jungen Herrscher. Kennzeichnend für den Epochenwechsel war auch der Generationenübergang in den Dynastien: Im Jahr 1509 wurde Heinrich VIII. im Alter von 17 Jahren König von England, in Frankreich bestieg der 20-jährige Franz I. im Jahr 1515 den Thron, und Karl selbst war 17, als er spanischer König wurde.

Heinrichs VIII. geschickter Kanzler Thomas Wolsey erkannte rasch, dass die Hauptkonkurrenten Karl und Franz sein würden. Er rechnete sich aus, dass aufgrund dieser Konstellation sein junger König als Kompromisskandidat Chancen hätte. Da mag auch sein Wunsch, Papst zu werden, Vater des Gedankens gewesen sein. Doch bald stellte sich heraus, dass dem Reich ein englischer Kaiser zu fremd sein würde.

König Franz I., der sein Leben lang einer der erbittertsten Gegner Karls sein sollte, verfügte durch seine Mutter, Louise von Savoyen, über enorme Reich-

linke Seite: Die Muttergottes von Guadalupe ist bis heute einer der größten religiösen Anziehungspunkte weltweit. Das Bild der Madonna auf einem einfachen Indioumhang ist nach wie vor ein Rätsel für die Wissenschaft, da sich keinerlei Farbpigmente feststellen lassen. Der Überlieferung nach hatte am 9. Dezember 1531 der Indio Juan Diego die erste von insgesamt vier Erscheinungen einer festlich und schön gekleideten Dame. Sie forderte ihn auf, dem Bischof die Botschaft auszurichten, man möge ihr am Ort der Erscheinung eine Kirche bauen. Der Bischof glaubte dem kleinen Indio erst, als in dessen Umhang mit einem Mal das Bild der »Muttergottes von Guadalupe« erschien. Die politischen Folgen dieser Erscheinung waren enorm: In großen Massen konvertierten die Azteken zum Katholizismus. Die »Morena«, wie sie aufgrund ihrer dunklen Hautfarbe genannt wurde, ist bis heute Schutzpatronin des gesamten Kontinents, der nach wie vor katholisch geprägt ist. Für die Spanier wurde die Kolonisierung Mittel- und Südamerikas auf diese Weise recht einfach. Von Gewaltorgien wie noch zur Zeit der »Entdeckung« Amerikas war keine Rede mehr.

Franz I. von Frankreich zeigt Karl V. die Königsgräber von St. Denis. *Norblin nach Antoine-Jean Gros, 1812.*

Heinrich VIII. von England. *Hans Holbein d. J., 1536/37.* Heinrich VIII. konnte nur kurz von der Kaiserkrone träumen. Unter ihm ging England neue kirchliche Wege, nachdem er sich nach der Weigerung des Papstes, seine Ehe zu annullieren, von der römischen Kirche lossagte und eine Nationalkirche begründete.

König Franz I. von Frankreich. *Jean Clouet, 1527.* Karls ewiger Feind Franz I. von Frankreich. Sein Wappentier war ein Salamander.

tümer, die er gern ins Spiel brachte, um die Kurfürsten zu bestechen. Die Macht Spaniens und der Habsburger waren ihm ein Dorn im Auge. Er hoffte inständig, sich mit der Erringung der Kaiserwürde aus der habsburgischen Umklammerung lösen zu können.

Karl hingegen war von Anfang an zum Kaisertum entschlossen. Es war ihm klar, dass er nur mit diesem übernationalen Symbol hoffen konnte, seine verstreuten Länder zusammenzuhalten. Die Führung der Wahlkampagne überließ er seiner Tante Margarete, die erkannte, dass es zwei Wege zur Krone gab: Geld oder Gewalt. Sie wählte vor allem den ersten, vergaß aber nicht, das ein oder andere Landsknechtsheer strategisch in Stellung zu bringen. Vor allem aber war es ein Kampf der Geldbörsen. Schwindelerregend hohe Schmiergelder wurden gezahlt. Als es schließlich zur Wahl kam, hatte Karl sich auf eine Summe von

Kaiser Karl V. mit Insignien und Wappenschild. *Anonym, Ende 16. Jh.* Kaiser Karl V. mit den Insignien Krone und Szepter. Im Hintergrund sieht man den Doppeladler mit dem habsburgischen Wappen. Die Rüstung ist eine klassisch spanische Rüstung jener Zeit. Typisch für Karl ist, dass er hier mit wenig Schmuck dargestellt ist.

850.000 Gulden verpflichtet, was einer Menge von etwa 1,2 Tonnen Feingold entspricht. Papst Leo X. kommentierte, dass die Kaiserkrone versteigert und »an den Meistbietenden abgeschlagen« würde. Karl hatte bis zum letzten Knopf fast alles verpfändet, sein Leben lang sollte er die Geldsorgen behalten.

Eine Innenansicht des **Aachener Doms**. Unter dem Oktogon wurde Karl V. am 23. Oktober 1520 gekrönt.

Als Einziger hatte Kurfürst Friedrich der Weise von Sachsen eine Bestechung abgelehnt. Sein Einwand, dass – um die Türkengefahr zu bannen – ein starker Kaiser vonnöten sei, und nicht zuletzt die Meinung des Volkes, das den eben verstorbenen Kaiser Maximilian in überaus guter Erinnerung hatte, gaben den Ausschlag, Karl am 28. Juni 1519 einstimmig zum Kaiser zu wählen.

Im Frühjahr 1520 verließ Karl über den Seeweg Spanien, um nach Aachen zur Krönung zu reisen, wo er im Oktober eintraf. Am Vorabend der Krönung unterzeichnete er eine Wahlkapitulation, das heißt eine Vereinbarung mit den Kurfürsten, mit der er sich als Kaiser über die Maßen verpflichtete, während die Kurfürsten so gut wie nichts einbrachten. Ihnen lag einzig und allein daran, die kaiserliche Macht zu beschränken, wenn nicht zu zerstören. Am 23. Oktober erfolgte nach feierlichem und uraltem Ritus die Krönung im Aachener Dom. Karl war entschlossen, die mittelalterliche Idee von einem einzigen christlichen Reich zu verwirklichen, und er trat das Amt mit einem tiefen religiösen Ernst an. Von seinem engsten Ratgeber, Mercurino Gattinara, wurde ihm noch am gleichen Tag eine Denkschrift mit den großen Zielen der kaiserlichen Universalherrschaft überreicht.

Die deutsche Religion

Der nächste wichtige Termin war der Reichstag zu Worms, der Ende Januar 1521 begann. Es stand vor allem die mehr als komplizierte Frage der Reichsreform auf dem Programm. Derjenige aber, der eine der größten Krisen der Regierungszeit Karls auslösen sollte, stand auf der Tagesordnung ganz unten: Martin Luther und seine Anliegen. Natürlich wurde die Frage einer Kirchenreform in allen Ecken des Reiches diskutiert, doch kaum jemand hatte damit gerechnet, welche zentrifugalen Kräfte die 95 Thesen entwickeln konnten, die der Augustinermönch Martin Luther im Oktober 1517 an die Schlosskirche von Wittenberg gehämmert hatte. Zu diesem Zeitpunkt hatte Luther mitnichten eine Kirchenspaltung im Sinn, vielmehr sehnte er sich nach der Reinheit und Klarheit der Urkirche zurück. Doch zu Beginn der Neuzeit war die moralische Autorität des Papsttums auf ein Minimum gesunken. Papst Leo X. duldete die ärgste Korruption und war dabei äußerst erfinderisch, Mittel für den Ausbau der Peterskirche aufzutreiben. Künstler wie Michelangelo und Raffael mussten bezahlt werden. Der Ablasshandel schien dazu das geeignete Instrument. In Deutschland organisierten die Fugger zusammen mit dem Mönch Tetzel dieses florierende Geschäft.

Martin Luther. *Lucas Cranach d. Ä., 1529.*
Eines der berühmtesten Porträts des Reformators.

Luther wollte mit seinen Thesen eigentlich nur einen Disput erreichen, aber seine Hammerschläge hatten in ganz Deutschland die Kräfte des Unbehagens gegen die Macht und die Missstände in der Kirche freigesetzt. Der Augustiner-

Luther vor Karl V. auf dem Reichstag zu Worms 1521. *Hermann Wislicenus, um 1880.* Deutlich sieht man die Sympathien des Künstlers bei Luther liegen, der in bescheidener Mönchskleidung in klarer Pose seine Thesen verteidigt.

mönch war nun das Sprachrohr der allgemeinen Unzufriedenheit mit der Kirche. Aber es ging ihm nicht nur um die Äußerlichkeiten, sondern er rang auch mit seinem Seelenheil, um die Rechtfertigung des sündigen Menschen vor Gott. Quasi über Nacht wurde er berühmt. Das Echo auf seine Thesen war unerwartet hoch, und der Widerstand gegen ihn steigerte sogar noch seine Popularität.

Für Kaiser Karl stellte es sich allerdings so dar, dass Luther im Begriff war, den Anspruch von Papst und Kaiser, für die Gesamtheit der Christen weltweit zu sprechen, auf ewig zu erschüttern. Fanatismus jeglicher Art war Karl, der stark von Erasmus von Rotterdam, dem großen Humanisten, beeinflusst war, fremd. Er wusste genau, dass eine Reform der Kirche notwendig war, aber der Schlüssel dazu lag für ihn in Rom beziehungsweise in einem Konzil, und nicht in den Händen eines kleinen Mönchs. Öffentlich die Grundlagen der Kirche infrage zu stellen und ihr jegliche Autorität abzusprechen, das war für Karl ein Ding der Unmöglichkeit.

Die Schreibstube des Junkers Jörg auf der Wartburg. Nach dem Wormser Reichstag musste Luther sich erst einmal verstecken und lebte unter falschem Namen auf der Wartburg. In dieser Zeit übertrug er die Bibel in die deutsche Sprache.

In Worms kam es schließlich am 18. April 1521 zu einer Anhörung. Immer wieder wurde Luther aufgefordert, seine Thesen zu widerrufen, aber mit seinem berühmt gewordenen Wort »Hier stehe ich und kann nicht anders« verweigerte der Augustiner jedes Einlenken. Er war bereits zu weit gegangen und konnte nun nicht mehr zurück, was durch seinen sturen und hitzköpfigen Charakter noch unterstützt wurde.

Die logische Folge war der Reichsbann über Luther. Der junge Kaiser hatte sich seine Entscheidung nicht leicht gemacht, doch er hatte keine andere Wahl: Er musste sich auf seine Rolle als Schützer des wahren Glaubens berufen. Immer-

Papst Leo X. *Raffael, 1517/18.* Herr der Kirche und Herr der Korruption: Papst Leo X. Der Medici-Papst, Sohn von Lorenzo II. Magnifico, war ein großer Förderer der Kunst, aber diese und der Neubau des Petersdomes mussten bezahlt werden. Dazu schien der Ablasshandel hervorragend geeignet. Die Sprengkraft in den Thesen Luthers verkannte Leo X. allerdings. Er exkommunizierte den Wittenberger Mönch, dachte aber niemals daran, die Kirche zu reformieren, obwohl eine Reform dringend nötig gewesen wäre.

hin hatte er sowohl bei seiner Übernahme der Souveränität des Ordens vom Goldenen Vlies und bei seiner Krönung geschworen, die Einheit des Glaubens zu schützen und zu verteidigen. Am 25. April verhängte er die Reichsacht über Luther mit den Worten:

»Ich stamme von einer langen Linie christlicher Könige der edlen deutschen Nation und der katholischen Könige von Spanien ab, die alle bis in den Tod treue Söhne der heiligen Kirche waren. Sie verteidigten den Glauben um des Ruhmes Gottes willen und verteidigten ihn zur Rettung der Seelen. Ich habe beschlossen, den Glauben zu behaupten, den diese meine Vorfahren gehalten haben. Ein einziger Mönch, der sich gegen die tausendjährige Christenheit stellt, muss ein Irrtum sein. Ich bin entschlossen, meine Länder, meine Freunde, mein Blut, mein Leben und selbst meine Seele dafür einzusetzen.«

Ablasshandel. *Melchior Ramminger, 1518.* »Wenn das Geld im Kasten klingt, die Seele aus dem Feuer springt!« Der Ablasshandel war Hauptgrund für die lutherische Rebellion. Aus der Ablehnung des Handels entwickelte er seine These, dass der Mensch allein durch den Glauben gerettet würde. Hier der Ablassprediger Tetzel.

Martin Luther zog nun aus Worms heraus in Richtung Heimat. Auf dem Weg wurde er »verhaftet«, Kurfürst Friedrich der Weise ließ ihn auf die Wartburg bei Eisenach bringen, wo er sich einige Zeit verstecken konnte. In nur zwei Jahren auf der Wartburg vollbrachte er als Junker Jörg die großartige wissenschaftliche Leistung der Übersetzung der Heiligen Schrift ins Deutsche.

Trotz der Reichsacht wurden aber viele der lutherischen Anliegen nicht einfach unter den Tisch gekehrt. Kaiser Karl forderte viele Jahre lang immer wieder die Einberufung eines Konzils. Doch als es schließlich im Jahr 1545 zum Konzil von Trient kam, war es zu spät, der Spaltung der Christenheit in Deutschland noch Einhalt zu gebieten.

Schlacht von Pavia. *Bernard van Orley.* Im Februar 1525 besiegten die kaiserlichen Truppen bei Pavia die Franzosen und setzten König Franz I. gefangen. Das war das vorläufige Ende der französischen Italienpolitik.

Kriege gegen Frankreich und andere Kriege – auf dem Weg zum höchsten Triumph

Vom Reichstag in Worms reiste Karl zunächst in die Niederlande und anschließend nach Spanien, wo er die folgenden sieben Jahre blieb. Die kommenden zehn Jahre sollten jene Zeit sein, in der Karl seine größten Triumphe feiern konnte.

Sein Hof in Madrid war sehr kosmopolitisch. Adelige, Künstler und Gelehrte aus allen Ländern Europas gaben sich dort ein Stelldichein. Im März 1526 heiratete Karl Isabella von Portugal. Für diese Verbindung mochte zunächst auch die enorme Mitgift ausschlaggebend gegeben gewesen sein, doch war die Ehe letztlich überaus glücklich. Bereits im Mai 1527 wurde Sohn Philipp geboren. Während der Abwesenheiten Karls regierte Isabella klug über das Land. Allerdings überlebten von den insgesamt acht Schwangerschaften nur drei Kinder. Als Isabella im Mai 1539 nach nur 13-jähriger Ehe verstarb, litt Karl sehr darunter und kleidete sich fortan nur noch schwarz.

Nach seiner Kaiserkrönung musste Karl sich auf nahezu dauerhafte Auseinandersetzungen mit dem französischen König einstellen. Franz I. konnte noch immer nicht die verlorene Kaiserwahl vergessen. Voller Groll erklärte er den

Krieg, auch um sich aus der habsburgischen Umklammerung zu befreien. Zwischen 1521 und 1538 sollte Karl drei Kriege gegen Frankreich führen. Die Landsknechtsheere, die er unterhielt, verschlangen Unmengen an Geld, sodass schließlich auch Karls Bruder Ferdinand scharfe Kritik an den hohen Kosten übte. Doch Karl bemühte sich verbissen, Oberitalien als Machtfaktor für Habsburg zu sichern. Für ihn war Italien ein Teil des Reiches und der Reichsidee und Oberitalien war der Kriegsschauplatz für die zwei Großmächte Habsburg und Frankreich, die einander belauerten.

Am 20. Februar 1525 kam es zur Schlacht bei Pavia gegen die Franzosen. Karls Truppen gelang es, den französischen König Franz gefangen zu setzen. Die Verhandlungen um den Frieden und die Auslösesumme zogen sich über ein knappes Jahr hin. Karl wollte vor allem Burgund zurückhaben, doch Franz hielt seine Versprechen nicht ein, sondern verhandelte noch aus dem Gefängnis heraus insgeheim mit den Türken, damit sie dem Kaiser im Südosten seines Reiches weiter Ärger machten.

Die Allianzen dieser Kriege wechselten in bunter Reihenfolge. Franz schmiedete mit Mailand, Venedig, der Schweiz und England ein Bündnis, die Liga von Cognac, die sich aber bald wieder auflöste. Doch zuvor hatte der Papst Clemens VII. dieser Liga seinen Segen gegeben und sich damit zum politischen Feind des Kaisers gemacht. Und das gerade in dem Moment, als im Reich die Wogen der lutherischen Bewegung hochschlugen, gerade, als der Kaiser die Unterstützung des Papstes dringend gebraucht hätte.

Für den Moment war Ruhe mit Frankreich, doch die kaiserlichen Truppen standen immer noch in Italien. Wegen Geldnot war Karl außerstande, die Lands-

Isabella von Portugal. *Tizian, um 1547.* Karl blieb seiner Gattin stets zugetan – auch über ihren Tod im Jahr 1539 hinaus.

Der Sacco di Roma, der am 6. Mai 1527 begann, war eine Katastrophe für Rom. Letzten Endes musste die Stadt dafür bezahlen, dass die Päpste der letzten Jahre beständig versucht hatten, den Kaiser und den König von Frankreich gegeneinander auszuspielen. Kaiser Karl war im Frühjahr 1527 nicht mehr in der Lage, sein Söldnerheer zu bezahlen. Die marodierenden Truppen eroberten unter der Führung von Generalkapitän Bourbon die Stadt und zogen plündernd, vergewaltigend und mordend durch die Straßen. Im letzten Moment konnte sich Papst Clemens VII. in die Engelsburg retten. Rom galt damals als die kulturelle Hauptstadt der Welt und Aufbewahrungsort der Schätze des Christentums. Die Landsknechte waren mehrheitlich protestantisch (außer den spanischen Söldnern). Für sie war Rom lediglich der Ort des verkommenen Papsttums. Die Zerstörungen in der Stadt und die Qualen ihrer Bewohner dauerten etwa zehn Monate, danach kapitulierte der Papst.

Der stadt Wien belegerung/wie die auff
dem hohen sant Steffans thurn allenthalben gerings vm die gantze
stadt zu wasser vnd landt mit allen dingen anzusehen gewest ist/ Vñ
von einem berumpten maler der on das auff S. Steffans thurn in
der selbē belegerung verordent gewest ist/ mit gantzem fleiß verzeych
net vnd abgemacht/ geschehen nach Christi geburt. M.cccc.xxix. vnd
im .xxx. in truck gebracht.
NM

knechte zu bezahlen, und deren Kommandant Georg von Frundsberg war nicht mehr in der Lage, sie zu besänftigen, da er, vom Schlag getroffen, in seine Heimat gereist war. Die Truppen trieben schließlich als marodierender Haufen nach Rom, wo es am 6. Mai 1527 zum »Sacco di Roma« kam. Die völlig führungslose Armee plünderte zehn Tage lang die »Ewige Stadt«, der Papst floh über einen Geheimgang in die Engelsburg, während die Soldateska die Stadt der Renaissancepäpste verwüstete.

Sultan Süleyman II., genannt der Prächtige, *um 1530.* Unter der Führung des Sultans belagerten die Osmanen 1529 Wien.

Schließlich schloss Karl Frieden mit dem Papst, und beide vereinbarten die Krönung des Kaisers in Bologna. Rom litt zu dieser Zeit noch zu stark unter den Folgen des Sacco di Roma. Der Einzug Karls nach Bologna glich einem prachtvollen Schauspiel. Am 24. Februar 1530, dem 30. Geburtstag des Kaisers, setzte Papst Clemens VII. Karl die Krone aufs Haupt. Dies sollte die letzte Krönung eines deutschen Kaisers durch den Papst sein.

Karl schien auf dem Höhepunkt seiner Macht, doch diese Betrachtung ist nur oberflächlich: Frankreich blieb ein furchtbarer Gegner, die neue Religion breitete sich weiter aus, und die Türken waren eine reale Bedrohung im Südosten des Reiches.

Eine erste große Entscheidung war die Schlacht von Mohács im Jahr 1526, als König Ludwig von Böhmen und Ungarn mit 25.000 Soldaten gegen die 500.000 Mann von Sultan Süleyman auf verlorenem Posten war. Ludwig fand den Tod auf dem Schlachtfeld.

Damit standen die Türken fast unmittelbar vor Wien. Karls Bruder Ferdinand schloss 1532 eine Abmachung mit der Hohen Pforte und erkaufte sich mit einem jährlichen Tribut von 30.000 Dukaten vom Sultan einen modifizierten Waffenstillstand. Karl war nicht zufrieden mit dieser Abmachung, machte sich auf den Weg in den Südosten nun gegen die Türken und zog unter großem Jubel in Wien ein. Auch dies brachte keinen dauerhaften Frieden. Die türkische Kriegstaktik war eine andere als die europäische: Sie war eine Politik der Nadelstiche. Jedes Frühjahr brach man irgendwohin in Richtung Norden oder Westen auf und fiel in fremde Gebiete ein. Aber noch vor Einbruch des Winters zogen sich die Truppen zurück, jedoch nicht ohne zu brandschatzen und die einheimische Bevölkerung zur Sklaverei zu zwingen.

Das ganze Mittelmeer hingegen war osmanisch beherrscht. Karls Mittelmeerpolitik bedeutete vor allem die Sicherung der Seewege, da vor allem die Handelsschifffahrt durch die Piraterie erheblich behindert wurde. 1535 segelte Karl nach Tunis, um den Piratenführer Chaireddin Barbarossa niederzuschlagen. Sein Sieg glich einem Triumph. Wenig später aber, im Jahr 1541, wurde sein Feldzug nach Algier zu einem Fiasko.

linke Seite: **Rundplan der Stadt Wien zur Zeit der ersten Türkenbelagerung 1529.** *Albert Camesina nach Niklas Meldemann, 1529.* Die erste Belagerung Wiens durch die Osmanen vom 27. September bis zum 14. Oktober 1529 war einer der ersten Höhepunkte der Türkenkriege gegen die christlichen Staaten Europas. Letzten Endes zwangen der früh einbrechende Winter und die schlechte Versorgungslage des Besatzungsheeres die Osmanen zum Rückzug. Ihr Nimbus als unbesiegbare Truppe war zum ersten Mal gebrochen.

Die Entdeckung von König Ludwigs Leiche nach der Schlacht bei Mohács. *Bertalan Székely, 1860.* In der Schlacht bei Mohács im Jahr 1526 stellte sich König Ludwig von Böhmen und Ungarn mit nur 25.000 Mann einer halben Million Osmanen entgegen. Er fand auf dem Schlachtfeld den Tod.

Der Triumph der Protestanten

Unterdessen hatten sich Luthers Thesen in Deutschland immer mehr verselbstständigt. Die Schrift »Über die Freiheit des Christenmenschen« hatte Folgen, die selbst Martin Luther nicht beabsichtigt hatte. Die blutigen Bauernkriege, die sich zwischen 1524 und 1526 hauptsächlich in Süddeutschland abspielten, waren vielmehr eine soziale Massenerhebung. Viele hofften, sich aus der grausamen Fronarbeit zu befreien. Auf einmal war die adelige Vorherrschaft infrage gestellt.

Die Reformationsbewegung setzte soziale und konfessionelle Konflikte frei, war aber auch für die antikaiserlichen Parteien ein ideales Vehikel, um ihre reichsständischen Verfassungsziele durchzusetzen. Schon wenige Jahre nach Luthers noch religiös motivierten Thesen war die Reformation schon längst für die politischen Zwecke der antikaiserlichen Fürsten instrumentalisiert worden. Es handelte sich längst nicht mehr um einen doktrinären Streit. »Unter dem Deckmantel der Religion wurden alte oder jedenfalls ganz andere Rechnungen beglichen«, schreibt der Historiker Lothar Höbelt.

Als im Jahr 1526 der Reichstag zu Speyer zusammentrat, war die päpstliche Partei so geschwächt, dass die Lutheraner ihren Willen durchsetzen konnten. Die Reichsacht über Martin Luther, der mittlerweile zu einer Persönlichkeit von hoher Bedeutung geworden war, wurde aufgehoben. Er war ein Rebell des Gewissens und eine charismatische Gestalt und wollte nun eigene kirchliche Strukturen aufbauen, dazu aber war er auf die Fürsten angewiesen, er brauchte ihre weltliche Unterstützung.

Der zweite Reichstag zu Speyer im Jahr 1529 kann als die Geburtsstunde des Protestantismus bezeichnet werden. Es handelte sich nun mitnichten mehr um einen einzelnen Mönch mit einer kleinen Reihe von Anhängern, sondern um eine weitverbreitete religiöse Protestbewegung. Dies alles war Kaiser Karl völlig fremd, vertrat er doch eine universale Ordnung, in der nationalkirchliche Vorstellungen keinen Platz hatten. Doch Karl brauchte auch die Unterstützung der Fürsten für seine Kriege, daher konnte man sich fürs Erste auf die Gewissensfreiheit einigen. »Der Türke ist der Lutherischen Glück!« lautet ein Sprichwort aus dieser Zeit.

Noch damals wären die protestantischen Fürsten mit einem für alle gültigen Konzil einverstanden gewesen, doch erneut weigerte sich der Papst, und somit verstrich eine goldene Gelegenheit. Immer wieder versuchte Karl, zu einer Aussöhnung zu kommen, aber das Luthertum hatte sich bereits zu weit verbreitet: Die Kurfürsten von Brandenburg, Sachsen, der Pfalz und sogar der Erzbischof von Köln bekannten sich zum neuen Glauben. Es drohte nicht nur die Spaltung der Christenheit, sondern auch die Aufsplitterung in Sekten, wie nicht nur die Münsteraner Episode um den Wiedertäufer Jan Bockelson belegt.

1531 gründeten die protestantischen Fürsten unter Führung von Kurfürst Johann Friedrich von Sachsen den Schmalkaldischen Bund, ein Verteidigungsbündnis, mit dem sie dem kaiserlichen Druck begegnen und ihre Machtstellung sichern wollten. Kaiser Karl war es nicht möglich, konsequent dagegen vorzugehen, war er doch durch die Kriege mit den Franzosen und den Türken gebunden. In den Vierzigerjahren kippte die Stimmung komplett, fast der gesamte deutsche Adel, mit Ausnahme Bayerns, hatte den neuen Glauben angenommen. Es drohte der Zerfall der Reichskirche.

Protestationsreichstag in Speyer 1529. *Friedrich Ulm, 1931.* Der Reichstag zu Speyer im März und April 1529 gilt als die Geburtsstunde des Protestantismus. Infolge der Wiedereinsetzung des Wormser Edikts, das heißt der Reichsacht über Martin Luther, reichten die protestantischen Fürsten und Städte eine »Protestation« ein, woraus sich der Begriff »Protestantismus« ableitete. Insgesamt handelte es sich um eine Gemengelage von religiösen, aber vor allem politischen Angelegenheiten. Den Fürsten war – wie nahezu immer – an einer Schwächung des Kaisers und der Reichsmacht gelegen. Da waren die Lutheraner ein willkommenes Werkzeug.

MDXLVIII

Das Konzil von Trient. Tizian zugeschrieben, 16. Jh. Die Versammlung tagte in vier Sitzungsperioden von 1545 bis 1563. Hauptgegenstand war die Frage, wie die Kirche auf die deutsche Reformation reagieren und eine Kirchenreform gestaltet werden sollte.

Immer wieder ersuchte Karl den Papst, ein Konzil einzuberufen, um die Durchführung der drängendsten Reformen zu betreiben und den doktrinären Streit zu beheben. Aber erst 1545 kam es zum Konzil von Trient, doch es war zu spät. Seit den Thesen von Wittenberg waren knapp 30 Jahre vergangen, fast eine Generation war bereits im neuen Glauben aufgewachsen.

Für die Protestanten war es also nur folgerichtig, dass sie sich weigerten, am Konzil teilzunehmen. Für Karl war dies der Casus Belli; es kam zum Schmalkaldischen Krieg, der mit einem triumphalen Sieg Karls bei der Schlacht bei Mühlberg am 24. April 1547 ausgeht:

»Ich kam, sah, und Gott siegte.« Das Bild von Tizian zeigt den siegreichen Kaiser mit der Heiligen Lanze in der Hand, doch es lässt sich auch der nicht ganz sichere Blick Karls erkennen mit der Frage, ob es ihm gelingen würde, diesen militärischen Sieg in einen politischen ummünzen zu können. Das Interimsabkommen von 1548, das den Protestanten die Priesterehe und die Kommunion in beiderlei Gestalt zugestand und im Gegenzug ihre Rückkehr zum Katholizismus forderte, wurde nicht angenommen.

Der resignierte Kaiser

Den Winter 1551 verbrachte Karl schwer gichtgeplagt in Innsbruck. Während die Ärzte sich an seinen Leiden versuchten, braute sich in Deutschland ein neues Unwetter gegen ihn zusammen. Der einst treue Moritz von Sachsen plante einen Aufstand gegen den Kaiser, zog nach Augsburg und weiter in Richtung Innsbruck, mit dem Ziel, den Kaiser festzusetzen. Davor hatte er im Januar 1552 mit König Heinrich II. von Frankreich den Vertrag von Chambord geschlossen, indem er den Franzosen das Reichsvikariat über die Städte Cambrai, Metz, Toul und Verdun zusicherte. »Fürter wollen wir rücken nach des Kaisers Person«.

Tizian (ca. 1489–1576) war einer der berühmtesten venezianischen Maler seiner Zeit. Karl V. schätzte ihn so sehr, dass er ihm und seinen Kindern den Adelstitel verlieh und ihn zum Hofmaler ernannte. Mehrfach begleitete der Maler den Kaiser zu Reichstagen (1548 und 1550). Tizian schuf zahlreiche Werke im Auftrag des Kaisers, darunter auch die eindrücklichen Porträts (wie auf der gegenüberliegenden Seite) oder das Bild Karls nach der Schlacht bei Mühlberg (folgende Seite). Wir sehen den Kaiser auf seinem tänzelnden Schlachtross, mit der Lanze in der Hand. Das Schlachtgeschehen ist völlig ausgeblendet. Die Haltung ist steif, aber auch würdevoll. Tizian zeigt den alternden Kaiser in seiner Größe, lässt aber auch die Gebrechlichkeit erahnen, der er nun Herr werden muss. Zwar hatte Karl die Protestanten siegreich geschlagen, doch der Sieg war allein militärisch. Die Frage, ob nun auch der politische Sieg folgen kann, lässt sich aus dem unsicheren Blick des Kaisers ablesen. Die Darstellung des Kaisers mit Rüstung und Lanze erinnert an den »Miles Christianum«, den Streiter Christi, der für Glauben und Wahrheit kämpft.

linke Seite: **Kaiser Karl V.** *Tizian, 1548.* Das Porträt zeigt den Kaiser schon leicht resignierend, aber immer noch mit konzentriertem, fesselndem Blick. Der Samt auf dem Sessel ist deutlich abgenutzt. Ein Zeichen, dass seine Macht ihren Zenit überschritten hatte.

Gerade in letzter Minute gelang dem Kaiser die Flucht über den Brenner, über Sterzing und Lienz nach Villach. Diese Demütigung saß tief.

Nun trat sein Bruder Ferdinand auf den Plan. Mit den Aufständischen handelte er einen Vergleich aus und unterzeichnete im Mai 1552 den Frieden von Passau, ein für Karl schmähliches Dokument.

Unterdessen hatten die Franzosen Lothringen besetzt, was Karl nicht hinnehmen konnte, denn seit dem Mittelalter waren Metz und Toul die Grenze des Heiligen Römischen Reiches. Karl zog erneut gegen die Franzosen, belagerte Metz und musste sich schließlich doch erneut geschlagen geben. Der Verlust von Lothringen traf ihn tief. Diese letzte Niederlage bedeutete für ihn praktisch

Karl V. bei Mühlberg. *Tizian, 1548.*
Kaiser Karl nach der Schlacht von Mühlberg.

Karl V. legt seine Krone nieder. *Franz Hogenberg, 1583.*

den Abschied vom Reich, von nun an überließ er die Religionsfrage und die Reichsregierung seinem Bruder Ferdinand.

Der Religionsfrieden von Augsburg aus dem Jahr 1555 trägt auch dessen Handschrift. Unter der Formel »Cuius regio, eius religio!« wurde Religionsfreiheit garantiert, die letzten Endes aber nur für die Fürsten galt, nicht für die Untertanen. Im Prinzip bedeutete sie eine Vergewaltigung des Gewissens. Auswanderung und Vertreibung waren die Folge. Die Fürsten jubelten über diesen Beschluss, aber Karl kommentierte: »Die Fürsten werden das Kaisertum zerstören, dann wird die Pöbelherrschaft über sie kommen und sie vernichten.«

Noch einmal versuchte Karl, eine tragfähige Allianz gegen Frankreich zu schmieden, indem er seinen Sohn Philipp mit der zehn Jahre älteren englischen Königin Mary Tudor verheiratete. Doch die 1554 geschlossene Ehe blieb kinderlos.

Als im Mai 1555 die Nachricht vom Tode seiner Mutter Königin Johanna eintraf, beschloss er, die Krone niederzulegen. Er hatte ein tiefes Gefühl von Müdigkeit, Versagen und Schwäche, die zweigeteilte christliche Welt und die Expansion des Osmanischen Reiches, das tief in das Herz Europas eindrang, gaben das Ihre hinzu.

Am 22. Oktober übergab er im großen Saal des Brüsseler Schlosses zunächst die Souveränität des Ritterordens vom Goldenen Vlies an seinen Sohn Philipp, drei Tage später legte er die Regierung der Niederlande nieder. Mit bewegenden Worten verzichtete er nun auf den Thron und alle seine Königreiche, erklärte, er habe nie willentlich einem Menschen Unrecht getan, und wenn er es unwissentlich getan habe, so erbitte er Vergebung. Er resümierte seine Re-

Der Augsburger Religionsfrieden bedeutete vor allem Religionsfreiheit für die Fürsten, nicht aber für die Untertanen. »Cuius regio, eius religio« mag zwar vordergründig ein Kompromiss gewesen sein, dennoch aber setzte dieser Beschluss wieder zahlreiche Umsiedlungen in Gang.

Karl V. überträgt im großen Saal des Brüsseler Schlosses die Regierung der Niederlande an seinen Sohn Philipp II. *Louis Gallait, 1841.*

gierungszeit: »Die Häresie Luthers und seiner Anhänger, die Machtansprüche einiger christlicher Fürsten haben mir schwer zu schaffen gemacht, doch habe ich keine Mühe gescheut, mich ihrer zu erwehren. In dieser Aufgabe zog ich neunmal nach Deutschland, sechsmal nach Spanien, siebenmal nach Italien, zehnmal bin ich hierhergekommen, in Frankreich war ich viermal, im Krieg wie im Frieden, zweimal in England und zweimal in Afrika, das sind zusammen 40 Reisen.«

Niemals zuvor war ein Herrscher so oft und so weit gereist. Sein letztes Reiseziel aber war das Kloster San Jerónimo de Yuste. Dort lebte er das Exil eines kontemplativen, hochgeistigen Menschen, nicht asketisch, aber mit kleiner reduzierter Hofhaltung. In seinem Gefolge befand sich auch ein junger Page mit Namen Jerónimo, der später als Don Juan d'Austria bekannt wurde. Es handelte sich dabei um jenes Kind, das aus der Liaison Karls mit Barbara Blomberg 1546 in Regensburg hervorgegangen war.

Doch der körperliche Zustand Karls verschlechterte sich immer mehr. Im August 1558 kam eine fiebrige Erkältung hinzu. Karl bat noch einmal, man solle ihn die Porträts von Tizian bringen, vor allem seinen liebsten Tizian, die »Gloria«, auf dem er selbst mit Gattin und Kindern vor der Heiligen Dreifaltigkeit kniete.

Am 21. September 1558 verstarb der letzte Kaiser des Mittelalters. Zunächst wurde er in der Krypta des Klosters beigesetzt, 16 Jahre später wurde er in den Escorial überführt, wo er bis heute ruht.

Das Kloster San Jerónimo de Yuste, der Alterssitz Kaiser Karls V.

Gloria. *Tizian, 1551–54.* Karl ließ sich die »Gloria« in seine Gemächer bringen und verbrachte vor seinem Tod viele Stunden meditierend vor seinem Lieblingsgemälde. Es zeigt Menschen, Engel und Heilige bei der Anbetung der Heiligen Dreifaltigkeit: Gottvater, Gottsohn und Heiliger Geist. Rechts oben kniet der Kaiser flehend und betend, gekleidet in ein schlichtes Büßergewand, die Kaiserkrone zu seinen Füßen. Neben ihm erkennbar seine Frau Isabella von Portugal und sein Sohn Philipp II.

PA
PRAGAE
P R
Regni Boher

IV

Getrennte Linien und Bruderzwist

Mit dem Tode Karls V. wurde die bereits 1521 eingeleitete Teilung der Dynastie endgültig. Im Winter 1550/51, als sich die Familie in Augsburg traf, um die Nachfolgeregelungen auszuhandeln, wurde sie erneut definiert. Bei diesem Treffen kam es zum ersten Mal zu einem ernsthaften Konflikt zwischen den Brüdern Karl und Ferdinand. Die Nachfolge Ferdinands auf Karl im Reich stand außer Frage, doch Zündstoff boten die Söhne. Karls Sohn Philipp und Ferdinands ältester Sohn Maximilian hätten verschiedener nicht sein können. Philipp war ein verschlossener junger Mann, dem die Höflichkeit seines Vaters völlig abging. Maximilian war lebhaft, vergnügungssüchtig und zudem noch voller Neugier für die Lehren der Protestanten. Hinzu kam, dass die Onkel ihren jeweiligen Neffen mit herzlicher Abneigung gegenüberstanden. Karl plante, seinem Sohn Philipp nicht nur Spanien zu übergeben, sondern auch die Reichskrone, ein Unterfangen, dem sich Ferdinand gänzlich versperrte. Sein ganzes Leben lang hatte sich Ferdinand seinem älteren Bruder gefügt, jetzt aber entwickelte er eigene Vorstellungen und lehnte ab, eine Vereinbarung zu unterzeichnen, die seinen Sohn Maximilian in der Nachfolge übergehen sollte. Die Debatte dauerte mehrere Monate, bis sich schließlich Ferdinand am Ende doch fügte und verpflichtete, Philipp zu unterstützen. Dieser wiederum sollte alles daransetzen, Maximilian zu seinem Nachfolger auf dem Kaiserthron zu machen. Die Reichskrone sollte dann abwechselnd zwischen den beiden Linien hin und her gehen. Am Ende kam es dann doch anders.

Medaillon von Philipp II. von Spanien. *Jacopo da Trezzo d. Ä., um 1557.* Dreimal musste der Herrscher während seiner Regierungszeit den Staatsbankrott erklären.

Das 16. Jahrhundert gilt als das Jahrhundert der Habsburger. Das mächtige Reich Karls V. wurde aufgeteilt auf die österreichische und die spanische Linie des Hauses. Es war das Familienunternehmen Europas. Die spanische Linie war zwar lange Zeit die mächtigere, aber die Zukunft des Hauses lag auf der österreichischen Seite. Spanien war unermesslich reich dank der überseeischen Besitzungen und eine klassische Seefahrernation. Die Österreicher konnten da als Binnenmacht nicht mithalten, auch wenn sie die Reichskrone innehatten. Sie waren eine Art arme Verwandtschaft, und lange galten die Spanier als die

linke Seite: **König Philipp II. von Spanien und Portugal.** *Tizian, 1550/51.* Das Bild zeigt ihn noch als Kronprinzen. Von seinem Vater stets gut ausgebildet, zeichnete er sich durch Pflichtbewusstsein und Arbeitseifer aus, was allerdings in Pedanterie und Bürokratismus ausartete.

Lipizzanerhengst der Spanischen Hofreitschule in Wien.

Das Schweizertor in der Hofburg. Dahinter befindet sich heute die Schatzkammer.

Kaiser Ferdinand I. und seine Gemahlin Anna Jagiello. *Nach Jan Cornelisz Vermeyen, 1530.*

oberste Autorität des Hauses. Die Einheit des Hauses wurde gesichert durch enge familiäre Bindungen. Bis tief in das 17. Jahrhundert hinein wurden zwischen Madrid und Wien die Töchter ausgetauscht, um ihre Vettern oder gar Onkel zu heiraten. Diese Staatsheiraten waren ein wesentliches Element der dynastischen Machtpolitik im Zeitalter der Formierung neuer Großmächte.

Ferdinand, seit 1531 römisch-deutscher König, wurde wenige Monate nach dem Tode Kaiser Karls zum Kaiser gewählt. Nach den Eheverträgen von 1515, die sein geschickter Großvater Maximilian noch eingefädelt hatte, erbte er nach der katastrophalen Niederlage und dem Tod König Ludwigs von Böhmen und Ungarn bei der Schlacht bei Mohács dessen Königreich und wurde gleichzeitig damit auch zum böhmischen König gewählt. Mit diesem Erbfall entstand die Einheit Böhmens, Ungarns und Österreichs, die bis zum Jahr 1918 bestehen sollte. Ferdinands Ehe mit Anna von Böhmen und Ungarn war durchaus glücklich. Häufig begleitete Anna ihren Mann auf Reisen. Auf die hohen Kosten angesprochen, antwortete er: »Einem frommen Herrn gebührt, seinen Ehestand zu halten; es sei besser, einige Unkosten auf seine Ehegattin zu verwenden als auf Buhlerei.« 15 Kinder wurden ihnen geschenkt, von denen zwölf am Leben blieben, drei Söhne und neun Töchter, ein unermessliches Kapital für den europäischen Ehemarkt.

Doch glich Ungarn zu jener Zeit eher einer Art Titularkönigtum, war doch der Großteil in der Hand der Türken. Von Anfang an hatte Ferdinand Schwierigkeiten mit den ständig einfallenden Horden, schließlich erkaufte er sich einen Waffenstillstand durch Tributzahlungen.

Als eigenständiger Politiker auf Reichsebene hatte Ferdinand erst nach dem Schmalkaldischen Krieg Konturen angenommen, der Augsburger Religionsfrieden war hauptsächlich sein Werk gewesen. Er strebte nach einem Konsens zwischen den Konfliktparteien. Am Ende seines Lebens schlug er gar seiner eigenen Kirche weitreichende Zugeständnisse wie Priesterehe oder Volkssprache

Kaiser Ferdinand I. in ganzer Figur. *Johann Bocksberger d.Ä., 1550/55.* Erst nach dem Tod seines Bruders Karl konnte er aus dessen Schatten heraustreten und ein eigenes Profil entwickeln.

Reiterbildnis Philipps II. in der Schlacht bei Saint-Quentin 1557. *Peter Paul Rubens, 1628.*

Kaiser Maximilian II. *Anthonis Mor, 1550.*

Die Augsburger Kaufmannstochter Philippine Welser bittet Kaiser Ferdinand mit ihren beiden Kindern um die Erlaubnis zur Ehe mit seinem Sohn Ferdinand.

beim Gottesdienst vor. War er zwar in religiösen Fragen weitaus toleranter als einst sein Bruder Karl, so leitete er doch behutsam die Gegenreformation ein, indem er die Jesuiten nach Österreich berief.

Im Reich kam es Ferdinand vor allem darauf an, seinem Sohn Maximilian die Nachfolge zu sichern. Keine Rede war mehr von der Kaiserkrone für den spanischen Philipp, der noch nicht einmal richtig Deutsch konnte. Doch auch Ferdinands Verhältnis zu Maximilian war nicht sorgenfrei. Maximilian hatte starke Neigungen zum lutherischen Bekenntnis. Von daher waren ihm die Stimmen der Kurfürsten von Sachsen und Brandenburg zwar sicher, aber nicht nur seinem Vater gingen die zahlreichen Kontakte zu weit, die Maximilian zu den Protestanten pflegte – er hatte sogar einen protestantischen Hofprediger engagiert. Auch der Papst machte Kaiser Ferdinand schwerste Vorwürfe wegen der lutherischen Gesinnung des Thronfolgers. Schließlich musste Maximilian sich seinem Vater gegenüber verpflichten, der katholischen Kirche und damit der alten Lehre treu zu bleiben. Aus Sicht des Papstes und der Tradition des Hauses Habsburg war dies nur logisch. Das Kaisertum und das Heilige Römische Reich Deutscher Nation konnten ihre Berechtigung nur aus der Einheit mit der römischen Kirche herleiten. Im November 1562 kam es zur Wahl Maximilians zum römisch-deutschen König. Damit war seine Nachfolge als Kaiser gesichert, und Ferdinand hatte mit dieser Wahl den Nachfolgestreit gewonnen. 1562 wurde Maximilian zum König von Böhmen, ein Jahr später zum König von Ungarn gekrönt.

Schloss Ambras in Innsbruck, *2006*. Ferdinand und Philippine lebten auf Schloss Ambras in Tirol und führten einen kunstsinnigen Hof. Noch heute sind ihre Sammlungen dort zu besichtigen.

Als Kaiser Ferdinand im Juli 1564 starb, kam es für einige Jahrzehnte in der österreichischen Linie wieder zu Haus- und Landesteilungen. Die neue Hausordnung regelte die Erbfolge in den österreichischen Ländern unter den drei Söhnen. Maximilian als Kaiser erhielt Ober- und Niederösterreich sowie Böhmen und Ungarn. Erzherzog Ferdinand, der die Augsburger Kaufmannstochter Philippine Welser (nicht standesgemäß) geheiratet hatte, regierte über Tirol und die Vorlande. Erzherzog Karl erhielt die Steiermark, Kärnten, Krain, Görz, Triest und Istrien. Auf ihn geht die Gründung der Spanischen Hofreitschule zurück, in Lipizza organisierte er eine Pferdezucht, die bis heute besteht.

Maximilian – der halbe Protestant

Schon von Jugend an hatte Maximilian starkes Interesse an der Lehre Martin Luthers entwickelt. Er scharte viele protestantische Freunde um sich und zögerte nicht, auch seinen Söhnen protestantische Erzieher zu geben. Maximilian war verheiratet mit seiner Cousine Maria von Spanien, der Schwester König Philipps II. Dieser waren die lutherischen Sympathien ihres Mannes gar nicht recht, auch aus diesem Grunde drängte sie darauf, dass die Söhne Rudolf und Ernst nach Spanien geschickt wurden, um am Hofe ihres Bruders ihre Bildung zu vervollständigen.

Maximilian betrieb in seinem Herrschaftsgebiet eine Politik des religiösen Ausgleichs. In jener Zeit war es in Österreich und Böhmen überraschend ruhig,

Kaiser Maximilian II. mit Kaiserin Maria und den Kindern Anna, Rudolf und Ernst. *Giuseppe Arcimboldo, 1553.* Der Kaiser war ein hochgebildeter Mann. Aufgewachsen in Tirol, wurde er von Kaiser Karl V. im Alter von 17 Jahren nach Spanien geholt und heiratete dort dessen Tochter Maria, das heißt seine direkte Cousine. Mit ihr hatte er insgesamt 15 Kinder, von denen aber fünf schon im Kindesalter starben. Während der Abwesenheit Karls von Spanien vertrat Maximilian den Kaiser in den Regierungsgeschäften. Trotz des spanischen Einflusses war er später als Kaiser dem Protestantismus sehr aufgeschlossen. Er vertrat die Meinung, dass er als Kaiser über den Konfessionen stehen müsse. Sein Wahlspruch lautete: »Providebit Deus« – »Gott wird schützen«.

Szene aus der Bartholomäusnacht. *Gaspard Bouttats, 1670.* Die Bartholomäusnacht in Paris, bei der am 24. August 1572 Tausende von Protestanten hingemetzelt wurden, steht für den grausam ausgetragenen Religionskonflikt der Zeit.

während im übrigen Europa religiös motivierte Gewalttaten zur Tagesordnung gehörten. Paris erlebte die Batholomäusnacht, in der Tausende von Protestanten hingemetzelt wurden. In den Niederlanden kam es zu weiteren Bürgerkriegen, ausgelöst durch Philipps Calvinistenverfolgungen. Maximilian beobachtete dies alles mit Abscheu. An seinen Freund August von Sachsen schrieb er: »Es ist weder gerecht noch richtig; religiöse Streitigkeiten lassen sich nicht mit der Gewalt des Schwertes austragen, sondern nur mit Gotteswort, christlichem Verständnis und Gerechtigkeit.«

Wie nur wenige seiner Zeit sah Maximilian II. die schweren Folgen voraus, die sich aus den Glaubenskämpfen für das ganze Reich ergeben mussten. Empörend war für ihn, dass der Papst und der König von Spanien Feldzüge gegen Christen führten, aber für die Abwehr der Türken keinerlei Unterstützung gewährten. Seine eigenen Feldzüge gegen die Osmanen brachten keine Erfolge, sodass er im Jahr 1568 gezwungen war, mit Sultan Selim II. den Frieden von Adrianopel zu schließen, der den beiderseitigen Besitzstand bestätigte.

Im Alter von nur 49 Jahren starb Kaiser Maximilian II. am 12. Oktober 1576 in Regensburg. Der Tod dieses toleranten Habsburgers wurde von beiden Seiten gleichermaßen, von Katholiken und Protestanten, betrauert. Bis zu seinem Ende hatte er noch Zweifel und lehnte noch auf dem Sterbebett die katholischen Sterbesakramente ab mit den Worten: »Mein Priester ist im Himmel!«

Kaiser Maximilian II. *Anonym, 1569.* Maximilian in der Kleidung eines wohlhabenden Bürgers. Der Orden vom Goldenen Vlies ist der einzige Schmuck.

El Escorial, die strenge Klosterresidenz Philipps II.

König Philipp II. – Spaniens monarchischer Bürokrat

Die Geschichte der spanischen Habsburger verlief hingegen ganz anders als die der österreichischen. Den Spaniern gelang es, die Einheit des Herrschergebietes von den Niederlanden über Italien bis Spanien und bis in die Neue Welt zu erhalten und auszuweiten. Gerade zur Regierungszeit König Philipps II. (1556–1598) wurde der Vorrang Spaniens in ganz Europa konsequent ausgebaut. Philipp II., der bedeutendste und mächtigste Fürst im damaligen Europa, galt als unbestrittene und oberste Autorität des Gesamthauses. Philipp hatte von seinem Vater Karl die hohe Auffassung von der herrscherlichen Berufung und der Würde seines Geschlechts geerbt.

Ein gewaltiges Denkmal dieses Anspruchs ist der Escorial, Palast und Klosteranlage zugleich, der von Philipp II. erbaut wurde. In seiner zugleich schlichten und großartigen Architektur verkörpert dieser Bau Majestät und Größe sowie Würde und Vornehmheit. Nicht nur zur Repräsentation diente er, sondern auch als landwirtschaftliches Mustergut und Forschungsanstalt. Philipp dachte den Escorial als eine Summe des menschlichen Glaubens, Denkens und Wissens.

Spanien stand damals auf dem Gipfel seiner Macht. Philipp hatte von seinem Vater Karl jedoch eine Reihe von Konflikten und ein völlig zerrüttetes Finanzwesen geerbt. Die Einkünfte aus den »westindischen« Besitzungen wurden fast

König Philipp II. von Spanien. *Sofonisba Anguissola, vor 1575.* König Philipp in strenger und reservierter Pose.

Seeschlacht von Lepanto. *Sebastian de Caster, 1630–1640.* Der Sieg gegen die Osmanen fand am 7. Oktober 1571 statt. Man sagt, Philipp II. hätte den Sieg herbeigebetet.

Don Juan d'Austria. *Zeitgenössischer italienischer Künstler, 1560.* Der uneheliche Sohn Kaiser Karls V. mit der Regensburgerin Barbara Blomberg war der Held von Lepanto.

ausschließlich von den fortdauernden Kriegen gegen Frankreich verschlungen. Mehrfach während seiner Regierungszeit musste Philipp gegenüber seinen Gläubigern seine Zahlungsunfähigkeit eingestehen. Dennoch gelang es ihm, der Spanien so gut wie nie verließ, sich außenpolitisch zu behaupten. Insbesondere Frankreich konnte im April 1559 zu einem Friedensschluss gezwungen werden, womit erst einmal Ruhe einkehrte. Der Konflikt zwischen der Krone Spaniens und dem Sultan in Istanbul war nicht nur eine Auseinandersetzung um die Vormachtstellung im Mittelmeer, sondern hatte auch eine religiöse Komponente, da beide, Philipp II. und Süleyman der Prächtige, sich als Vorkämpfer ihres Glaubens empfanden. In der Seeschlacht von Lepanto, am westlichen Ende des korinthischen Meerbusens, erkämpfte Philipps Halbbruder Don Juan d'Austria am 7. Oktober 1571 gegen die Türken einen viel gerühmten Sieg für Spanien. Im Jahr 1580 gelang es Philipp, das Königreich Portugal in den Machtbereich der spanischen Krone einzubinden und damit auch die portugiesischen Handelsniederlassungen in Übersee. Letzten Endes aber begann schon in jener Epoche der Niedergang der spanischen Macht. So führten die dauerhaften Aufstände in den Niederlanden am Ende zu deren Unabhängigkeit.

Wenn auch damals aus Staatsräson geheiratet wurde und das individuelle Glück der Kandidaten keine Rolle spielte, so ist doch überliefert, dass Philipp sich stets bemühte, seinen Gemahlinnen ein aufmerksamer Ehemann zu sein. Das strenge und abweisende Bild, das vielfach dominiert, relativiert sich angesichts seiner liebevollen und zärtlichen Briefe an seine Frauen. Doch auch hier war ihm wenig Glück beschieden. Seine erste Frau Maria von Portugal starb

Don Carlos, Infant. *Alonso Sánchez Coello, 1560.* Der unglückliche Infant von Spanien, Sohn Philipps II.

Kaiserin Maria. *Juan Pantoja de la Cruz, 1555.*

Königin Maria Anna in Trauerkleidung. *Juan Bautista del Mazo, 1666.* Maria Anna von Österreich, Königin von Spanien.

nach nur zwei Jahren Ehe. Seine zweite Verbindung mit Königin Mary Tudor sollte ein großer Coup sein, den sich sein Vater ausgedacht hatte. Doch die über zehn Jahre ältere Mary starb nach nur vier Ehejahren, ohne einen Erben geboren zu haben. Bestandteil des Friedens mit Frankreich war die Ehe mit Prinzessin Elisabeth von Valois. Sie brachte Philipp zwei Töchter zur Welt und starb nach acht Jahren. Schließlich heiratete Philipp seine 22 Jahre jüngere Nichte, Erzherzogin Anna von Österreich, die ihm fünf Kinder schenkte, von denen eines überlebte und als Philipp III. sein Nachfolger werden sollte.

Aus seiner ersten Ehe hatte Philipp einen Sohn, Don Carlos, dessen Tragödie in die Weltliteratur Eingang gefunden hat. Don Carlos, bereits missgestaltet zur Welt gekommen, litt offensichtlich an den Folgen der Inzucht zwischen dem spanischen und dem portugiesischen Königshaus. Aber anders als das Drama Friedrich Schillers und die darauf fußende Oper Giuseppe Verdis suggerieren, erwies sich Don Carlos als schwieriger Charakter mit immer stärker hervortretenden psychopathischen Zügen. Alle Versuche des Vaters, ihn zur Vernunft zu bringen, scheiterten kläglich. Schließlich wusste sich Philipp keinen anderen Ausweg mehr, als seinen Sohn im Januar 1568 in Gefangenschaft zu setzen. Wenige Monate später führte dieser offenbar durch Unmäßigkeit seiner Lebensführung selbst seinen Tod herbei.

Philipp II. starb tragisch am 13. September 1598, seinem Tod waren lange Bettlägerigkeit und Siechtum vorangegangen. Er hatte Spanien auf dem Höhepunkt seiner Macht regiert. Nach ihm konnte kein Herrscher mehr diesen Glanz bewahren.

Philipps Nachfolger, Philipp III., aus der Ehe mit Anna von Österreich erwies sich schon früh als schwacher Charakter und an der mit den politischen Geschäften verbundenen Arbeit gänzlich uninteressiert, im Gegensatz zu seinem

Philipp III. von Spanien. *Diego Velázquez, zugeschrieben Bartolomé González, 1634/35.* Unter ihm begann der Niedergang des spanischen Weltreiches, der sich schon mit dem Sieg der Engländer über die spanische Armada ankündigte. Seinem Vater glich er nur in dessen Frömmigkeit. Politisch allerdings war er wenig talentiert und überließ die Staatsgeschäfte anderen. Er war verheiratet mit Margarete von Österreich, der Tochter von Erzherzog Karl.

Vater, der sich durch fleißiges und unermüdliches Aktenstudium ausgezeichnet hatte. Auch er heiratete in der Verwandtschaft. Seine Frau Margarete von Österreich war die Tochter von Kaiser Maximilians II. jüngerem Bruder Erzherzog Karl von Innerösterreich. Aus dieser Ehe ging Philipp IV. hervor, dessen Tochter Maria Anna ihren Vetter, den späteren Kaiser Ferdinand III., heiratete. Deren Tochter heiratete ihren Onkel Philipp IV. und wiederum deren Tochter Margarita Teresa ehelichte ihren Wiener Onkel Kaiser Leopold I. Im Zusammenhang mit der Machtpolitik des 16. und 17. Jahrhunderts waren die Heiraten der Habsburger untereinander eine logische und schlau ausgelegte Form der Regierungskunst. Hauptgrund war, das mächtige Doppelreich in der Hand der Familie halten zu können, und in Ermangelung eines Nachkommens auf der einen Seite fiel eben die Erbfolge der anderen Linie zu. Andererseits ist es erstaunlich, dass trotz dieser Inzucht zwischen Cousins und Cousinen, zwischen Nichten und Onkeln die biologischen Folgen nicht dramatischer gewesen sind. Zwar starb die spanische Linie aus, doch die österreichische lebte kraftvoll und gesund weiter. Andere Häuser, wie die Valois oder die Tudors, sind an solchen Staatsheiraten zugrunde gegangen.

Maria Anna von Spanien. *Diego Velázquez, um 1658/60.* Die Tochter Philipps III. Hier auf einem der typischen Velázquez-Gemälde, die nach Wien geschickt wurden, damit der künftige Bräutigam, in diesem Falle Ferdinand III., sich von der Schönheit seiner Braut überzeugen konnte.

Bruderzwist im Hause Habsburg: Rudolf und Matthias

Kaiser Rudolf II. ist einer der seltsamsten Habsburger Herrscher. 36 Jahre lang, von 1576 bis 1612, hatte er die Kaiserwürde inne. Zahlreiche seiner Begabungen wurden überdeckt durch seine politische Uninteressiertheit, seine angeborene Schüchternheit und Kontaktscheu sowie seine ausgeprägte geistige Labilität. Er hatte eine gute Ausbildung genossen, sprach fünf Sprachen, darunter auch Latein. In seinem dunklen Charakter spiegelte sich auch die

Kaiser Rudolf II. *Hans von Aachen, um 1600/1603.* Er war einer der seltsamsten Habsburger. Aufgewachsen in Österreich, wurde er mit elf Jahren an den spanischen Hof zur Verfeinerung der Erziehung geschickt. Als Rudolf zurückkam, war er ein humorloser und düsterer junger Mann. Er hatte große Begabungen, vor allem im künstlerischen und sprachlichen Bereich, war aber politisch völlig uninteressiert. Seine politische Untätigkeit verschärfte die Krise im Reich so sehr, dass sein Bruder Matthias offen gegen ihn opponierte.

dunkle Zeit: Die Pest war eine Plage, die Türken die politische Herausforderung der Zeit, und in ganz Europa brannten die Scheiterhaufen mit Hexen und Ketzern. Lediglich in seinen Kunstkammern fand Rudolf zu Glück und persönlicher Ausgeglichenheit.

Im Alter von elf Jahren wurde er 1563 gemeinsam mit seinem Bruder Ernst nach Spanien zu seinem Onkel König Philipp II. geschickt, der ihn unter seine Fittiche nahm, um seine Ausbildung zu vervollkommnen. Die nächsten acht Jahre waren die prägendsten seines Lebens. Als er 1571 nach Hause zurückkehrte, klagte nicht nur sein Vater, Kaiser Maximilian II., über seine spanische Steifheit. In Mitteleuropa erwartete man von einem Fürsten eine gewisse familiäre Art, die im spanischen Zeremoniell nicht vorgesehen war.

Die Nachfolge nach dem Tod Kaiser Maximilians war klar geregelt, Rudolf war der Alleinerbe, seine jüngeren Brüder erhielten Apanagen. Noch zu Maximilians Lebzeiten wurde Rudolf 1572 zum König von Ungarn und 1575 zum König von Böhmen gekrönt. Im Oktober 1576 folgte er seinem Vater als Kaiser des Heiligen Römischen Reiches nach. Sehr rasch verlegte er seine Residenz von Wien nach Prag, was auch den strategischen Vorteil hatte, dass Prag für die Türken nicht so leicht zu erreichen war wie Wien.

Seinem Bruder Ernst übertrug er die Statthalterschaft in Ober- und Niederösterreich, der die katholische Erneuerung in den österreichischen Ländern einleitete. Unterstützung erfuhr er dabei durch Melchior Khlesl, den Generalvikar des Bistums Passau. Khlesl, der konvertierte Sohn eines protestantischen Bäckermeisters, entwickelte sich zu einem geschickten Staatsmann.

Der jüngere Bruder Matthias aber konnte sich mit der Regelung nicht abfinden. Wenig begabt, dafür aber umso ehrgeiziger, ließ er sich ohne Wissen seines

Erzherzog Ernst. *Bildnis im Harnisch, Martino Rota, um 1580.* Der jüngere Bruder Kaiser Rudolfs II. (1553–1595) war 1594 Statthalter der spanischen Niederlande. Der nur sehr kurze Aufenthalt dort war politisch unbedeutend, weitreichend aber für die Kunstgeschichte. Erzherzog Ernst war in den Niederlanden auf den Maler Pieter Bruegel aufmerksam geworden und empfahl ihn seinem Bruder Rudolf II. weiter. Die daraus resultierende umfangreiche Bruegelsammlung kann heute im Kunsthistorischen Museum in Wien bewundert werden.

kaiserlichen Bruders von Wilhelm von Oranien einwickeln, der in den Spanischen Niederlanden eine Rebellion gegen König Philipp II. angezettelt hatte. Das peinliche Unternehmen misslang, und Rudolf war über seinen Bruder über die Maßen verärgert und wies ihm Linz als Aufenthaltsort zu. Das Zerwürfnis zwischen den beiden Brüdern war dauerhaft und zählt zur Vorgeschichte des Dreißigjährigen Krieges.

Rudolfs Interesse galt vor allem der Kunst. Noch heute legen seine Sammlungen in der Schatzkammer und im Kunsthistorischen Museum in Wien Zeugnis ab von seinem Mäzenatentum und seinem Kunstverständnis. Sein Hof in Prag war ein europäisches Kulturzentrum, aber auch eine Welt für sich. Der Kaiser umgab sich mit einer Reihe von Forschern und Gelehrten, aber auch mit undurchsichtigen Gestalten. Wie es der Mode des Jahrhunderts entsprach, interessierte er sich auch für Astronomie, Astrologie und Alchemie, doch die zahlreichen Versuche, Gold herzustellen, haben zu nichts anderem als ungeheuren Kosten geführt.

Die jüdische Gemeinde in Prag erlebte zu dieser Zeit ihre wirtschaftliche und geistige Blüte. Kaiser Rudolf stand den Juden durchaus wohlwollend gegen-

Seychellennusskanne.

Johannes Kepler und Tycho Brahe in Prag. *Anonym, 1881.* Kaiser Rudolf förderte Wissenschaft und Kunst. Leicht esoterisch angehaucht, beschäftigte er sich viel mit Astronomie, Astrologie und Alchemie. Johannes Kepler und Tycho Brahe fanden in ihm einen aufmerksamen Förderer. Berühmt sind bis heute noch seine Kunstsammlungen, deren Werke er vielfach selbst anregte.

Rudolf II. beim Alchimisten. *Wenzel von Brozik, 1882.*

Rudolf II. im Laboratorium. *Carl Häberlin, aus: Schillers Werke, hrsg. von J. G. Fischer, 4. Bd., Stuttgart.*

rechte Seite: **Vertumnus, Rudolf II.** Giuseppe Arcimboldo, um 1591. Rudolf als Vertumnus, römischer Gott der Gärten, womit auf die Vielfältigkeit der Interessen Rudolfs angespielt wird.

über. In religiösen Angelegenheiten war er, obwohl am spanischen Hof aufgewachsen, bei Weitem nicht so dogmatisch wie sein spanischer Onkel Philipp II., der die katholische Religion mit Brachialgewalt durchsetzen wollte.

Um die politischen Ereignisse kümmerte er sich wenig. Die beiden Hauptprobleme waren die Religionsfrage und die Türkengefahr. Rudolf verfolgte eine Politik des Ausgleichs im konfessionellen Streit, es gelang ihm aber nicht, auf die verfeindeten Parteien Einfluss auszuüben. So zog er sich immer mehr aus der Reichspolitik zurück und blieb bei sich auf dem Hradschin in Prag. Das Kaisertum verlor so an Autorität, und andere bestimmten die Politik.

Auch in Ungarn brodelte es. Wegen der Glaubensfrage herrschte eine allgemeine Unzufriedenheit mit der habsburgischen Herrschaft, und als Rudolf den katholischen Charakter Ungarns wiederherstellen wollte, trieb seine starre Haltung die kaisertreuen Städte Oberungarns in die Arme des protestantischen Adels. Es kam zu einem Aufstand in Siebenbürgen, angeführt vom Calvinisten Stephan Bocskai, der sich nicht scheute, Unterstützung bei den Türken zu suchen und sich vom Sultan Siebenbürgen und Ungarn als Lehen geben zu lassen. Nun drohte der Verlust Ungarns für die Habsburger, und der Bruderzwist zwischen Rudolf und Matthias trat in ein neues Stadium. Die Erzherzöge zwangen Rudolf, Matthias Verhandlungsvollmacht zu geben, die dieser nur widerstrebend erteilte. Matthias handelte im Juni 1606 mit den Ungarn den Frieden von Wien aus, mit dem weitgehende Religionsfreiheit zugesagt wurde. Wenige Monate später konnte man auch mit den Türken zu einem Konsens gelangen, der die Auseinandersetzungen beendete und den Kaiser als gleichberechtigten Partner des Sultans anerkannte.

Mittlerweile war der inzwischen zum Bischof von Wien ernannte Melchior Khlesl zu einem der wichtigsten Berater Matthias' geworden. Auf seinen Rat hin versammelten sich die Brüder und Vettern des Kaisers in Wien und verlangten die Abdankung Rudolfs zugunsten von Matthias. Sie erklärten Matthias zum Oberhaupt des Hauses, was einer Rebellion gleichkam. Nachdem beide Seiten auch nicht vor Waffengewalt zurückschreckten, musste Rudolf seine Niederlage eingestehen. Am Ende war ihm nur die Kaiserwürde geblieben, er residierte weiterhin in Prag und pflegte seinen wilden Hass gegen Matthias. Verbittert starb er am 20. Januar 1612.

Die Nachfolge im Reich war nach seinem Tode offen, da sich Rudolf geweigert hatte, für Matthias die Reichskrone zu sichern. Nur durch die vereinten Bemühungen der spanischen Gesandten und Melchior Khlesls konnte die Kaiserwahl schließlich doch durchgesetzt werden. Kaiser Matthias war nun am Ziel seiner Wünsche und überließ die politischen Geschäfte nun weitgehend Kardinal Khlesl. Lange konnte er sich seines Kaisertums nicht erfreuen, er starb am 20. März 1619.

Weder die Politik Rudolfs noch die Matthias' hatten dazu beigetragen, die religiösen Parteien miteinander auszusöhnen, ganz im Gegenteil. Die eigentlichen Profiteure des Bruderzwistes waren letzten Endes auf beiden Seiten die Kriegstreiber, die Europa nun in eine Katastrophe bislang unbekannten Ausmaßes trieben.

Zeremonienhalle im Prager Hradschin. Auf dem Tisch liegt die Erstausgabe von Keplers »Astronomia Nova«, an der Wand hängt das Porträt Kaiser Rudolfs II., dem Kepler seine Schrift widmete.

Der verstorbene Kaiser Rudolf II. *Anonym, 1612.* Wäre er etwas politisch interessierter und begabter gewesen, vielleicht hätte die Katastrophe des Dreißigjährigen Krieges verhindert werden können.

linke Seite: **Kaiser Matthias im böhmischen Krönungsornat.** Werkstatt des Hans von Aachen, um 1613/14. Kaiser Matthias war der Anführer der innerfamiliären Opposition gegen seinen Bruder Rudolf. Allerdings zeigte er selbst, nach dem Tode Rudolfs an die Macht gekommen, wenig eigene politische Initiative. In die Endzeit seiner kurzen Regierungszeit fällt der Beginn des Dreißigjährigen Krieges.

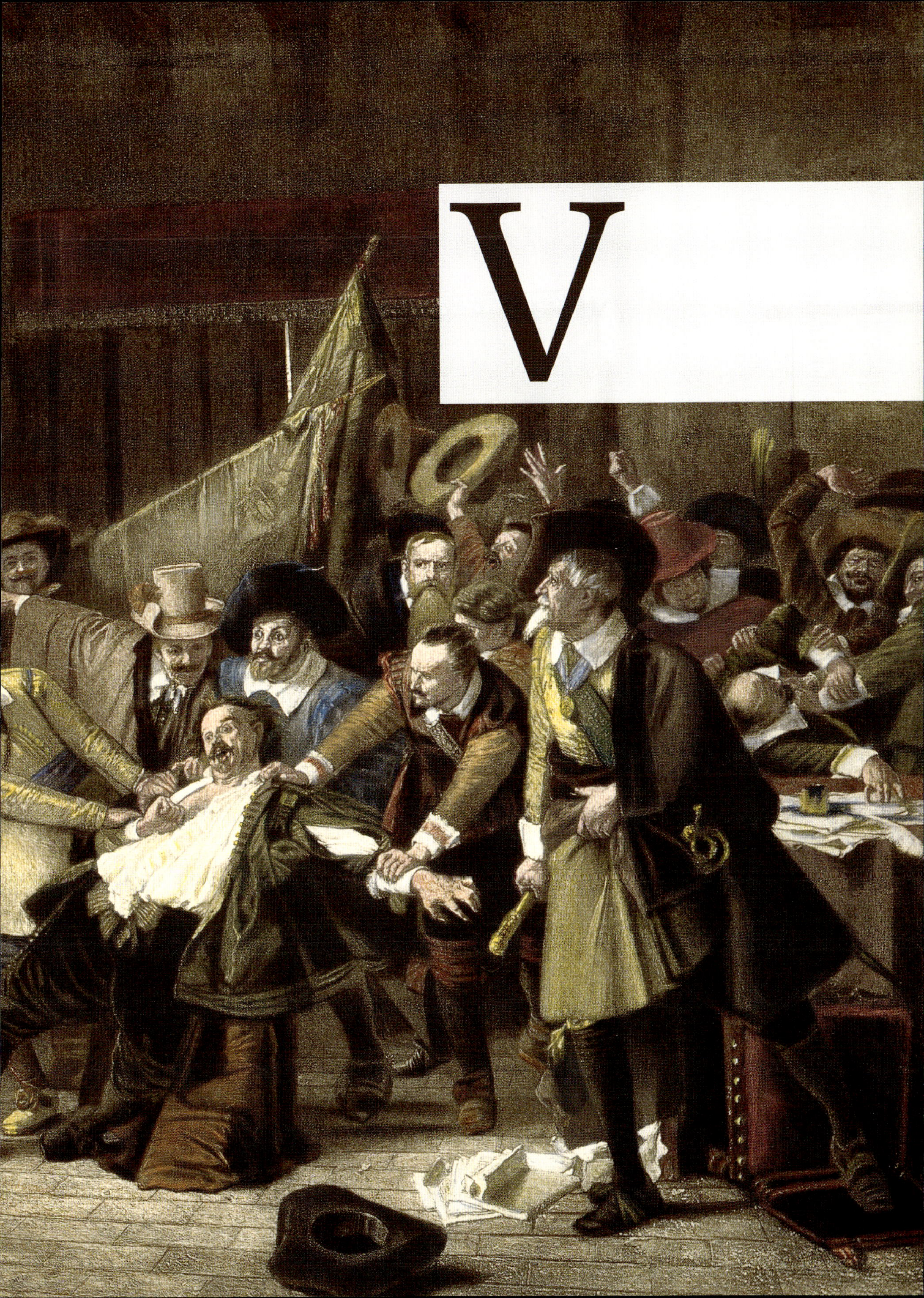
V

Der »teutsche« Krieg

Der Sturz ins Verhängnis

Der Hass der unterschiedlichen Konfessionen aufeinander war im ganzen Reich groß. Der Augsburger Kompromiss »Cuius regio, eius religio« hatte einst vordergründig die Gemüter beruhigt, führte aber letztendlich zu gefährlichen Spannungen. Wer die Religion seines Landesherrn nicht mittragen wollte, musste seine Heimat verlassen. Immer wieder zogen die Glaubensflüchtlinge durch das Reich, um irgendwo Aufnahme zu finden. Im Jahr 1608 hatten die protestantischen Reichsfürsten die »Protestantische Union« gegründet, um im Falle einer kriegerischen Auseinandersetzung ihre Interessen zu verteidigen. Ein Jahr darauf schlossen sich auch die Katholiken in der »Katholischen Liga« unter Maximilian von Bayern zusammen, finanziell unterstützt vom König von Spanien und dem Papst. Die Konfessionen standen sich nun unversöhnlich gegenüber.

Großes kaiserliches Siegel mit dem Bildnis des thronenden Kaisers Maximilian II. (1527–1576), *1567; Reproduktionsholzstich, 19. Jh.*

Besonders stark aber waren die religiösen Spannungen in Böhmen, wo die Reformation auf fruchtbaren Boden gefallen war. Schon 200 Jahre zuvor hatten die Böhmen unter Jan Hus religiös rebelliert. Nun lebten auf diesem engen Raum Katholiken, Lutheraner, Calvinisten, Juden und Hussiten zusammen. Das war religiöser Sprengstoff. Im Gegensatz zu Kaiser Rudolf, der den Protestanten mit dem »Majestätsbrief« freie Religionsausübung zugesichert hatte, verfolgten Kaiser Matthias und auch dessen Nachfolger als böhmischer König Ferdinand eine gezielte Politik der Rekatholisierung. Im November 1617 beendete eine königliche Weisung Ferdinands die Selbstständigkeit der Prager Stände. Von nun an sollten alle Entscheidungen von der königlichen Kanzlei getroffen werden. Der Unmut gegenüber Kaiser und König wuchs.

linke Seite: **Ferdinand II.** *1600.* Kaiser Ferdinand II. war ein strammer Vertreter von Absolutismus und Gegenreformation. Stets strebte er nach der Rekatholisierung des Reiches. Persönlich war er von freundlichem Auftreten und ungeheurer Großzügigkeit, die ihm immer wieder finanzielle Probleme einbrachte.

Schließlich stürmte am 23. Mai 1618 eine Abordnung protestantischer Standesherren unter Führung von Graf Thurn die Kanzlei in der Prager Burg, um ein Zeichen zu setzen gegen die Politik der katholischen Regierung, gegen deren

Kardinal Melchior Khlesl. *Matthäus Merian der Ältere, 1662.* Der Sohn eines protestantischen Bäckers konvertierte zum Katholizismus und machte in der Kirche rasch Karriere. Er war einer der Hauptantreiber der Gegenreformation.

Angriffe auf die Religionsfreiheit, gegen König Ferdinand, der die politischen Rechte des Adels beschneiden wollte, obwohl er bei seiner Wahl versprochen hatte, den Majestätsbrief und die damit verbundene Glaubensfreiheit anzuerkennen. Die beiden kaiserlichen Statthalter, Burggraf Martinitz und Richter Slavata, hatten keine Chance gegen die aufgebrachte Truppe. Mit dem Ruf »Soll Euch doch Eure Maria helfen!« warfen die Protestanten Slavata und Martinitz sowie einen Sekretär kurzerhand zum Fenster hinaus, von dem aus es gut 20 Meter in die Tiefe ging. Doch tatsächlich hatte Maria geholfen, denn unter dem Fenster befand sich ein Misthaufen, sodass die drei mit nur geringen Blessuren davonkamen. Der Sekretär wurde übrigens später zu einem Baron von Hohenfall geadelt.

Diese kleine Episode war der Auslöser nicht nur für den offenen Aufstand in Böhmen gegen die Habsburger, sondern auch für einen der fürchterlichsten Kriege, die Europa je heimgesucht hatten. Aus einer regionalen Revolte entstand eine unheilvolle Serie von vier aufeinanderfolgenden Konflikten, die erst 30 Jahre später ihr Ende finden sollte. Der Dreißigjährige Krieg brachte Verderben und Zerstörung, Hunger und Tod, Plünderung und Brandschatzung, Seuchen und Elend über ganz Deutschland. Der Wohlstand der Städte wurde zerstört, vor allem Böhmen fiel in seiner Entwicklung um zwei Jahrhunderte zurück. Er begann als vordergründig religiöser Krieg, war aber vor allem ein Krieg um Macht und Einfluss, ein Hegemonialstreit zwischen den europäischen Großmächten Spanien, Frankreich, Schweden sowie dem Kaiser. In den Bündnissen spielte das religiöse Bekenntnis letztendlich keine Rolle. Das erzkatholische Frankreich verbündete sich dabei mit dem protestantischen Schweden, der Kaiser mit dem lutherischen Kursachsen. Etliche weitere Konflikte waren darin verwoben: der Unabhängigkeitskrieg der Calvinisten in den nördlichen Niederlanden gegen die Spanier, der Streit Schwedens und Dänemarks um die Vorherrschaft im Ostseeraum.

All diese Auseinandersetzungen wurden überwiegend auf deutschem Boden ausgetragen. Schließlich ist der Dreißigjährige Krieg aus purer Erschöpfung und Vernichtung seiner Teilnehmer zu Ende gegangen. Den beiden habsburgischen Hauptprotagonisten, dem zweiten und dem dritten Ferdinand, war es danach nicht gelungen, das Heilige Römische Reich wieder zu beleben. Frankreich war im Aufstieg begriffen und nagte ununterbrochen an den westlichen Rändern des Reiches.

Wenn aber zu Beginn des Dreißigjährigen Krieges die spanischen Habsburger noch die dominante Linie der Familie waren, so waren doch am Ende die Macht Spaniens gebrochen und der Aufstieg der Österreicher vorbereitet.

Zur Zeit des Prager Fenstersturzes war Kaiser Matthias nicht mehr König von Böhmen, er hatte bereits ein Jahr zuvor diese Würde seinem Vetter Ferdinand überlassen, der im Juni 1617 zum König von Böhmen gekrönt wurde.

Angesichts der Ereignisse riet der kluge Kardinal Khlesl zu einer Politik der Milde und Nachgiebigkeit. Er hatte schon seit Langem erkannt, dass die protestantische Bewegung zu stark geworden war, als dass man einen direkten Zusammenstoß mit ihr riskieren konnte. Im Prinzip konnte man nur darauf hoffen, dass sich die erbitterten Meinungsverschiedenheiten der Protestanten untereinander steigern würden, denn die Lutheraner und die Calvinisten hassten sich gegenseitig mindestens so stark, wie sie die Katholiken hassten. Dazu kam noch eine ganze Anzahl von Sekten. Aber Khlesls Rechnung ging nicht auf. Als er sich allzu intensiv um Vermittlung zwischen den beiden Parteien bemühte, wurde er von Ferdinand entmachtet und in Tirol in Schloss Ambras eingesperrt.

Ferdinand war die Seele der Gegenreformation in Mitteleuropa. 1578 in Graz geboren, war er zu jenem Zeitpunkt bereits 40 Jahre alt. Im Allgemeinen wird er als großzügiger Mensch, freundlich und konziliant im Umgang beschrieben. Seine beiden Ehen mit Maria Anna von Bayern und Eleonore von Mantua waren außerordentlich glücklich. Doch er war vor allem eins: ein fanatischer Katholik. Als er die Regierung in Innerösterreich übernommen hatte, war eine seiner ersten Maßnahmen die Aufhebung der Religionsfreiheit. Die Ausübung des protestantischen Bekenntnisses machte er unmöglich. Die Protestanten mussten in Scharen das Land verlassen, was schwere wirtschaftliche Schäden zur Folge hatte. Aber Ferdinand vertrat die Ansicht, dass er lieber eine Wüste

Plünderung eines Dorfes. Sebastian Vrancx, 1640. Der Dreißigjährige Krieg, der sich rasch von einem Religionskrieg zu einem Krieg um Macht und Einfluss entwickelte, hatte vor allem ein Opfer: die Zivilbevölkerung. Deutschland soll in dieser Zeit nahezu zwei Drittel seiner Bevölkerung verloren haben.

Belehnung Maximilians von Bayern mit der Kurwürde 1623. *Anonym, um 1624/25.* Die Erhebung zur Kurwürde war eine Dankesgeste des Kaisers für die Unterstützung durch den Bayern im Böhmisch-Pfälzischen Krieg, als Maximilian die Katholische Liga anführte.

regieren würde als ein Land voller Ketzer. Doch Ferdinand war damit kein Einzelfall. Die Gewalt wurde damals von allen Kanzeln gepredigt, bei Katholiken, Calvinisten und Lutheranern. Letztere gingen auch gern gegeneinander los, nur die Bedrohung durch Rom konnte sie zusammenbringen. Der Zwang war bei allen drei Glaubensrichtungen schon lange zum Werkzeug der Regierung geworden.

Nach dem Prager Fenstersturz fanden sich alle divergierenden Interessen in Böhmen zu einem offenen Aufstand zusammen. Die böhmischen Adligen lehnten sich gegen ihren katholischen Landesherrn auf, setzten ihn ab, erklärten das böhmische Königtum erneut zu einem Wahlkönigtum und wählten Kurfürst Friedrich V. von der Pfalz zum böhmischen König. Es war ein verhängnisvoller Schritt, dass Friedrich von Rebellen eine Krone annahm, die eigentlich Ferdinands Krone war. Er bekam wenig Unterstützung, denn im Allgemeinen wurde ein solches Verhalten wenig geschätzt. Zudem war er weder eine Führungspersönlichkeit, noch hatte er diplomatisches Geschick.

Ferdinand, der inzwischen nach dem Tod von Kaiser Matthias selbst im August 1619 zum römisch-deutschen Kaiser gewählt worden war, konnte diese offene

Die Krönung Friedrichs zum König von Böhmen im Prager Veitsdom am 4. November 1619. *Anonym, Anfang 17. Jh.* Mit der Annahme der böhmischen Krone stellte sich Friedrich gegen Kaiser und Reich.

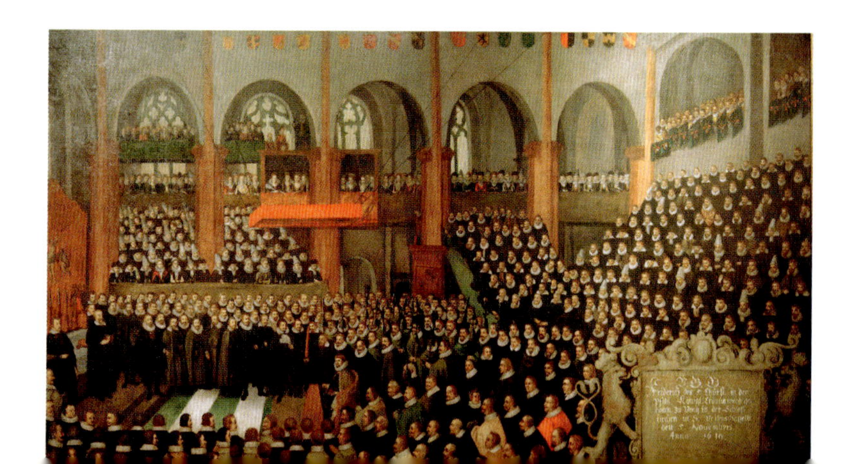

Der »Winterkönig« Friedrich von der Pfalz mit Insignien. *Gerrit van Honthorst, 1634.*
Dieses Gemälde diente eindeutig Repräsentationszwecken. Bekleidet ist Friedrich mit einem Harnisch und dem Kurmantel, neben ihm liegen der Kurhut und das Kurschwert. Er trägt die böhmische Wenzelskrone und Reichsapfel und Zepter. Die Collane ist die des englischen Hosenbandordens, womit seine Verbundenheit mit dem englischen König gezeigt werden soll.
Lange konnte Friedrich seine Königswürde nicht genießen, nach der Schlacht am Weißen Berg floh er in die Niederlande. Er ging als »Winterkönig« in die Geschichte ein.

Rebellion nicht hinnehmen. Er mobilisierte die Katholische Liga unter Führung von Herzog Maximilian von Bayern, dem er für seine Unterstützung die erbliche pfälzische Kurwürde übertrug. Am 8. November 1620 kam es zur Schlacht am Weißen Berg, in der die kaiserlichen Truppen und die des Herzogs von Bayern die böhmischen Protestanten besiegten. Friedrich, der »Winterkönig«, floh ins Exil in die Niederlande.

Das Königreich Böhmen wurde von Ferdinand nun in die österreichischen Besitztümer eingegliedert, das heißt, die Länder der böhmischen Krone wurden zu den habsburgischen Erblanden geschlagen. Die böhmischen Rebellen wurden grausam bestraft. Trotz persönlicher Skrupel unterzeichnete Kaiser Ferdinand zögerlich deren Todesurteile. 27 der Anführer wurden geköpft und ihre Köpfe zur Abschreckung in Prag öffentlich ausgestellt. Alle anderen wurden ausgewiesen und ihr Besitz eingezogen, insgesamt 30.000 Familien mussten auswandern. Kaiser Ferdinand verkaufte die Ländereien an die Meistbietenden. Auf diese Weise ist der so ungeheuer reiche und mächtige böhmische Adel entstanden, der nur zu oft in den späteren Jahren seine Verpflichtungen gegen-

Albrecht Wallenstein. *Nach Anthonis van Dyck, 1823.* Wallenstein war ein genialer Feldherr.

Graf von Tilly. Heerführer der Katholischen Liga.

Die Schlacht am Weißen Berg. *Pieter Snayers, 1620.*

über dem Haus, dem er diesen Reichtum verdankte, vergaß. Einer, der besonders von dieser Neuverteilung der Güter profitierte, war Albrecht von Wallenstein, der geniale Feldherr. Er sammelte einen ungeheuren Reichtum an, von brennendem Ehrgeiz besessen, brachte er es zum Oberkommandierenden und Herrn über eine praktisch unabhängige Armee.

Der Krieg zieht nach Deutschland

Durch ein altes Lehensverhältnis war der dänische König auch der Herzog von Holstein. Im Jahr 1624 übernahm König Christian von Dänemark die Führung über das protestantische Lager, um seine bedrängten holsteinischen Glaubensbrüder zu schützen. Gemeinsam mit den Truppen der Liga unter General Tilly zog Wallenstein mit seinem eigenen Heer nach Norden. Die Dänen erlitten zwei tragische Niederlagen bei Tangermünde und Lutter gegen die kaiserlichen Truppen. Am 22. Mai 1629 kam es zum Frieden von Lübeck, mit dem Dänemark aus dem Krieg ausschied. Kaiser Ferdinand befand sich nun auf der Höhe seiner Macht.

Das Wallensteinpalais oder Palais Waldstein in Prag. Albrecht Wenzel Eusebius von Wallenstein (eigentlich Waldstein) wurde 1583 in Hermanitz a.d. Elbe in eine böhmisch-protestantische Familie hineingeboren. Als junger Mann konvertierte er zum Katholizismus und trat mit 21 Jahren in die Armee ein, wo er rasch Karriere machte. Eine reiche Heirat schuf die wirtschaftliche Voraussetzung für seinen Aufstieg. Wallenstein war angefüllt von Ehrgeiz und Machtstreben und versuchte, sich dem Kaiser unentbehrlich zu machen, was ihm auch teilweise durch gute Heerführung gelang. Er galt als geschickter Finanzier und Truppenausrüster, wobei er immer auf das Wohl des »eigenen Säckels« bedacht war. Wallenstein war eine der Hauptfiguren des Dreißigjährigen Krieges. Sein Leben hat zahlreiche Schriftsteller und Künstler inspiriert.

Unter dem Eindruck seiner Erfolge hatte er bereits im März 1629 ohne Rücksprache mit Reichstag oder Kurfürsten das Restitutionsedikt erlassen, mit dem die Übereignung von katholischen Gütern an Protestanten rückgängig gemacht werden sollte. Dieses Restitutionsedikt feuerte nun wiederum den protestantischen Widerstandswillen an und forderte Frankreich und Schweden heraus. Die schwedische Armee zählte damals zu einer der schlagkräftigsten in Europa. Der Eintritt König Gustav II. Adolfs von Schweden in den Krieg war schließlich ein Verdienst der französischen Diplomatie. Kardinal Richelieus erklärtes Ziel war es, den Machtzuwachs Frankreichs zu steigern und die habsburgischen Interessen zu schmälern. Am 6. Juli 1630 landete König Gustav Adolf mit 20.000 Mann, finanziert von den Franzosen, in Vorpommern und begann mit dem Vormarsch.

In der Zwischenzeit regte sich der Widerstand der Kurfürsten gegen Wallenstein, der ihnen zu mächtig wurde. Kaiser Ferdinand ließ sich erpressen, da die Nachfolge seines Sohnes noch nicht gesichert war, und setzte Wallenstein im August 1630 ab. Ein folgenschwerer Fehler, denn damit war er erneut ohne Heer und wieder abhängig von der Katholischen Liga, deren Streitkräfte mittlerweile an Stärke eingebüßt hatten. Gustav Adolf hatten sie nichts entgegenzusetzen. Mit Leichtigkeit zerschlug er die Truppen der Liga, zog durch Augsburg und eroberte München. Die verbündeten sächsischen Truppen drangen bis Böhmen vor und besetzten Prag.

Dies aber bedeutete die unmittelbare Bedrohung der habsburgischen Länder. Kaiser Ferdinand musste nun den schwer beleidigten Wallenstein erneut in seine Dienste rufen. Wallenstein vertrieb die sächsischen Truppen aus Prag und Böhmen und verteidigte erfolgreich Nürnberg gegen die Schweden. In der Schlacht bei Lützen am 16. November 1632 wurde Wallenstein zwar besiegt,

aber er erlebte den Tod König Gustav Adolfs auf dem Schlachtfeld. Er, der den schwedischen König immer respektiert hatte, dem die Ausmaße des Krieges durchaus klar waren, wollte nun unter allen Umständen eine Ausweitung des Krieges verhindern. Als seine selbstständigen Friedensverhandlungen mit den Schweden am Wiener Hof bekannt wurden, bedeutete dies seinen Untergang. Der Vorwurf des Hochverrats wurde laut. Am 25. Februar 1634 stürmten Unbekannte in sein Schlafgemach in einem Stadthaus in Eger und ermordeten den treuen Feldherrn. Nie wurde geklärt, ob Kaiser Ferdinand Mitwisser dieses Mordes war.

Gustav II. Adolf von Schweden. *Jakob Henrik Elbfas, nach 1632.* König Gustav Adolf von Schweden, eine der Hauptpersonen des Krieges, fand in der Schlacht bei Lützen den Tod.

Schließlich kam es am 30. Mai 1635 zum Frieden von Prag zwischen dem Kaiser und dem Kurfürsten von Sachsen. Alle waren inzwischen kriegsmüde geworden. Der Kaiser verzichtete auf die Durchführung des Restitutionsediktes, und viele protestantische Reichsstände schlossen sich dem Frieden an. Es schien, als sollte der Krieg nun endgültig beendet sein. Aber in diesem Frieden waren französische und schwedische Interessen nicht berücksichtigt. Der Schwedisch-Französische Krieg zog sich noch weitere 13 Jahre hin und führte zu den ärgsten Verwüstungen in Deutschland. Die marodierenden Heere, deren Moral durch die lange Kriegsführung schon längst auf den Nullpunkt gesunken war, ließen Deutschland ausbluten.

Kaiser Ferdinand II. gelang es noch, die Nachfolge seines Sohnes zu sichern, bevor er am 15. Februar 1637 starb. In den letzten Jahren hatte er nicht mehr um die Religionsfrage gekämpft, nicht mehr um die Unterwerfung Deutschlands, sondern allein um die Wahrung seines Erbes und der spanischen Länder.

Die Schlacht bei Lützen am 16. November 1632. *Matthäus Merian der Ältere, 1637.* Es war eine der Hauptschlachten des Dreißigjährigen Krieges zwischen dem protestantischen, zum größten Teil schwedischen Heer unter König Gustav II. Adolf und den katholischen kaiserlichen Truppen unter Wallenstein. Während der Schlacht verlor Gustav Adolf sein Leben, was keineswegs zur Aufgabe seiner Truppen führte. Aufgrund des Königstods wurde die Schlacht noch erbitterter geführt. Die Schlacht dauerte für damalige Verhältnisse ungewöhnlich lang, nämlich sieben Stunden, bis zum Einbruch der Dunkelheit. Die Truppen zogen sich zurück, doch der Sieg lag eher auf der schwedischen Seite.

Seni an der Leiche Wallensteins. *Carl Theodor von Piloty, 1855.* Wallenstein wurde des Verrats bezichtigt und wahrscheinlich von kaisertreuen Offizieren am 25. Februar 1634 in Eger umgebracht. Hier das berühmte Bild, auf dem Wallensteins Astronom Seni die Leiche Wallensteins betrachtet.

BOHE MIAE REG NI PARS
LAND OB DE ENS
Danubius fluvius
SALISBVR GENSIS EPISCO PATVS PARS.
Charinthiæ pars.
BAVARIÆ DVCATVS PARS
Occidens
AMSTELODAMI
Guiljelmus Blaeuw
excudit.
Notarum explicatio
Vrbs Statt
Oppidũ Marck
Monast. Closter
Arx Schloß
Pagus Dorf
Vinetum Weinperg
Milliaria Germanica communia
Milliaria Gallica communia
Passawer Waldt
Kunigwyler Waldt
Der Strenberg
Ipser feld
Im Lentzn
Der Pyem
Saltz tal.
Ens flu.
Velt ayst
Waldeyst
Vipertal
Der Yrach
Wels
Gmunden
Attergen
Kuchelltal
Ramsau
Murau
Budweiß
Krumaw
Rosenberg
Passau
Lintz
Meri 38
Septe

AVSTRIA
ARCHIDVCATVS
auctore Wolfgango Lazio
E vulgo MERHERN
PARS.
REGNI
HVNGARIÆ
PARS
WIEN
Neusid ler See
STEIRMARCK
STIRIAE
PARS.
Oriens
Danubi flu.
Tulner feldt
Manhartzberg
Hainburger perg
Der Hardt
Gracz
Mur flu.
Rab flu.

Allegorie auf Hugo Grotius und den Westfälischen Frieden. *Umkreis des Gerard Ter Borch, um 1648/80.* Zwischen dem 15. Mai und dem 24. Oktober 1648 wurde in Münster und Osnabrück der Westfälische Friede ausgehandelt. Es war der erste internationale Kongress. Ihm waren vierjährige Verhandlungen vorausgegangen. Das Prinzip des Friedens war die Gleichberechtigung von Staaten unabhängig von ihrer tatsächlichen Größe und Macht. Später galten die Verhandlungen als Vorbild für andere Friedensverhandlungen.

Der Westfälische Friede

Ferdinands II. Sohn, Kaiser Ferdinand III., hatte einen völlig anderen Charakter: gewinnend im Umgang mit Menschen, würdig in seinem Auftreten, intelligent, kenntnisreich in der Kriegstaktik, mutig und tolerant. Er hatte als Feldherr das kaiserliche Heer bei Nördlingen zum Sieg über die Schweden geführt. Das Erbe, das er antrat, war schwer. Die Hoffnung, dass nach dem Prager Frieden der Krieg zu Ende sei, war nicht eingetreten. Ferdinand III. suchte sechs Jahre lang vergeblich nach Mitteln und Wegen, den Krieg, der schon längst jeden Sinn verloren hatte, zu beenden. Im Prinzip war er nichts anderes mehr geworden als ein Machtkampf zwischen Habsburg und den Bourbonen. Kardinal Richelieu hatte sich zum Ziel gesetzt, Habsburg aus Deutschland und Spanien zu vertreiben. Die Schweden waren ihm hierfür ein gutes Instrument, und er finanzierte sie reichlich. Das Kriegsglück war abwechselnd auf beiden Seiten, bis schließlich den Schweden bei Leipzig ein Sieg gelang. In der Folge marschierten sie über Schlesien, Böhmen und Mähren bis vor Wien, was eine akute Bedrohung der habsburgischen Erblande bedeutete. Im Dezember 1641 wurde ein vorläufiger Frieden geschlossen, der den Weg zu Friedensverhandlungen in Osnabrück und Münster vorbereitete. Der gleichzeitige Einmarsch der Franzosen in die Spanischen Niederlande leitete den Niedergang der spanisch-habsburgischen Macht ein.

Friedensschluss zu Münster 1648. Allegorie zur Hundertjahrfeier des Westfälischen Friedens. *J. M. Beck, 1748.*

Man war am Ende angekommen, dem Kaiser fehlte das Geld für Truppen, mit denen er seine Verhandlungsposition hätte verbessern können. Im April 1644 wurden die Friedensverhandlungen in Münster und Osnabrück aufgenommen. Aber der Krieg ging noch weiter und in diesen vier Jahren bis zum Friedensschluss wurden in Deutschland mehr Verwüstungen angerichtet als in den 26 Jahren zuvor.

Mit dem Westfälischen Frieden im Jahr 1648 wurde die europäische Katastrophe nach 30 Jahren beendet. Die niederländischen Nordprovinzen lösten sich von Spanien und wurden selbstständig. Bei Spanien verblieben nach wie vor das heutige Belgien und seine Besitztümer in der Neuen Welt, aber von Weltmachtstellung konnte keine Rede mehr sein. Das Reich war jetzt nur noch ein lockerer Staatenbund mit einem Kaiser ohne Macht an der Spitze.

Die neun Jahre, die Kaiser Ferdinand III. noch blieben, waren in erster Linie dem mühevollen Wiederaufbau gewidmet. Sein Sohn und Erbe Ferdinand starb 1654 an den Pocken. Diesen Tod hat er nie richtig verkraftet, und er starb völlig gebrochen drei Jahre später.

links unten: **Kardinal Richelieu.** *Philippe de Champaigne, 1637.* Frankreichs mächtigem Kanzler lag viel daran, die Kriegsparteien immer wieder gegeneinander aufzustacheln.

Ferdinand III. *Edward Jakob von Steinle, um 1840.* Kaiser Ferdinand III. büßte mit dem Westfälischen Frieden viel von seiner Macht im Reich ein.

VI

Im Glanz des Barocks

Kaiser Leopold I.

Der Dreißigjährige Krieg hatte den religiös-politischen Sieg in den Erblanden gebracht. Das Reich konnte sich erst einmal von dem Aderlass des Krieges erholen. Für die österreichischen Habsburger kam nun die Zeit, in der sie von den absteigenden Spaniern die Hauptlast des Kampfes sowohl gegen die Türken im Osten als auch gegen die Franzosen im Westen übernehmen sollten. Es war die Zeit der triumphierenden Gegenreformation, des üppigen Barocks, in der sich Österreich zur Großmacht entwickelte.

Ursprünglich war Leopold, der zweite Sohn Ferdinands III., für die geistliche Laufbahn vorgesehen, entsprechend gottesfürchtig und religiös wurde er erzogen. Die Thronfolge stand seinem älteren Bruder Ferdinand zu, dieser aber starb 1654, als Leopold 14 Jahre alt war. Sein Vater ließ daraufhin 1655 Leopold zum König von Ungarn, ein Jahr später zum König von Böhmen krönen, die deutsche Kaiserwürde konnte er ihm aber nicht mehr verschaffen, da er im April 1657 im Alter von 49 Jahren starb. Die diplomatische Schlacht um die Reichskrone dauerte nahezu 15 Monate. Vor allem Frankreich und Schweden stemmten sich gegen den Habsburger. Schließlich aber wurde er am 18. Juli 1658 gewählt, nicht ohne vorher große Bestechungsgelder gezahlt zu haben. Auch musste er eine Wahlkapitulation unterzeichnen, die seine Kompetenzen arg beschnitt und ihn zur Neutralität im Krieg zwischen den spanischen Habsburgern und Frankreich verpflichtete.

Sein Leben lang musste er gegen die gefährlichsten Gegner seines Jahrhunderts kämpfen: den ehrgeizigen türkischen Großwesir Kara Mustafa und den französischen König Ludwig XIV., mit dem ihm eine tiefe gegenseitige Abneigung verband.

Büste von Leopold I. *Gabriel Grupello, um 1700.*

linke Seite: **Kaiser Leopold I.** *Jan Thomas, 1666.* Das Bild zeigt ihn im Theaterkostüm des »Acis« in dem Schäferspiel »La Galatea«. Kaiser Leopold I. wurde auch »Türkenpoldl« genannt. Unter ihm erreichte die Gegenreformation in den habsburgischen Erblanden ihren Höhepunkt. Im Heiligen Römischen Reich war er jedoch stets auf den Ausgleich der Konfessionen bedacht.

Kara Mustafa, türkischer Großwesir. *Anonym, 1863.* Kara Mustafa war der mächtige Gegner Leopolds I.

Ludwig XIV., König von Frankreich. *Hyacinthe Rigaud, 1701.* Über ihre Mütter waren er und Kaiser Leopold Cousins, über ihre spanischen Frauen waren sie verschwägert.

rechte Seite : **Infantin Margarita Teresa in blauem Kleid.** *Diego Velázquez, 1659.* Das Bildnis zeigt Margarita Teresa im Alter von acht Jahren. Zum Zeitpunkt ihrer Eheschließung mit Leopold war sie 15 Jahre alt. Sie starb mit 21 Jahren im Kindbett. Nach ihrem Tod und dem Tod des letzten spanischen Habsburgers Carlos II. beanspruchte Leopold das spanische Erbe und löste damit den Spanischen Erbfolgekrieg aus.

Leopold war wahrhaftig nicht der Schönste der Habsburger, seine körperlichen Mängel waren offenkundig. Er war nicht besonders groß gewachsen, und die berühmte Habsburger Unterlippe war bei ihm so ausgeprägt, dass er beständig Probleme mit dem Sprechen hatte. Das alles machten aber seine geistigen Qualitäten und seine soliden Charaktereigenschaften wett. Vielseitig begabt, verrichtete er seine Amtsgeschäfte mit Eifer und Fleiß. Leopold war sehr gebildet. Musikalisch hinterließ er ein ergiebiges Werk, er komponierte selbst sehr viel, und seine Werke wurden bei Hofe aufgeführt. Darüber hinaus war er ein großzügiger Mäzen und eifriger Förderer von Künsten und Wissenschaft.

Trotz seiner mangelhaften politischen Erfahrung und Erziehung, trotz seiner Entscheidungsschwäche schaffte er es, im Verein mit der genialen Feldherrenkunst des Prinzen Eugen von Savoyen, Österreich in eine europäische Macht ersten Ranges zu verwandeln. Sein siegreicher Kampf gegen die Türken war die Erfüllung der jahrhundertealten Sehnsucht seiner Ahnen und hatte seinen Glauben an die Auserwähltheit seines Hauses bekräftigt.

Auch Leopold hielt sich zunächst an die Tradition und heiratete 1666 seine spanische Nichte Margarita Teresa. Sie starb schon nach wenigen Jahren im Kindbett, auch seine zweite Frau, seine Cousine Claudia von Tirol verstarb früh. Seine dritte Frau, Eleonore von Pfalz-Neuburg, sollte ihn allerdings überleben. Diese Eheschließung war auch ein politisch kluger Schachzug, denn ihr Vater Philipp Wilhelm von Pfalz-Neuburg war einer der politisch einflussreichsten katholischen Reichsfürsten. Generell ist es Leopold gelungen, die deutschen Reichsfürsten wieder stärker politisch an das Haus Habsburg zu binden.

Die Auseinandersetzungen mit Frankreich waren beständig. Ludwig XIV. schien einen unbändigen Landhunger zu haben. Vorerst hielten sich die Reichsfürsten bedeckt in Bezug auf die Waffenhilfe, als die Franzosen Ende September 1681 Straßburg besetzten, obwohl es eine freie Reichsstadt war. Erst als die Franzosen 1688 die Kurpfalz erobern wollten, Heidelberg zerstörten, Mannheim und Worms brandschatzten und die Kaisergräber im Speyerer Dom schändeten, verbündeten sich die Reichsstände mit dem Kaiser und führten in den Jahren von 1688 bis 1697 gegen Frankreich einen Reichskrieg, der mit der Niederlage Frankreichs und dem Frieden von Rijswijk endete.

Die osmanische Herausforderung

Im Jahr 1664 hatte die kaiserliche Armee die Osmanen noch bei Sankt Gotthard besiegt. Trotz dieses Sieges erkaufte Leopold sich mit einem Geschenk von 200.000 Talern von den Türken einen Waffenstillstand von 20 Jahren. Nicht jeder konnte seinen Entschluss verstehen. Im Großen und Ganzen hatte sich die Hohe Pforte an diese Frist gehalten. Doch inzwischen war mit Kara Mustafa ein äußerst ehrgeiziger Großwesir an der Macht. Im April 1683 meldeten Boten, dass sich ein riesiges, circa 250.000 Mann starkes türkisches Heer über den Balkan in Richtung Wien wälzte. Kara Mustafa gab bekannt, er würde dieses Mal nicht eher ruhen, bis er seine Pferde im Petersdom zu Rom eingestellt habe. Der tür-

Prinz Eugen von Savoyen als Sieger in der Schlacht bei Zenta. *Jan van Huchtenberg.* Eugen wuchs in Paris auf und war von seinen Eltern ursprünglich für die geistliche Laufbahn bestimmt worden. Seine Mutter war Olympia Mancini, die Nichte des mächtigen Kardinals Mazarin. Eugen interessierte sich aber mehr für das Militär. Er ging, nachdem Ludwig XIV. ihn wegen seiner schmächtigen Statur ablehnte, nach Österreich, um sich in den Dienst Kaiser Leopolds zu stellen. Bei der Schlacht am Kahlenberg gegen die Osmanen hatte er sich überaus bewährt und machte im Anschluss eine rasante Karriere. Bald wurde er einer der wichtigsten Männer bei Hof, bekleidete das Amt des Oberbefehlshabers über die Armee und war Mitglied des Geheimen Rates. Er genoss auch in der Bevölkerung eine große Popularität und war als Bauherr, Kunstsammler und Mäzen einer der bedeutendsten Männer seiner Zeit.

Einzug der Befreier in Wien. *Nach Wilhelm Camphausen, 1860.* Die belagerte Stadt Wien wird in der Schlacht am Kahlenberg 1683 durch ein Entsatzheer unter dem polnischen König Jan III. Sobieski und Herzog Karl von Lothringen befreit.

kische Vormarsch war schnell und zerstörerisch, die Truppen zogen brandschatzend und mordend in Richtung Nordosten.

Die Einheit der Christenheit in Bezug auf diese islamische Bedrohung war alles andere als vorbildhaft. Ungarische protestantische Adelige schlugen sich auf die Seite der Türken, Seine Allerchristlichste Majestät König Ludwig XIV. von Frankreich hatte mehrfach der Hohen Pforte signalisiert, dass ihm eine Schwächung des deutschen Kaisers durchaus gelegen käme und er sich dies gern etwas kosten lassen würde. Ganz Europa war zu diesem Zeitpunkt noch durch die Religionskriege geschwächt.

Der Flüchtlingsstrom, der sich von Osten aus nach Wien ergoss, wuchs ebenso wie die allgemeine Nervosität. Kaiser Leopold ordnete an, den Staatsschatz in Sicherheit zu bringen. Die kaiserliche Familie floh selbst in der Nacht zum 7. Juli über Linz in Richtung Passau, wo man im sicheren bischöflichen Palais erst einmal unterkam.

Wer irgendwie konnte, versuchte, sich aus Wien zu retten. Die Stadtoberen organisierten in aller Eile eine Aufstockung der Lebensmittelvorräte. Am 13. Juli wurde schließlich die Stadt geschlossen und verbarrikadiert. Die Türken hatten mit der Belagerung begonnen und vor den Toren Wiens eine riesige Zeltstadt aufgebaut, mit einer orientalischen Pracht, wie sie bis dahin noch nicht gesehen

Die von Mauern geschützte Stadt Wien im Bereich der osmanischen Batterien. *Leander Anguissola, 1683.*

Marco d'Aviano, venezianischer Kapuzinermönch, Bußprediger, Missionar, Diplomat. *Anonym, um 1680.* Der Kapuzinerpater Marco d'Aviano gab den Truppen vor der Schlacht noch geistliche Unterstützung.

Kara Mustafa in seinem Zelt während der Belagerung Wiens. *Nach Wenzel Ottokar Noltsch, um 1885.*

worden war. Tag für Tag setzten sie Wien unter Kanonenbeschuss, gruben sich an die Stadtmauern heran und versuchten, die schwächsten Punkte der Verteidigungslinien zu finden. Innerhalb der Stadt wurden die Lebensmittel knapp, Krankheiten breiteten sich aus, und mit der Zeit wurde die Lage immer schwieriger.

Inzwischen versuchte der Kaiser von Passau aus, die dringend benötigte Hilfe zu organisieren. Seine Abgesandten bettelten an nahezu jedem europäischen Hof um Unterstützung. Bereits im März 1683 hatte Kaiser Leopold ein Bündnis mit dem polnischen König Jan III. Sobieski geschlossen mit der gegenseitigen Hilfsverpflichtung im Fall eines Angriffs durch die Türken. Sobieski ließ sich reichlich Zeit, bevor er sich Mitte August mit seinem Sohn und seinen Truppen in Bewegung setzte. Leopolds Schwager Herzog Karl von Lothringen, der Kommandant des kaiserlichen Heeres, sammelte die Armee nördlich der Donau.

Jan III. Sobieski, König von Polen. Ohne seinen Einsatz und die polnischen Truppen hätte Wien nicht gerettet werden können.

Anfang September waren die Wiener durch die unsagbare Anspannung und die Angst völlig erschöpft. Die türkische Artillerie hatte mittlerweile große Löcher in die Mauern gerissen, am 7. September fielen die Türken zum ersten Mal in die innere Stadt ein.

Drei Tage später traf die rettende Armee ein und lagerte am Kahlenberg. Der Kapuzinerpater Marco d'Aviano schwor mit feurigen Predigten die Soldaten auf den Kampf ein und erflehte den Segen Gottes für die Schlacht.

Am Morgen des 12. September ging es los, das Gefecht kam plötzlich und verlief rasch, bereits am frühen Nachmittag war der Kampf entschieden. Für Großwesir Kara Mustafa hatte es sich gerächt, dass er nur leichte Feldgeschütze mitgenommen hatte. Herzog Karl gelang es, den schwachen rechten Flügel der Osmanen zu durchstoßen, und König Jan III. Sobieski schlug die Elitetruppe der Janitscharen mit einer großen Kavallerieattacke in die Flucht. Das osmanische Heer brach zusammen und zog sich in wildem Durcheinander jenseits der Donau zurück. Dieser Sieg brachte die militärische Wende in der Auseinandersetzung mit den Türken, deren Angriffsgeist nun gebrochen war.

Bereits einen Tag nach der Schlacht zogen Johann Sobieski und die anderen Kommandanten triumphal in die Stadt ein, auch die kaiserliche Familie, die bei Dürnkrut in der Wachau ausgeharrt hatte, machte sich auf in Richtung Wien. Kaiser Leopold verargte es dem polnischen König, dass dieser mit dem Einzug nicht auf ihn gewartet hatte, insofern fiel das Treffen zwischen Leopold und Jan Sobieski am 15. September bei Schwechat reichlich kurz aus. Leopold dankte dem Polen mit einigen wenigen Worten, und Sobieski antwortete: »Ich freue mich, Sire, Ihnen diesen kleinen Dienst erwiesen zu haben.«

König Jan III. Sobieski trifft Kaiser Leopold I. bei Schwechat. *Artur Grottger, 1859.* Kaiser Leopold und der polnische König Jan Sobieski begegnen sich nach der Entsatzschlacht um Wien am 15. September 1683.

Die ausgehungerten Wiener fielen unterdessen über die Lebensmittelbestände des Türkenlagers her. Viele konnten mit den Säcken voll kleiner schwarzer Bohnen nichts anfangen, aber ein findiger Geist begriff rasch, dass man damit ein neuartiges Getränk herstellen konnte, und eröffnete bald das erste Wiener Kaffeehaus.

König Jan III. Sobieski und Herzog Karl von Lothringen verfolgten die fliehenden Türken bis weit auf den Balkan und fügten ihnen eine vernichtende Niederlage zu. Großwesir Kara Mustafa hingegen wurde auf Geheiß des Sultans umgebracht.

Ursprünglich hatte Kaiser Leopold den Plan verfolgt, die Türken völlig aus Europa zu vertreiben, aber kurz nach der Einnahme von Belgrad im Jahr 1688 durch Kurfürst Max Emanuel von Bayern marschierte König Ludwig XIV. mit seinen Truppen über den Rhein und machte dort mehr als zweifelhafte Ansprüche geltend. Leopold war nicht in der Lage, einen Zweifrontenkrieg zu führen, und musste den Kampf gegen die Türken vorerst einschränken. Als sich schließlich im Westen ein Ende abzeichnete, berief Kaiser Leopold den jungen Prinzen Eugen von Savoyen zum Oberbefehlshaber der Armee. Dies war die beste Personalentscheidung seines Lebens. Prinz Eugen, aus einer Nebenlinie der savoy-

Die Entsatzschlacht bei Kahlenberg am 12. September 1683. *Jan Wyck, 1698.* Die Schlacht brachte für die Wiener die ersehnte Rettung. Im Vordergrund der polnische König.

Die Wiener Pestsäule am Graben ist eines der markantesten Denkmäler in der Stadt. Pestsäulen wurden häufig zum Dank für das Erlöschen der Pest gestiftet. Die Wiener Pestsäule wurde von Kaiser Leopold 1692 in Auftrag gegeben und ist der Heiligen Dreifaltigkeit gewidmet. Unter dem Wolkenberg sieht man Kaiser Leopold in betender Haltung. Auf seine persönliche Frömmigkeit und Fürbitte hin sollen sowohl die Pest als auch die Türken besiegt worden sein. Der Kaiser selbst ist nicht sehr vorteilhaft dargestellt. Auffällig ist hier seine vorgestellte Unterlippe. Es heißt, dies sei die Rache des Künstlers gewesen, weil er die Bezahlung nicht rechtzeitig erhalten habe.

ischen Herzöge stammend, zeichnete sich durch Umsicht, persönlichen Mut und taktisches Geschick aus und wurde zu einer der wichtigsten Stützen des Hauses Österreich. Am 11. September 1697 errang er einen großen Sieg über das Heer der Türken. Der Sultan war gezwungen, den Frieden von Karlowitz zu schließen, indem er zugunsten Österreichs endgültig auf Ungarn, Siebenbürgen, Kroatien und Slawonien verzichtete. Damit war der Große Türkenkrieg beendet und Österreich in den Rang einer europäischen Großmacht aufgestiegen.

Barocker Frieden

Mit dem Sieg über die Türken wurde Wien, das einst eine bedrohte Grenzstadt gewesen war, nun zum Mittelpunkt des werdenden Großreichs an der Donau. Für die Stadt, die noch 1679 von einer verheerenden Pestepidemie heimgesucht worden war, begann nun eine blühende Zeit des Wiederaufbaus. Aus einer engen mittelalterlichen Stadt wurde eine graziöse Barockmetropole. Die Hofburg hatte von der Belagerung große Zerstörungen erlitten. Kaiser Leopold beauftragte einen jungen Architekten, Johann Bernhard Fischer von Erlach, der soeben aus Rom zurückgekehrt war, mit der Planung seiner Residenz Schönbrunn. Der Adel ließ sich barocke Stadtpaläste bauen, zahlreiche neue Gotteshäuser entstanden.

Kaiser Leopold wurde nun Leopoldus Magnus genannt, eine volkstümliche Variante war der »Türkenpoldl«. Der Kaiser war der Gipfel der barocken Gesellschaft. Trotz seiner körperlichen Unzulänglichkeiten gelang es ihm, einen Nimbus von ungeheurer Majestät auszustrahlen. Persönlich pflegte er den spanischen Stil in Kleidung und Protokoll und schien unnahbar. Dennoch, auch bedingt durch die Lage der Hofburg mitten in der Stadt konnte sich ein jeder, natürlich nach dem angemessenen Protokoll, dem Kaiser nähern. Jenseits alles Formellen nahmen er und die Kaiserin nur zu gern an den barocken Vergnügungen teil, die auch der Repräsentation des Kaiserhauses dienten. Die barocken Faschingsvergnügen, insbesondere das Maskenfest der Hofburg, bei dem die Säle der Burg in ein Landwirtshaus verwandelt wurden, in den »Schwarzen Adler«, und sich Kaiser und Kaiserin als bäuerliche Wirtsleute verkleideten, waren besonders beliebt. Das ganze Leben war jedoch eng verknüpft mit der Religion, der Blick stets auch auf das Jenseits gerichtet, denn nur zu schnell konnte der Tod zuschlagen. Von den 16 Kindern Leopolds überlebten ihn nur fünf, fast alle anderen starben an den Pocken.

Die Peterskirche in Wien, gestiftet von Kaiser Leopold und erbaut von Lukas von Hildebrandt, ist ein klassisches Beispiel des Wiener Barocks. Sie war der erste Kuppelbau der Stadt, weist einen ovalen Grundriss auf und bietet im Inneren erstaunlich viel Platz. Im Kuppelbogen über dem Volksaltar sieht man das Wappen von Kaiser Leopold mit seinem Wahlspruch: »Consilio et Industria« – »Durch Beharrlichkeit und Fleiß«.

Der Spanische Erbfolgekrieg

Das 17. Jahrhundert war für Spanien mehr und mehr eine Zeit des Niedergangs. Die Nachfolger von Philipp II., Sohn Philipp III. und Enkel Philipp IV., zeigten wenig politische Kurskorrektur und noch viel weniger politische Fantasie, sondern hielten vielmehr am absolutistischen Herrschaftsanspruch fest. 1640 musste man den Abfall Portugals hinnehmen, acht Jahre später wurden die Niederlande selbstständig. Die Erfolge der englischen und französischen Expansionspolitik bedeuteten das Ende der spanischen Vorherrschaft auf dem Kontinent und auf dem Atlantik. Der Staatsbankrott wiederholte sich mehrfach.

linke Seite: **Philipp IV. von Spanien und Portugal.** *Diego Velasquez, 1644.* König Philipp IV. konnte nicht an die politische Größe seines Großvaters Philipps II. herankommen. Von den 13 Kindern aus seinen beiden Ehen erreichten nur drei das Erwachsenenalter. Hier zeigten sich deutlich die Folgen der langen Inzucht, denn mit seinen Mätressen zeugte Philipp durchaus gesunde Nachkommen.

Den spanischen Habsburgern blieb zur Absicherung ihrer Position gegenüber Frankreich nur das Mittel der Heiratspolitik. 1615 erfolgte die Doppelhochzeit zwischen Philipp IV. und Isabella von Bourbon sowie zwischen Ludwig XIII. und Anna Maria (Anne d'Autriche). Mit dem Ausgang des Dreißigjährigen Krieges hatten sich die europäischen Machtverhältnisse zugunsten Frankreichs geändert. Die zweite Staatsheirat zwischen dem französischen und dem spanischen Königshaus, zwischen König Ludwig XIV. und Maria Theresia, der ältesten Tochter König Philipps IV., verstärkten den Systembruch, da es erneut keine innerhabsburgische Heirat war.

König Philipps IV. Sohn, König Karl II., war von Geburt an kränklich gewesen und man ahnte rasch, dass von ihm kein Thronerbe zu erwarten war und die spanischen Habsburger damit ausstürben. Um sein Erbe entbrannte vor und hinter den Kulissen ein diplomatischer Kampf mit allen Finessen. Noch unmittelbar vor seinem Tod am 1. November 1700 gelang es der französischen Partei am spanischen Königshof, ihm ein Testament abzutrotzen, in dem er den Enkel des Königs von Frankreich, Philipp von Anjou, als seinen Erben einsetzte.

Kaiser Leopold konnte dies selbstverständlich nicht anerkennen, der habsburgische Anspruch auf den Thron Spaniens basierte auf den alten und engen Familienbanden. Leopold ernannte seinen zweiten Sohn Karl zum König von Spanien und schickte ihn auf die Reise. Der Kampf um das spanische Erbe zwischen den Habsburgern und den Bourbonen war entbrannt. Man hat den Spanischen Erbfolgekrieg nicht zu Unrecht als den eigentlichen Ersten Weltkrieg bezeichnet, fast ganz Europa wurde mit hineingezogen und auch die Kolonien in Übersee. Kaiser Leopold gewann wichtige Verbündete wie England, dem ein zu mächtiges Frankreich nicht behagen wollte. Innerhalb des Reiches zog er den Kurfürsten von Brandenburg auf seine Seite, indem er ihn zum König in Preußen ernannte. Auch der Herzog von Hannover konnte sich aufgrund seiner Unterstützung für die Habsburger über den Kurfürstentitel freuen. Der bayerische Kurfürst aber, der sich für den Kaiser noch so siegreich um Belgrad geschlagen hatte, schlug sich auf die Seite der Franzosen, denn auch er bildete sich einen Anspruch auf den spanischen Thron ein. Die Österreicher zahlten es ihm heim, indem sie Bayern besetzten, der Kurfürst musste nach Frankreich fliehen.

Karl II. von Spanien, Jugendbildnis. *Juan Carreño de Miranda, um 1673.* König Karl II. von Spanien, hier im Ornat des Ordens vom Goldenen Vlies, entstammte der zweiten Ehe von König Philipp IV. mit Maria Anna von Österreich. Sein Vater starb, als Karl vier war. Seine Mutter übernahm die Regentschaft. Karl war der letzte der spanischen Habsburger. Aus seinen beiden Ehen gingen keine Kinder hervor. Es ist fraglich, ob die Ehen je vollzogen wurden. Seine Kränklichkeit und Schwäche waren offensichtlich Folgen der Inzucht. Nach seinem Tod brach der Spanische Erbfolgekrieg aus. Sowohl König Ludwig XIV. von Frankreich als auch Kaiser Leopold erhoben Anspruch auf das spanische Erbe.

Am 5. Mai 1705 starb Kaiser Leopold nach 47-jähriger Regierungszeit. Sein Nachfolger wurde sein ältester Sohn Joseph I. Zuweilen wird er als Lichtgestalt seiner Dynastie bezeichnet. Joseph war hochbegabt, klug und energisch,

verfügte über einen scharfen Verstand und eine schnelle Auffassungsgabe. Er straffte und reorganisierte die schwerfällige Verwaltung. Mit der Gründung der Wiener Stadtbank sanierte er das völlig vernachlässigte Finanzsystem. Seine Politik war nicht nur auf seine Hausmacht gerichtet, sondern diente auch der Stärkung des Reichs. Unter ihm erhielt der Reichsgedanke noch einmal neue Impulse. Mit Prinz Eugen verband ihn eine vertrauensvolle Freundschaft. Doch mit seiner eigenen Lebensfreude verbaute er sich selbst die Möglichkeit auf einen Thronfolger. Trotz der Ehe mit Amalie Wilhelmine von Braunschweig-Lüneburg hatte er zahlreiche Affären, bei denen er sich eine Geschlechtskrankheit geholt und auf seine Frau übertragen hatte. Die Kaiserin konnte keine Kinder mehr bekommen. Er selbst starb am 17. April 1711 an den Pocken, nach nur sechsjähriger Regierungszeit.

Joseph I. als jugendlicher Herrscher im Harnisch, *um 1700.* Kaiser Joseph I., begabt, klug und energisch, konnte nur kurz regieren. Er starb nach sechs Jahren Regierungszeit.

Eigentlich war es sein Tod, der sowohl den blutigen Zwist in Europa als auch Karls spanisches Königtum beendete. Als Karl 1703 nach Spanien gekommen war, hatte Philipp von Anjou bereits drei Jahre lang Zeit gehabt, sich in Madrid festzusetzen. Karl nahm Residenz in Barcelona und hoffte auf eine günstige Entwicklung. In der Zwischenzeit hatte er Elisabeth Christine von Braunschweig-Wolfenbüttel, die eigens für ihn vom Protestantismus zum Katholizismus übergewechselt war, geheiratet. Sie führten eine ausgesprochen glückliche Ehe. Im Gegensatz zu seinem Bruder verfügte Karl über eher durchschnittliche Begabungen, hatte einen phlegmatischen und bedächtigen Charakter. Als Gegengewicht zu dem formellen Spanisch sprach er mitunter gern den Wiener Dialekt mit gemütlichem und trockenem Humor.

Kaiserin Elisabeth Christine, *18. Jh.* Elisabeth Christine von Braunschweig-Wolfenbüttel stammte aus einem protestantischen Haus. Die Gattin Kaiser Karls VI. sperrte sich lange gegen die Konversion zum katholischen Glauben, der eine Voraussetzung für ihre Heirat war.

rechte Seite: **Kaiser Karl VI.** Johann Gottfried Auerbach, 1735. Das Bild zeigt den Kaiser Karl VI. im Ornat des Souveräns des Ordens vom Goldenen Vlies. Links neben ihm die Krone des heiligen Römischen Reiches mit Reichsapfel, die heilige Stephanskrone von Ungarn, die Wenzelskrone von Böhmen und der Erzherzogshut (ganz links). Karl VI. war politisch nicht ganz so fantasievoll wie sein Bruder. Hauptsächlich war er damit beschäftigt, das Erbe für seine Tochter Maria Theresia zu sichern, nachdem sich kein männlicher Thronerbe einstellte.

Nach dem Tode Kaiser Josephs I. musste Karl nach Wien reisen, um die Nachfolge anzutreten. Durch geschickte Verhandlung war es Prinz Eugen gelungen, die Wahl Karls zum Kaiser des Reiches rasch durchzusetzen. Und so konnte sich Karl, quasi auf der Durchreise von Barcelona nach Wien, in Frankfurt zu Kaiser Karl VI. krönen lassen. Mittlerweile hatten sich die politischen Realitäten geändert. Die große Allianz der europäischen Mächte zeigte Auflösungserscheinungen. Gerade in England zeichnete sich ein Stimmungswechsel ab: Man vertrat nun die Ansicht, die Habsburger würden mit Österreich, der Reichskrone und dem spanischen Weltreich zu mächtig werden. Frankreich, das eigentlich militärisch am Ende war, nutzte die Gunst der Stunde und griff wieder zu den Waffen. 1713 kam es zum Frieden von Utrecht: Spanien blieb nun den Bourbonen, Karl wurde dafür im Frieden von Rastatt 1714 mit den Spanischen Niederlanden und einem ansehnlichen Teil Italiens entschädigt: Mailand, Neapel und Sardinien. Die maritimen Eindrücke aus seinen spanischen Jahren hatten Karls Interesse für den Seehandel geweckt. Seine spanischen Erfahrungen setzte er nun auch in Österreich mit der Gründung der österreichischen Handelskompanie in Ostende und der Förderung des Seehafens Triest ein.

Maria Theresia im Alter von 11 Jahren. *Andreas Möller, 1727.* Die junge Maria Theresia, eine bildhübsche Erzherzogin, war die einzige Erbin des Reiches. In ihrer Erziehung scheint man kaum ihrer späteren Verantwortung gerecht geworden zu sein. Dennoch zeichnete sie sich in ihrer Regierungszeit durch einen außergewöhnlich guten politischen Instinkt, durch geschickte Personalpolitik, Ehrgeiz und Behauptungswillen aus. So mancher ihrer Kontrahenten, wie zum Beispiel Friedrich II. von Preußen, zollte ihr nach anfänglicher Geringschätzung Respekt. Als junge Erzherzogin hatte sie sich in Franz Stephan von Lothringen verliebt, der am österreichischen Hof aufgewachsen war. Ihm hielt sie bis über seinen Tod hinaus die Treue.

Der Erhalt der Großmacht

In Wien verbreitete sich in dieser Zeit die Angst vor einem spanischen Szenario. In den ersten acht Jahren blieb die Ehe zwischen Karl und Elisabeth Christine kinderlos. Hoffnung gab im Jahr 1716 die Geburt des Sohnes Leopold, aber das Kind starb nach sechs Monaten. Im Jahr darauf wurde Maria Theresia geboren, später Maria Anna; eine weitere Tochter, Maria Amalia, starb mit nur fünf Jahren. Der Kaiser war voller Angst, ohne Thronerben zu sterben. Schon vor der Geburt seiner Töchter hatte er begonnen, die Frage der Erbfolge zu regeln. Die »Pragmatische Sanktion« von 1713 bestimmte, dass seine älteste lebende Tochter die Thronfolge in habsburgischen Erbländern antreten sollte. Die Loslösung eines Erblandes vom Ganzen sollte verhindert werden. Die Thronfolge einer Frau war in den habsburgischen Erbländern ohne Präzedenzfall. Als es nach und nach klarer wurde, dass es keinen männlichen Erben mehr geben würde, suchte Karl bei den bedeutenden europäischen Mächten Anerkennung für die Thronfolge seiner Tochter. Auch musste nach einem passenden Ehemann für die Thronerbin Maria Theresia gesucht werden. Prinz Eugen empfahl dringend eine Verbindung mit Bayern. Wäre Kaiser Karl VI. dieser Empfehlung gefolgt, wäre die Geschichte sicherlich anders verlaufen. Maria Theresia konnte später ihrem Widersacher Friedrich von Preußen keine große Armee in Schlesien entgegensetzen, da gerade die Bayern Böhmen besetzt hatten und ihre Truppen dort gebunden waren.

Protokoll über die Pragmatische Sanktion am 19. April 1713 Habsburgisches Hausgesetz; Kaiser Karl VI. setzt die Unteilbarkeit der habsburgischen Länder fest und regelt die Erbfolge nach dem Erstgeburtsrecht im männlichen und weiblichen Stamm, 1. Seite.

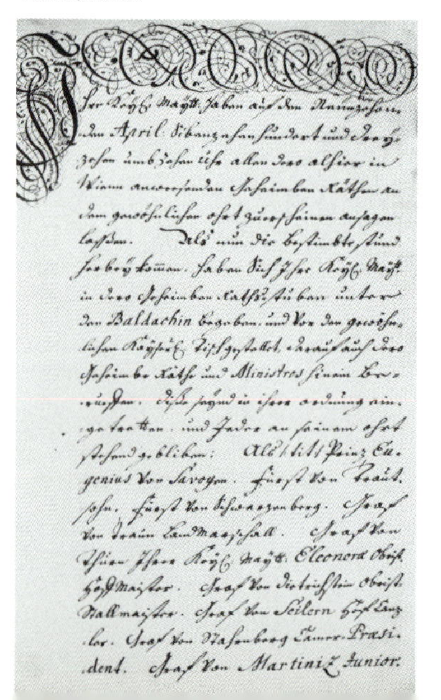

Die Schlacht bei Belgrad. *Ilario Spolverini zugeschrieben, um 1720.* Das kaiserliche Heer unter Prinz Eugen schlägt das osmanische Entsatzheer unter Chalil Pascha zurück. Das Osmanische Großreich hatte versucht, den Frieden von Karlowitz von 1699 zu revidieren, bei dem die Osmanen zugunsten Österreichs auf nahezu alle Gebiete nördlich der Donau verzichten mussten. Man begann zunächst einen Krieg gegen Venedig. Schließlich trat Österreich 1716 aufseiten Venedigs in den Krieg ein. Prinz Eugen war der große Held dieser Auseinandersetzung. Ihm gelang die Einnahme Belgrads durch einen überraschenden Angriff in der Nacht auf den 16. August 1717. Nachtangriffe waren zu dieser Zeit ein absolutes Novum. Nach der Schlacht und dem Frieden von Passarowitz war Österreich auf dem Höhepunkt seiner geographischen Ausdehnung im Südosten des Reiches, die – mit nur wenigen Korrekturen – bis 1918 erhalten blieb.

Bereits seit geraumer Zeit hielt sich der Enkel von Herzog Karl von Lothringen, der noch das kaiserliche Heer bei dem glorreichen Sieg über die Osmanen angeführt hatte, Franz Stephan von Lothringen, am Wiener Hof auf. Kaiser Karl schätzte den jungen Prinzen sehr, ging fast täglich mit ihm auf die Jagd und förderte ihn, wo er konnte. Bald war es am Hof auch kein Geheimnis mehr, dass die junge Maria Theresia unsterblich in Franz Stephan verliebt war. Als eine Hochzeit zwischen beiden immer wahrscheinlicher wurde, sah der französische König endlich seine Chance, das heiß begehrte Lothringen zu bekommen. Er verlangte die Abtretung des Herzogtums für seine Anerkennung der »Pragmatischen Sanktion«. Als Entschädigung sollte Franz Stephan das Herzogtum Toskana nebst einer nicht unbedeutenden Geldsumme erhalten. Obwohl auch er Maria Theresia von Herzen zugewandt war, tat er sich doch schwer mit dem Verzicht. Erst nachdem ihm unmissverständlich erklärt wurde: »Kein Verzicht, keine Erzherzogin!«, unterschrieb er das Papier. Am 12. Februar 1736 fand die Hochzeit in der Augustinerkirche statt.

Trotz der Niederlage von 1683 war es doch wieder zu einem Krieg mit den Osmanen gekommen. Venedig hatte um Hilfe gebeten, nachdem die Osmanen den zu Venedig gehörenden Peloponnes erobert hatten. Österreich forderte die Osmanen auf, die Bestimmungen des Vertrags von Karlowitz einzuhalten, aber wieder wälzte sich ein riesiges Türkenheer die Donau herauf. Karl VI. übertrug dem bewährten Prinzen Eugen das Oberkommando. Dieser schlug am 5. August 1716

Stadtansicht von Triest. *Anonym, um 1845.* Darauf zu sehen: der Hafen von Triest, ausgebaut unter Karl VI.

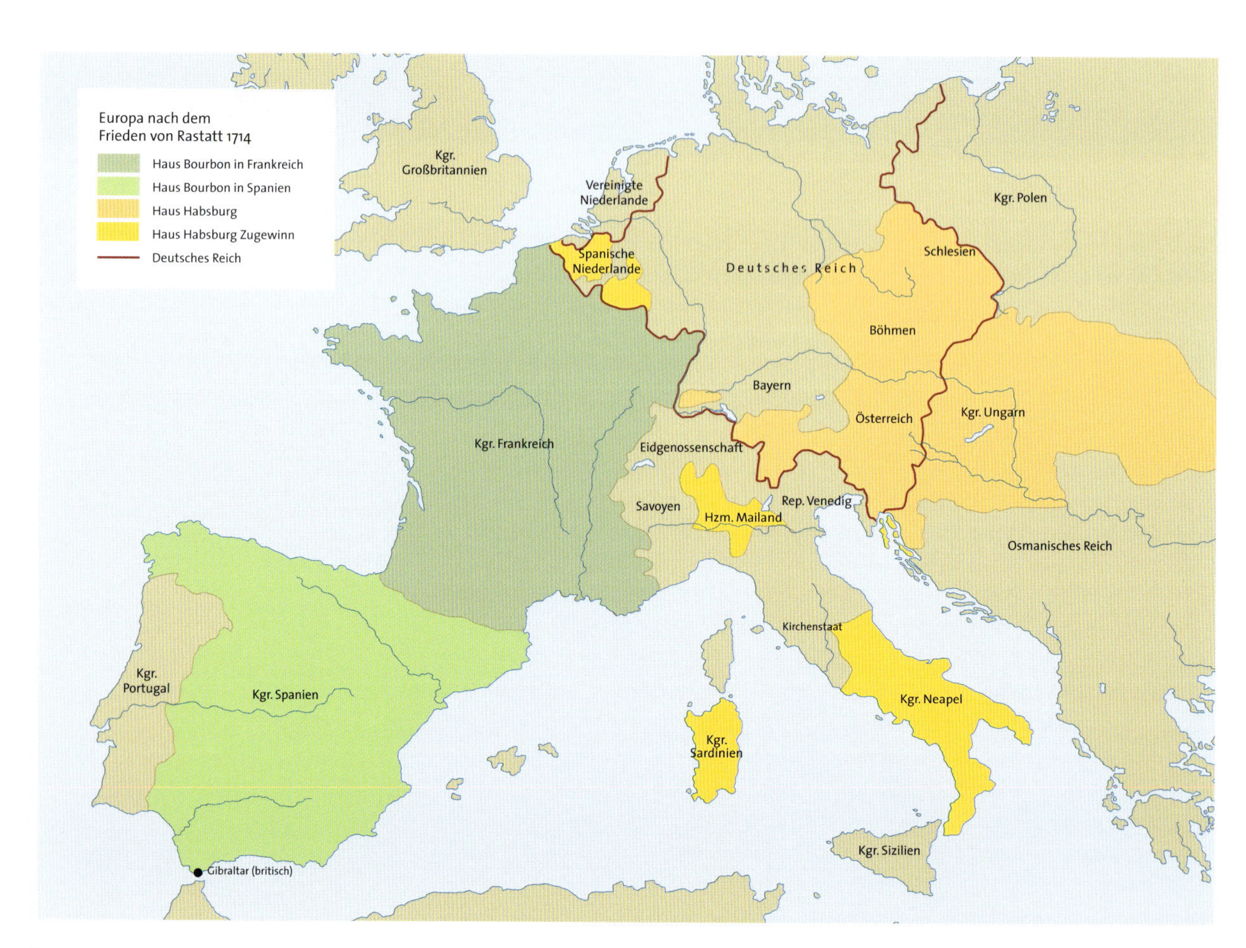

Das Paradebett, bzw. das so genannte Türkenbett Prinz Eugens, 1707. Heute im Stift St. Florian in Oberösterreich.

bei Peterwardein die Türken und besetzte das Banat mit Temeswar, den letzten türkischen Besitz nördlich der Donau. Sein nächstes Ziel war Belgrad, welches er im August 1717 triumphal einnahm. Nun hatte er den Gipfel seiner Popularität erreicht.

Am 21. Juli 1718 wurde der Friede von Passarowitz geschlossen. Für Österreich war es einer der günstigsten Friedensverträge, die Habsburger gewannen Teile der Walachei, Serbiens und das Banat. Allerdings ging wenige Jahre später bis auf das Banat alles wieder verloren.

Doch die Türkengefahr war nun endgültig von Europa abgewendet. Nie wieder sind die Türken lebensbedrohlich nahe an Mitteleuropa herangekommen. Wieder einmal hatte Österreich mit seinem kleinen Heer nicht nur sich selbst, sondern auch Deutschland und Europa verteidigt. Mit der endgültigen Befreiung des südöstlichen Europas begannen die Habsburger auch mit dessen Kolonisation. Die sogenannten Donauschwaben zogen die Donau hinunter und besiedelten zahlreiche Gebiete. Bis zur Vertreibung nach dem Zweiten Weltkrieg leisteten die Deutschen in diesen Regionen ihren Beitrag zur wirtschaftlichen Blüte.

Am 21. April 1736 starb Prinz Eugen, der treue Diener des Hauses Österreich. Drei Herrschern hatte er ergeben gedient. Immer war es ihm darum gegangen, die Macht des Kaisers und des Hauses zu vermehren. Kaiser Karl VI. ordnete ein Staatsbegräbnis für ihn an, in der Gruft der Kreuzkapelle des Stephansdomes wurde er beigesetzt.

Vier Jahre später, am 20. Oktober 1740, verstarb auch Kaiser Karl. Er mag wohl geahnt haben, dass sich all seine Bemühungen, die Thronfolge für seine Tochter zu sichern, bald als nutzlos erweisen würden.

VII

Der aufgeklärte Absolutismus – Maria Theresia und ihre Kinder

Die große Kaiserin

Maria Theresia, die letzte Althabsburgerin, war die Stammmutter des neuen Hauses Habsburg-Lothringen. Sie begründete ein neues Staatswesen, sie entwickelte einen neuen Regierungsstil, eine neue Beziehung zwischen dem Herrscher und dem Volk. Mit ihr begann das bürgerliche Zeitalter der Dynastie, schreibt Adam Wandruszka. Sie war bei ihrem Volk beliebt. Volksnah, charmant und mit großem Feingefühl setzte sie ihre Reformen durch, die die Grundlage des modernen österreichischen Staates bildeten. Bei aller Wahrung gewisser äußerer Formen und Traditionen vollzog sie einen großen Bruch auf fast allen Gebieten. Vieles, was bis heute in Österreich gilt, hat seinen Ursprung in ihren entscheidenden Reformen.

Münze der Erzherzogin Maria Theresia, Königin von Ungarn und Böhmen. Kaiserin war Maria Theresia lediglich durch ihren Mann Franz Stephan, der ab 1745 Kaiser des Heiligen Römischen Reiches war.

Als die blutjunge Maria Theresia im Alter von 23 Jahren die Regierung übernahm, befand sich das Habsburgerreich in einem mehr als desaströsen Zustand. Die Kassen waren leer, die Armee ohne Schlagkraft, die Verwaltung versank im Chaos. Einzelne Länder wie Ungarn und die Österreichischen Niederlande hüteten eifrig ihre Sonderstellung. Die Administration war verstaubt und schwerfällig, die Wirtschaft lag, behindert von zahlreichen Sonderzöllen, am Boden, das Volk war unzufrieden.

Die Erziehung Maria Theresias scheint den Anforderungen für eine Erzherzogin gerecht geworden zu sein, doch auch als sich abzeichnete, dass kein männlicher Thronfolger zu erwarten war, band ihr Vater sie nicht in die Staatsgeschäfte ein. Später schrieb sie, sie sei von Geld, Truppen und Rat entblößt gewesen. Maria Theresia, eine lebenslustige junge Frau, die gern die Nächte durchtanzte, war auf die Ratgeber ihres Vaters angewiesen, die teilweise schon im Greisenalter standen und bereits ihrem Großvater, Kaiser Leopold I., gedient hatten.

links: **Maria Theresia.** *Martin van Meytens, 1750.* Links neben Maria Theresia ist die heilige Stephanskrone sichtbar, die ihr viel bedeutet hat. Maria Theresia war die »mütterliche« Majestät. Von einer jungen und unerfahrenen Frau entwickelte sie sich zu einer außerordentlich klugen und begabten Herrscherin. Beharrlich und selbstbewusst verteidigte sie ihr Erbe und setzte längst notwendige Reformen durch.

Kurfürst Karl Albrecht von Bayern. *Georg Desmarées, 1742.* Karl Albrecht von Bayern, als Karl VII. römisch-deutscher Kaiser von 1742–1745, war einer der Ersten, der Maria Theresias Erbe infrage stellte.

Friedrich II., König von Preußen, mit dem bayerischen Löwen. *Nach Johann Heinrich Ch. Franke, 1778.* Friedrich II. war der lebenslange Gegenspieler von Maria Theresia. Er war einerseits kunstbegabt, andererseits ein machtbewusster Zyniker.

Schon bald zeigte sich, dass die Unterschriften zur Anerkennung der Pragmatischen Sanktion, die ihr Vater unter großen Opfern erkauft hatte, völlig wertlos waren. Die Nachbarländer benahmen sich wie reißende Wölfe. Als Erster erhob Kurfürst Karl Albrecht von Bayern Anspruch auf Österreich, indem er sich dabei auf ein 200 Jahre altes Testament von Kaiser Ferdinand I. anlässlich der Heirat seiner Tochter Anna mit Herzog Albrecht V. von Bayern berief, in dem angeblich den Wittelsbachern beim Aussterben der männlichen Linie der Habsburger die Nachfolge zugesichert wurde. Allerdings war in dem Dokument nicht von männlichen Nachkommen explizit die Rede, sondern von ehelichen Nachkommen. Dieses Detail jedoch kümmerte ihn wenig, und seine Truppen marschierten in Richtung Böhmen, zu dessen König er sich dann auch gleich wählen ließ. Hinter ihm stand Versailles, das ebenso ein Stück vom großen Kuchen abhaben wollte. Die Koalition gegen Österreich begann sich zu formieren.

Maria Theresias lebenslanger Gegenspieler, König Friedrich II. von Preußen, trat nun auf den Plan. Bereits am 16. Dezember 1740 marschierten seine Truppen in der reichen Provinz Schlesien ein. Friedrich wollte die für ihn günstige politische Situation ausnutzen. Sein Ziel war, Preußen zu einer Großmacht in Europa zu machen. Die Eroberung Schlesiens sollte den Grundstein legen für den Großmachtstatus Preußens, zugleich aber wurde eine Reihe von Kriegen ausgelöst, als andere Staaten versuchten, sich an dem neuen Mitspieler zu messen. Schließlich blickte er als Zyniker auf Wien herab: »Man ist recht hoffärtig in Wien. Man schmeichelt sich, die Erbländer für sich selbst bewahren zu können. Man sieht schon den Herzog als Kaiser. Eitelkeit! Torheit! Lächerliche Illusion! Da werden wir etwas Wandel schaffen!«, schrieb er an einen seiner Staatsminister.

Dies entsprach wohl auch der Haltung in ganz Europa. Nun wollte jeder ein Stück vom großen habsburgischen Kuchen. In Paris verkündete Kardinal Fleury: »Es gibt kein Haus Österreich mehr.« Die erste Niederlage der österreichischen Truppen gegen die Preußen bei der Schlacht bei Mollwitz am 10. April 1741 hatte weitreichende politische Folgen. Frankreich, Spanien und Bayern schlossen ein Übereinkommen, das praktisch auf die Teilung des habsburgischen Erbes hinauslief. Mit Preußen wurde die gemeinsame Kriegsführung gegen Österreich vereinbart.

Krönung Maria Theresias zur Königin von Ungarn am 25. Juni 1741 im Dom zu Pressburg. Maria Theresia beschrieb die Krönung später als einen der schönsten Tage ihres Lebens, obwohl sie zu jenem Zeitpunkt in höchster Bedrängnis stand. Nahezu jeder in Europa wollte ein Stück von ihrem Erbe haben.

Doch kaum jemand rechnete mit dem Selbstbehauptungswillen der jungen Herrscherin. Sie war nicht bereit, sich auch nur ein winziges Stückchen ihres Erbes entreißen zu lassen. Das Unrecht dürfe nicht über das Recht triumphieren, entgegnete sie jenen, die ihr zur Aufgabe Schlesiens rieten.

Am 25. Juni 1741 wurde sie in Pressburg zur Königin von Ungarn gekrönt. Dies war, wie sie später sagte, einer der schönsten Augenblicke ihres Lebens. Und dabei war gerade in diesem Jahr die Bedrängnis am höchsten: Die feindlichen Heere kontrollierten Ende 1741 Böhmen, Schlesien, Teile Mährens und Oberösterreich. In ihrer Not entschloss sie sich zu einem dramatischen Appell an die ungarischen Stände. Schwarz gekleidet, mit der Stephanskrone auf dem Kopf und dem wenige Monate alten Sohn Joseph auf dem Arm, beschwor sie die Ungarn, das gemeinsame Vaterland zu verteidigen. Es war für sie ein persönlicher und menschlicher Triumph, dass die Ungarn nun zum ersten Mal überhaupt die notwendigen Truppen zur Verfügung stellten.

Inzwischen hatte sich Kurfürst Karl Albrecht zum römisch-deutschen Kaiser wählen lassen, doch gerade am Tag seiner Krönung, am 12. Februar 1742, besetzten die österreichischen Truppen München und weite Teile Bayerns.

Maria Theresia akzeptierte den Wittelsbacher nie als Kaiser, sie nannte ihn immer nur den Kurfürsten von Bayern. Und sie konnte nur schlecht hinnehmen, dass die deutsche Kaiserwürde zum ersten Mal seit nahezu 350 Jahren nicht von einem Habsburger getragen wurde.

Maria Theresia appelliert mit ihrem kleinen Sohn Joseph auf dem Arm an die ungarischen Stände in Pressburg, ihr mit Truppen zu Hilfe zu kommen (Juni 1741), *Lithografie, um 1860.*

rechte Seite: **Franz I. Stephan und Maria Theresia im Kreise der Familie.** *Martin van Meytens, um 1754/55.* Kaiser Franz I. und Kaiserin Maria Theresia im Kreise ihrer Familie auf einer Terrasse in Schönbrunn. Franz Stephan und Maria Theresia hatten insgesamt 16 Kinder. In der Mitte des Sterns auf dem Fußboden steht der älteste Sohn, der spätere Kaiser Joseph II. Auf dem Bild zeigt sich auch die Raffinesse des Künstlers. Obwohl die Stühle des Kaiserpaares gleich groß sind, erscheint doch der von Maria Theresia als der größere. Sie ist auch eindeutig die Hauptfigur auf diesem Bild.

Ihrer Armee, die anfangs doch in einem so schlechten Zustand war, gelang es, die feindlichen Truppen zurückzutreiben. Maria Theresia andererseits entschloss sich, durch politische Maßnahmen die Koalition ihrer Gegner zu sprengen, und verzichtete im Frieden von Berlin vom 28. Juli 1742 schweren Herzens auf Nieder- und Oberschlesien, konnte aber die Herzogtümer Teschen, Troppau und die Herrschaft Hennersdorf behalten. Als Sachsen sich dem Frieden von Berlin anschloss, hatte sie nunmehr freie Hand im Kampf gegen Bayern und Frankreich. Nachdem Böhmen wieder in ihrem Besitz war, zog sie im April 1743 in Prag ein und wurde im Mai zur Königin von Böhmen gekrönt. Knapp zwei Jahre nach ihrem Regierungsantritt war Maria Theresia allen Widerständen zum Trotz wieder Herrin ihrer Länder. Ihre Beharrlichkeit hatte ihr bei ihren Gegnern durchaus Achtung und Respekt eingebracht. Die eigene Bevölkerung aber brachte ihr von nun an Liebe und Verehrung bis zu ihrem Tode entgegen.

Als im Januar 1745 der Wittelsbacher Kaiser überraschend verstarb, nutzte Maria Theresia geschickt diese Situation und schloss am 22. März 1745 mit seinem Sohn Kurfürst Maximilian III. Joseph den Frieden von Füssen, mit dem er die Pragmatische Sanktion anerkannte. Wenige Monate später wählten die Kurfürsten ihren Gatten Franz Stephan von Lothringen zum römisch-deutschen Kaiser Franz I.

An der Kaiserkrönung nahm sie lediglich als Zuschauerin teil. Franz Stephan hätte es gern gesehen, wenn sie sich als seine Frau auch zur Kaiserin hätte krönen lassen, doch Maria Theresia, inzwischen zur Herrscherpersönlichkeit gereift, wollte keine Krone aus zweiter Hand. Dennoch bezeichnete sie sich von da an als Kaiserin-Königin. In »Dichtung und Wahrheit« beschreibt Johann Wolfgang von Goethe den festlichen Zug nach der Krönung, wie es in Frankfurt berichtet wurde: »Maria Theresia, über die Maßen schön, aber jeder Feierlichkeit an einem Balkonfenster des Hauses Frauenstein, gleich neben dem Römer, zugesehen. Als nun ihr Gemahl in der seltsamen Verkleidung aus dem Dom zurück gekommen und sich ihr sozusagen als ein Gespenst Karls des Großen dargestellt, habe er wie zum Scherz beide Hände erhoben und ihr den Reichsapfel, den Szepter und die wundersamen Handschuh hingewiesen, wurde sie in ein unendliches Lachen ausgebrochen; welches den ganzen Zuschauern dem Volk zur größten Freude und Erbauung gedient, indem es darin das gute und natürliche Ehegattenverhältnis des allerhöchsten Paares der Christenheit mit Augen zu sehen gewürdigt worden. Als aber die Kaiserin, ihren Gemahl zu begrüßen, das Schnupftuch geschwungen und ihm selbst ein lautes Vivat zugerufen, sei der Enthusiasmus und der Jubel des Volkes aufs höchste gestiegen, so daß das Freudengeschrei gar kein Ende finden konnte.«

Eine Porträtgalerie der kaiserlichen Familie,
Schloss Schönbrunn.

Reformerin mit Herzenstakt

Im Oktober 1748 wurde schließlich mit dem Frieden von Aachen der Österreichische Erbfolgekrieg beendet. Damit wurde auch die Pragmatische Sanktion international anerkannt, was gleichkam mit der Anerkennung des Hauses Habsburg-Lothringen. Das Ziel, das Habsburgerreich zu zerschlagen, war nicht erreicht worden. Nun war außenpolitisch (vorerst) Ruhe eingekehrt, und Maria Theresia konnte die dringend benötigten Reformen in Angriff nehmen. Mit sicherem Gespür zog sie sich die richtigen Mitarbeiter heran. Zu ihrem einflussreichsten Ratgeber, vertrautem Freund und Sonderminister wurde Graf Emanuel Silva-Tarouca, ein portugiesischstämmiger Adeliger, dem sie eine ungewöhnliche Weisung gab: Er möge ihr ihre Fehler zu erkennen geben, die Mängel ihres Charakters erforschen und diese ihr offen mitteilen, zugegebenermaßen eine delikate Aufgabe. Silva organisierte ihren Tagesablauf, entdeckte in ihr das Arbeitstier und blieb bis zu seinem Tode 1771 seiner Aufgabe treu, ihr personifiziertes Gewissen zu sein.

Gerard Freiherr van Swieten. Der Mediziner war Leibarzt Maria Theresias und einer ihrer wichtigsten Berater. Van Swieten ist Mitbegründer der Wiener Medizinischen Schule.

Als Nächsten holte sie sich den Holländer Gerard van Swieten, der ihr Leibarzt wurde. Van Swieten war den Ideen der Aufklärung durchaus zugetan, die Maria Theresia im Grunde genommen verabscheute. Aber es scheint, als sei ihr die Notwendigkeit der neuen Ideen bewusst gewesen. Der Holländer richtete die medizinische Fakultät an der Wiener Universität ein und berief bedeutende Ärzte nach Wien – die Wiener Medizinische Schule sollte lange führend bleiben. Auch organisierte er die Reform der übrigen Fakultäten und drängte den Einfluss der Jesuiten zurück. Die Reform des Bildungswesens wurde von ihm maßgeblich organisiert, wesentlich waren vor allem die Einrichtung der Volksschulen und die Einführung der Schulpflicht. Maria Theresia war der Ansicht, dass jeder ihrer Untertanen zumindest lesen, schreiben und rechnen lernen sollte.

Wesentlich für die Durchführung ihrer inneren Reformen war Friedrich Wilhelm Graf Haugwitz, einer der besten Volkswirte seiner Zeit. Ursprünglich aus Schlesien stammend, hatte er die Ideen einer effektiven Organisation in Preußen gründlich studiert und nahm nun beherzt die Reformen für Österreich in Angriff. Die Grundidee für seine Reformvorschläge war die Stärkung der Zentralgewalt auf Kosten der Macht der Stände. Ein Berufsheer mit 108.000 Mann wurde gegründet, das direkt der Krone zur Verfügung stand. Um dieses zu unterhalten, musste eine Steuerreform her. Bis dahin war es üblich gewesen, dass nur Bauern und Handwerker steuerliche Abgaben zu leisten hatten, Adel und Klerus blieben verschont. Das wurde nun anders. Mit dem Theresianischen Kataster wurde eine neue Besteuerungsgrundlage geschaffen, und obwohl sich der Adel mit Händen und Füßen wehrte, galt von nun an dennoch die Größe des Grundbesitzes als Grundlage für die Besteuerung. Bei alldem war die ungarische Reichshälfte ausgenommen, es war schlichtweg unmöglich, die stolzen Ungarn zu einem Einlenken zu bewegen.

Friedrich Wilhelm Graf Haugwitz zählt zu den besten Ökonomen des 18. Jhs. Unter seiner Leitung wurde die finanzpolitische Verwaltung reformiert.

Zur Erhöhung der Schlagkraft der Armee wurden Akademien zur Ausbildung der Offiziere gegründet. Bis heute existiert die Theresianische Militärakademie in Wiener Neustadt. Die Offizierslaufbahn wurde für alle geöffnet, sie war nun nicht

Allegorie auf den Frieden von Dresden. *Johann David Schleuen, 1746.* (v. li. August III. von Sachsen-Polen, Kaiserin Maria Theresia, Friedrich II.) Der Friede von Dresden vom 25. Dezember 1745 beendete den Zweiten Schlesischen Krieg.

Wenzel Anton Graf Kaunitz gilt als einer der klügsten Staatsmänner seiner Zeit.

Allegorische Darstellung auf den Hubertusburger Frieden vom 15. Februar 1763 zwischen Preußen, Österreich und Sachsen. Der Frieden zu Hubertusburg beendete den Siebenjährigen Krieg.

mehr nur dem Adel vorbehalten. Die Ausrüstung der Armee wurde verbessert, auch hier diente Preußen als Vorbild.

Ein wesentlicher Bestandteil der Staatsreform war die Trennung von Justiz und Verwaltung, als ein wichtiger Schritt auf dem Weg zum modernen Rechtsstaat beziehungsweise zur Gewaltenteilung. Das Rechtssystem wurde vereinheitlicht, und es galt zumindest formal die Gleichheit vor dem Gesetz.

Obwohl Kaiserin Maria Theresia sehr fromm sowie zutiefst religiös war und den Ideen der Aufklärung mehr als kritisch gegenüberstand, drängte sie doch durch ihre religionspolitischen Reformen den Einfluss der Kirche zurück. Sie wusste sehr genau zwischen ihren eigenen religiösen Empfindungen und ihrer Herrschereinstellung gegenüber der Kirche zu unterscheiden. Das Schulwesen wurde verstaatlicht, die Zahl der kirchlichen Festtage beschränkt, gewisse Wallfahrten untersagt, der Jesuitenorden aufgehoben.

Zu ihrem außenpolitischen Berater machte sie ab 1746 Wenzel Anton Graf Kaunitz, den sie wenige Jahre später zu ihrem Staatskanzler machte. Kaunitz war zweifellos einer der besten Diplomaten seiner Zeit. Im Auftrag Maria Theresias schrieb er ein Memorandum mit den wichtigsten außenpolitischen Zielen Österreichs. An erster Stelle stand die Rückgewinnung von Schlesien, und dazu legte er einen ausgefeilten Plan zur Umlenkung der Allianzen vor. Das Bündnis mit England hatte sich als nicht besonders gewinnbringend gezeigt, also schlug er vor, eine Allianz mit dem jahrhundertelangen Erbfeind Frankreich zu schließen. Maria Theresia verstand sofort diese große Vision und schickte ihn auf diplomatische Mission nach Paris, von wo er nach drei

Jahren zwar nicht mit einem neuen Bündnis in der Tasche, aber mit wichtigen und wesentlichen Kontakten zurückkehrte. Diese Kontakte waren es, die später das Bündnis mit Frankreich ermöglichten, welches in der Eheschließung von Maria Theresias Tochter Maria Antonia mit dem französischen Thronfolger gipfelte. Friedrich II. sah sich aufgrund dieses genialen Schachzugs eingeengt. Der Siebenjährige Krieg von 1756 bis 1763, der ihn an die Grenzen seiner und seines Landes Möglichkeiten gebracht hatte, wurde nur durch den Tod von Zarin Elisabeth und den außenpolitischen Schwenk ihres Nachfolgers Zar Peter III. zugunsten Preußens entschieden. Nach dem Frieden von Hubertusburg vom Februar 1763 blieb Schlesien preußisch. Maria Theresia musste sich mit dem Verlust dieser Region abfinden, und Preußen war endgültig in den Reigen der europäischen Großmächte aufgenommen.

Maria Antonia mit Kindern. *Élisabeth-Louise Vigée-Lebrun, 1787.* Maria Antonia, bekannt als Marie Antoinette, und ihre Kinder Marie Therèse Charlotte, der spätere Dauphin (Thronfolger) Louis Charles und der Dauphin Louis Joseph, der im Alter von acht Jahren verstarb. Élisabeth-Louise war Marie Antoinettes Lieblingskünstlerin. Marie Antoinette bleibt bis heute eine widersprüchliche Gestalt. Blutjung kam sie an den französischen Hof, der sich in so vielem vom Wiener Hof unterschied und dessen Ränkespielen und Intrigen sie kaum gewachsen war. Viele warfen ihr Unfähigkeit vor und erklärten sie für mitschuldig an den vorrevolutionären Zuständen in Frankreich. Marie Antoinette hatte geringe Chancen, sich in ihre Rolle hineinzufinden. Insbesondere, nachdem ihre Mutter 1780 starb, fehlte ihr eine umsichtige Beraterin.

Finanzgenie Franz Stephan

Franz I. Stephan. *Pompeo Batoni, 1771.* Kaiser Franz Stephan war von Maria Theresia zum Mitregenten ernannt worden. Er überließ aber gern die Regierungsgeschäfte seiner Gemahlin.

Bei all ihren Aktivitäten wurde Maria Theresia nur teilweise von ihrem Mann, Franz Stephan von Lothringen, unterstützt. Es ist fraglich, ob sie das überhaupt gewollt hätte. Obwohl sie immer der Meinung war, dass eine Frau vor allem ihrem Mann eine gute Ehefrau, den Kindern eine treusorgende Mutter sein und sich nicht in die männlichen Geschäfte einmischen sollte – wie viele ihrer Briefe an ihre Töchter belegen –, obwohl sie also ein durchweg konservatives Ehe- und Familienmodell vertrat, befolgte sie dieses nur bedingt. Zwar hatte sie gleich zu Beginn ihrer Regierung ihren Mann zum Mitregenten ernannt, ihn aber nicht zum Zug kommen lassen und ihn nach und nach politisch entmachtet. Franz Stephan trug zwar die Kaiserkrone, doch bedeutete ihm diese Würde nicht viel, hatte sie doch mit der Zeit ihren Glanz verloren. An den Regierungsgeschäften hatte er von Anfang an kein großes Interesse. Der Willensstärke seiner Frau konnte er nicht viel entgegensetzen.

Im Grunde genommen war Franz Stephan ein eher bürgerlicher, gutmütiger Charakter, er liebte die Jagd ebenso wie das Kartenspiel und war auch den Damen durchaus zugeneigt. Letzteres reizte Maria Theresia zur Eifersucht, und ihre Überwachungsmaßnahmen betrafen nicht nur ihren Mann, sondern auch das öffentliche Leben. Die von ihr 1747 ins Leben gerufene Keuschheitskommission, mit der sie alle ihre Untertanen ihren eigenen Moralvorstellungen unterwerfen wollte, wurde zur Lachnummer in ganz Europa.

Wenn ihn die Politik auch nicht wirklich interessierte, so war Franz Stephan doch ein begabter Finanz- und Wirtschaftsfachmann. Das Geld, das er für seinen Verzicht auf das Herzogtum Lothringen bekommen hatte, investierte er gewinnbringend. Als Eigentümer von Manufakturen, die auch militärische Ausrüstung herstellten, scheute er sich nicht, Geschäfte mit dem preußischen Staat

Franz I. Stephan mit den Vorständen seiner Naturaliensammlung. *Franz Messmer und Ludwig Kohl, 1773.* Franz Stephan war sehr interessiert an Naturwissenschaften und begründete eine bis heute erstaunliche Sammlung. Seine wahre Begabung zeigte sich aber auf dem Gebiet der Finanzen. Den Verzicht auf Lothringen hatte er sich teuer bezahlen lassen, und aus diesem Kapital erwirtschaftete er ein Vermögen. Zeitweise war er selbst reicher als der gesamte österreichische Staat. Testamentarisch verfügte er, dass ein Teil seines finanziellen Besitzes in den habsburgischen Familienversorgungsfonds einfließen sollte, der in dieser Form bis 1919 die Versorgung der Familie garantierte.

zu machen und Friedrich II. mit Ausrüstung zu beliefern. Durch seinen ausgeprägten Geschäftssinn wurde er einer der größten Grundbesitzer und reichsten Männer der Monarchie. Am Ende war er einer der wichtigsten Gläubiger des österreichischen Staates und hinterließ bei seinem Tod ein Vermögen von mehr als 22 Millionen Gulden.

Aus seinem Privatvermögen richtete er den sogenannten Familienversorgungsfonds ein, mit dem der standesgemäße Unterhalt der Mitglieder des Hauses Habsburg sichergestellt werden konnte. Im Jahr 1919 scheute sich die junge Republik Österreich nicht, auch dieses private Vermögen der Habsburger komplett zu enteignen.

Obwohl Franz Stephan mehr als einen Flirt mit verschiedensten Damen gehabt hatte, war doch die Ehe mit Maria Theresia durchaus glücklich, wovon nicht zuletzt die 16 Kinder zeugen. Sie selbst war ihm ihr Leben lang in großer Liebe zugetan.

Nikolausbescherung in der kaiserlichen Familie.
Erzherzogin Marie Christine nach Cornelis Troost, um 1758. (v. li. Ferdinand Karl, Marie Christine, Maria Antonia, Maximilian Franz, Kaiserin Maria Theresia und Kaiser Franz I.).
Die von Erzherzogin Marie Christine gemalte Familienszene zeigt eine fast bürgerliche Idylle. Maria Theresia legte großen Wert auf ihr Familienleben. Obwohl sie, ganz im Sinne der Zeit, ihre Töchter als Kapital für den europäischen Heiratsmarkt betrachtete. Trotz der verschiedenen außerehelichen Eskapaden Franz Stephans konnte man ihre Ehe glücklich nennen.

Die Kaiserin-Witwe

Als Franz Stephan im Alter von 58 Jahren im August 1765 unmittelbar nach den Hochzeitsfeierlichkeiten von Sohn Leopold mit Maria Ludovika von Spanien in Innsbruck überraschend starb, war Maria Theresia untröstlich. Sie war erst 48 Jahre alt, ließ sich ihre Haare abschneiden und kleidete sich von nun an in schwarzer Witwenkleidung. Ihren Schmuck verschenkte sie an ihre Kinder und Hofdamen. Ihr Sohn Joseph war bereits ein Jahr zuvor zum römisch-deutschen König gekrönt worden, damit war ihm die Nachfolge seines Vaters im Reich gesichert. Maria Theresia ernannte ihn zum Mitregenten, aber beide Persönlichkeiten waren so verschieden, dass es mancher Vermittlung durch Staatskanzler Kaunitz bedurfte, um ihr Verhältnis vor der Zerrüttung zu bewahren. Ihre zahlreichen Meinungsverschiedenheiten fochten Mutter und Sohn zumeist schriftlich aus. Joseph versuchte, seiner Mutter vielfach aus dem Weg zu gehen, und reiste viel. Es war eine große Enttäuschung für Maria Theresia, dass sie an ihrem Sohn Joseph ähnliche Wesenszüge und Geisteshaltungen entdecken musste wie bei dem »bösen Menschen« und »hässlichen Nachbarn« Friedrich.

In Nachahmung dessen Stils wiederum betrieb Joseph eine habsburgische Großmachtpolitik, die bei seiner Mutter auf strengste Ablehnung stieß. Als er sich zusammen mit Russland und Preußen an der ersten Teilung Polens beteiligte, protestierte sie: »Ich begreife eine Politik nicht, die erlauben soll, dass, wenn sich zwei ihrer Übermacht bedienen, um einen Unschuldigen zu unterdrücken, sich der Dritte das Recht nehmen darf, die gleiche Ungerechtigkeit zu begehen: Mir scheint das unhaltbar zu sein. Ein Herrscher hat keine anderen Rechte als der Privatmann: Wenn wir alle einmal vor Gott erscheinen müssen, um Rechenschaft abzulegen, wird die Größe und Stärke unseres Staates nicht in Rechnung gestellt werden.«

Ein weiterer Konfliktfall zwischen Mutter und Sohn war die Erbfolge im Fürstentum Bayern. Als sich Joseph Ober- und Niederbayerns be-

Handschreiben der Kaiserin Maria Theresia an den Staatsminister Karl Friedrich Anton Graf von Hatzfeldt zu Gleichen vom 22. Juli 1766, *3. Seite mit eigenhändiger Unterschrift.*

mächtigen wollte, griff Maria Theresia ein und schrieb, da sie einen neuerlichen Krieg fürchtete, hinter seinem Rücken an ihren ewigen Widersacher, den preußischen König, und bat ihn um Frieden. Das Verhältnis zwischen Mutter und Sohn war auf dem Tiefpunkt.

Mit den Jahren litt sie immer mehr an Bluthochdruck und Rheumatismus. Ein Herzleiden machte ihr Beschwerden, sie erkrankte ernstlich, nachdem sie am 8. November 1780 bei kalter Witterung noch einer Fasanenjagd zugesehen hatte. Als sich ihr Zustand rapide verschlechterte, rief Joseph die Geschwister nach Wien.

Die große Kaiserin starb am 29. November 1780. Sie wurde in der Kapuzinergruft beigesetzt, an der Seite ihres Mannes in jenem großen Doppelsarkophag, den sie bereits 1732 in Auftrag gegeben hatte. Auf dem Sarg sieht man Franz Stephan und Maria Theresia sich freudig in die Augen schauen, rund um den Sarkophag sind viele ihrer Kinder beigesetzt, als wollte sie sie noch im Tode mütterlich beschützen.

Der preußische König würdigte ihr Lebenswerk mit den Worten: »Sie hat ihrem Throne Ehre gemacht und ihrem ganzen Geschlecht.«

Die erste Verleihung des Maria-Theresia-Ordens. *Karl von Blaas, 1859/72.* Der Orden honorierte besondere Tapferkeit.

Der barocke Doppelsarkophag des Kaiserpaares Maria Theresia und Franz I. Stephan in der Wiener Kapuzinergruft.

linke Seite: **Maria Theresia als Witwe mit Friedensstatue,** *1773.* Nach dem Tod Franz Stephans legte sie die Trauerkleidung nicht mehr ab.

Doppelbildnis Kaiser Joseph II. mit seinem Bruder und Nachfolger Leopold. *Pompeo Batoni, 1769.* Joseph verstand sich nicht sehr gut mit seiner Mutter. Sie hatte ihn oft vor brachialen Reformen gewarnt. Als er nach ihrem Tod die Regierung vollständig übernahm, ignorierte er jedoch ihre Ratschläge. Viele seiner Reformen wurden dann unter der Regentschaft seines Bruders Leopold modifiziert.

Joseph II. – der kaiserliche Revolutionär

Joseph II. als Kind – der erste männliche Vertreter der Familie Habsburg-Lothringen.

Als Joseph seiner Mutter im Alter von 40 Jahren nachfolgte, hatte er bereits 15 Jahre im Wartestand verbracht. Aufgrund ihrer eigenen negativen Erfahrungen hat sie ihren Sohn schon frühzeitig mit den Staatsgeschäften vertraut gemacht. Allerdings hatte sie ihm wenig Raum für eigene Entscheidungen gegeben und das Heft bis zum Schluss in der eigenen Hand behalten. Dass er nun endlich selbstständig regieren durfte, erklärt zum Teil sein ungestümes Vorgehen bei der Reformpolitik, die er ab 1780 einleitete. Dabei darf aber nicht übersehen werden, dass er das Reformwerk seiner Mutter lediglich fortsetzte, wenn auch mit ganz anderen Mitteln. Die Menschenkenntnis, Herzlichkeit und den sicheren politischen Instinkt Maria Theresias hat Joseph nicht besessen. Im Gegensatz zur früheren Auffassung der metaphysischen Begründung des Herrschertums war Joseph, ebenso sein Bruder und Nachfolger Leopold, bereits erfüllt von dem Gedanken des Staatsdienertums des Herrschers, das heißt vom Glauben an die Pflicht des Monarchen, rastlos für das Wohl seiner Untertanen tätig zu sein. Die großen geistigen Strömungen seiner Zeit, die Aufklärung und der Rationalismus, haben das Denken von Joseph II. geprägt. Die Urteile über ihn gehen weit auseinander; den einen ist er ein Rebell in Purpur, ein kaiserlicher Revolutionär, ein Kirchenfeind, den anderen ist er der Volkskaiser und Bauernbefreier. Persönliches Glück blieb ihm versagt; seine sehr geliebte erste Frau, Prinzessin Isabella von Bourbon-Parma, starb nach nur wenigen Ehejahren an den Pocken, ebenso das einzige Kind aus dieser Verbindung. Seine zweite Ehe mit Maria

Satirisches Blatt auf die von Joseph II. angeordnete Aufhebung der Klöster, *18. Jh.*

Wir Joseph der Zweyte, von Gottes Gnaden erwählter Römischer Kaiser, zu allen Zeiten Mehrer des Reiches, König in Germarien, Hungarn, und Böheim rc. Erzherzog zu Oesterreich, Herzog zu Burgund, und Lotharingen rc. rc.

Entbieten allen und jeden k. k. Landesfürstlich, auch privat- geistlich- und weltlichen Dominien, Gültenbesitzern, Ortsobrigkeiten, Städten, Märkten, Stiftern, Klöstern, Seelsorgern, Gemeinden, und jedem Unserer treugehorsamsten Unterthanen, was Würde, Standes, oder Wesens selbe in Unserem Erzherzogthum Oesterreich ob der Enns seß- und wohnhaft sind, Unsere k. k. landesfürstliche Gnade, und geben euch gnädigst zu vernehmen.

Uiberzeugt eines Theils von der Schädlichkeit alles Gewissenzwanges, und anderer Seits von dem grossen Nutzen, der für die Religion, und dem Staat, aus einer wahren christlichen Tolleranz entspringet, haben Wir Uns bewogen gefunden den augspurgischen, und helvetischen Religions-Verwandten, dann denen nicht unirten Griechen ein ihrer Religion gemäßes Privat-Exercitium allenthalben zu gestatten, ohne Rucksicht, ob selbes jemal gebräuchig, oder eingeführt gewesen seye, oder nicht. Der katholischen Religion allein soll der Vorzug des öffentlichen Religions-Exercitii verbleiben, denen beiden protestantischen Religionen aber so, wie der schon bestehenden nicht unirt Griechischen aller Orten, wo es nach der hierunten bemerkten Anzahl der Menschen, und nach den Facultäten der Inwohner thunlich fällt, und sie Accatholici nicht schon bereits im Besitz des öffentlichen Religions-Exercitii stehen, das Privat-Exercitium auszuüben erlaubet seyn. Insbesondere aber bewilligen Wir

Erstens: denen accatholischen Unterthanen, wo hundert Familien existiren, wenn sie auch nicht im Orte des Betthauses, oder Seelsorgers, sondern ein Theil derselben auch einige Stunden entfernet wohnen, ein eigenes Betthaus nebst einer Schule erbauen zu dürfen, die wei-

weiter entfernten aber können sich in das nächste, jedoch immer in den k. k. Erblanden befindliche Betthaus, so oft sie wollen, begeben, auch ihre erbländische Geistliche die Glaubens-Verwandte besuchen, und ihnen wie auch den Kranken mit dem nöthigen Unterricht, Seelen- und Leibestrost beystehen, doch nie verhindern unter schwerer Verantwortung, daß einer von einem, oder andern Kranken anverlangt katholische Geistliche beruffen werde.

In Ansehen des Betthauses befehlen Wir ausdrücklich, daß, wo es nicht schon anders ist, solches kein Geläut, keine Glocken, Thürme, und keinen öffentlichen Eingang von der Gasse, so eine Kirche vorstelle, haben, sonst aber wie, und von welchen Materialien sie es bauen wollen, ihnen freystehen, auch alle Administrirung ihrer Sakramenten, und Ausübung des Gottesdienstes sowohl in dem Ort selbst, als auch deren Uiberbringung zu den Kranken in den dazu gehörigen Filialen, dann die öffentlichen Begräbnisse mit Begleitung ihres Geistlichen vollkommen erlaubet seyn solle.

Zweytens: Bleibet denselben unbenommen, ihre eigenen Schulmeister, welche von den Gemeinden zu erhalten sind, zu bestellen, über welche jedoch Unsere hierländige Schul-Direction, was die Lehrmethode und Ordnung betrift, die Einsicht zu nehmen hat. Im gleichen bewilligen Wir

Drittens: denen accatholischen Inwohnern eines Ortes, wenn selbe ihre Pastorn dotiren, und unterhalten, die Auswahl derselben: wenn aber solches die Obrigkeiten auf sich nehmen wollen, so haben sie Obrigkeiten sich des Juris præsentandi allerdings zu erfreuen, jedoch behalten Wir Uns die Confirmation dergestalt bevor, daß, wo sich protestantische Consistoria befinden, diese Confirmationen durch selbe, und wo keine sind, solche oder durch die im Teschnischen, oder durch die in Hungarn schon bestehend protestantische Consistoria ertheilet werden, in so lang bis nicht die Umstände erfordern, in den Ländern eigene Consistoria zu errichten.

Viertens: Die Jura Stollæ verbleiben, so wie sie in Schlesien, dem Parocho ordinario vorbehalten.

Fünftens: Wollen Wir die Judicatur in den das Religionswesen der Accatholicorum betrefenden Gegenständen Unserer politischen Landesstelle mit Zuziehung eines, oder des andern ihrer Pastorn und Theo-

Unter Joseph II. erlaubte das **Toleranzpatent von 1781** Protestanten und Juden größere Freiheit in ihrer Religionsausübung.

Josepha von Bayern war nicht glücklich, auch sie lebte nicht lang. An die Stelle seiner Familie trat nun der Staat.

Wollte er vielfach das Richtige, so war doch das Scheitern mancher seiner Reformen bedingt durch sein geringes Einfühlungsvermögen und durch die Missachtung von Traditionen. Dennoch gibt es eine ansehnliche Bilanz seiner Leistungen und Erfolge. Eine seiner ersten Reformen war das Toleranzedikt, das Protestanten und Juden wesentliche Erleichterungen verschaffte. Er reformierte das Agrarwesen vor allem durch die Aufhebung der Leibeigenschaft der Bauern in den böhmischen Ländern. Seine Reformen im Rechtswesen, vor allem im Strafgesetz, führten zur (zumindest kurzfristigen) Abschaffung der Todesstrafe und zur Reduzierung der Folter auf eine Prügelstrafe. Die Landwirtschaft wurde ebenso gefördert wie Gewerbe und Industrie. Er gründete das bis heute hoch renommierte Burgtheater und auch das Allgemeine Krankenhaus in Wien, das 150 Jahre lang an der Spitze der Medizin stand.

Das Kaisersiegel Josephs II.

Sein persönlicher Lebensstil war eher bescheiden, vom barocken Prunk hielt er nicht viel. Er vereinfachte die Etikette und räumte auch mit der alten formellen spanischen Hoftracht auf. Er war der erste Monarch, der sich hauptsächlich in Uniform abbilden ließ. Auch verbot er den Kniefall und erlaubte niemandem, seine Hand zu küssen. Berühmt geworden ist jene Anekdote, die sich um die Öffnung des bis dahin dem Adel vorbehaltenen Praters für die ganze Bevölkerung dreht. Die Aristokraten hatten sich beschwert, dass sie nun nicht mehr unter ihresgleichen seien, worauf Joseph II. ihnen entgegnete: »Wenn ich unter meinesgleichen sein wollte, könnte ich nur noch in der Kapuzinergruft spazieren gehen.«

Auf Reisen war er am liebsten inkognito als Graf von Falkenstein in öffentlichen Postkutschen unterwegs. Und als er seine Schwester in Versailles besuchte, wohnte er nicht im Schloss, sondern mietete sich stattdessen in einem Gasthof im Dorf ein. Sein Witz war trocken und geistreich; als er im Jahr 1776 Paris

recht Seite: **Kaiser Joseph II.**, *1785*. Joseph II. begann rasch nach seinem Regierungsantritt damit, missliebige Sitten und Gebräuche zu beenden. Das Verschwenderische des Barocks war ihm zuwider. Er reformierte die Hofhaltung und vereinfachte das Protokoll. Joseph selbst pflegte einen mehr als bescheidenen Lebensstil. Von seiner Reformwut blieben auch seine Untertanen nicht verschont. Zu den sinnvollen Neuerungen zählten sicherlich die Abschaffung der Leibeigenschaft und der Todesstrafe, das Duellverbot, die allgemeine Schulpflicht und mehr religiöse Toleranz. Aber Joseph II. griff mit seiner Kontrollwut auch stark in das Leben seiner Völker ein, was ihm keine große Beliebtheit einbrachte. Privates Glück blieb ihm versagt. Seine überaus geliebte Frau Isabella von Bourbon-Parma verstarb nach nur wenigen Ehejahren. Seine zweite Ehe mit Maria Josepha von Bayern vernachlässigte er.

besuchte und die ganze Gesellschaft in Aufruhr über die Amerikanische Revolution war, antwortete er auf die Frage, was er davon hielte: »Monsieur, ich bin Royalist von Beruf!«

Die Kirche aber war eines der Hauptziele seiner Reformen. Bei einer Gelegenheit schrieb er: »... Jene Orden können Gott nicht gefällig sein, die sich nicht mit Krankenpflege und Erziehung beschäftigen ...« Es erfolgte die Auflösung und Aufhebung aller Klöster, die rein kontemplativ waren. Von dieser Maßnahme waren über 750 Klöster betroffen. Das Vermögen dieser Gemeinschaften wurde einem Fonds zugeführt, der zum Bau von Schulen und zur Besoldung der Geistlichen herangezogen wurde. Wallfahrten und Prozessionen wurden verboten. Die Proteste der Bischöfe verhallten ungehört, selbst Papst Pius VI. fuhr nach Wien, um den Kaiser zum Einlenken zu bewegen. Der Besuch ging mit allen Ehren vonstatten, doch sobald der Papst abgereist war, verfügte Joseph die Aufhebung des nächsten Klosters.

Die Verwaltungsreformen, die Maria Theresia für die österreichische Reichshälfte durchgeführt hatte, wollte er nun auf Ungarn, die Österreichischen Niederlande und Oberitalien ausdehnen. Selbst die alten Verwaltungsbezirke wollte Joseph neu einteilen lassen, um die Administration übersichtlicher zu gestalten. Aber gerade hier stieß sein mangelnder Respekt vor den althergebrachten Traditionen auf Widerstand. Ländergrenzen drohten obsolet zu werden, die die alte Territorienvielfalt widerspiegelten, über die die Habsburger bisher gewissermaßen nur in Personalunion regiert hatten. Gerade in Ungarn schuf sich der Kaiser ernsthafte Gegner, als er versuchte, Deutsch anstelle von Latein als Verwaltungssprache durchzusetzen. Schließlich beging er einen der größten nur denkbaren Fehler, indem er die altehrwürdige heilige Stephanskrone nach Wien bringen ließ. Der Versuch, Ungarn einzugliedern, um einen österreichischen Einheitsstaat zu schaffen, scheiterte ebenso wie Jahrzehnte später im Jahr 1867.

Das Burgtheater ist eine Gründung Josephs II. Bis heute ist das Wiener Burgtheater eine der bedeutendsten Bühnen der Welt.

Auch sein außenpolitisches Lieblingsprojekt, der Tausch Bayerns gegen die Österreichischen Niederlande, um das verloren gegangene Schlesien zu ersetzen, scheiterte am Widerstand des deutschen Fürstenbundes zwischen Preu-

Joseph II. pflügt bei Slawikowicz auf dem Feld. *Andreas Trnka, 1769.* Auf einer Reise musste die kaiserliche Gesellschaft eine Rast einlegen. Kaiser Joseph nutzte die Zeit und half einem Bauern beim Pflügen. Diese Begebenheit war eine der wenigen, die zu seiner nicht sehr großen Popularität beitrug.

ßen, Sachsen und dem König von Großbritannien als Kurfürsten von Hannover. Nicht zuletzt regte sich auch in den Österreichischen Niederlanden scharfer Protest gegen die Verwaltungsreformen, der schließlich im Dezember 1789 zur Brabantischen Revolution führte.

Als Joseph II. am 20. Februar 1790 nach zehnjähriger Regierungszeit starb, befanden sich seine Länder in Aufruhr. Seinem Nachfolger Leopold II. hinterließ er ein schwieriges Erbe. Doch die nur zwei Jahre dauernde Regierungszeit Leopolds war ein Glücksfall. Leopold hatte im Gegensatz zu Joseph bei aller Reformfreudigkeit die geschichtliche Eigenart und die Traditionen der beherrschten Länder stets berücksichtigt und legte auf Mitwirkung und Zustimmung der Untertanen Wert. Die Toskana, die er seit 1765 regierte, hatte sich unter seiner Führung zu einem vorbildlichen und modernen Staat entwickelt.

Der »**Sparsarg**«, eine der skurrilen Erfindungen Josephs II., mit der er der Wiener Bevölkerung den Hang zu opulenten Begräbnissen austreiben wollte.

Tod des Kaisers Joseph II. am 20. Februar 1790, *A. Weber nach J. Voltz.* Bei seinem Tod befand sich das Reich nahezu in Aufruhr. Zu ungeschickt hatte er Reformen vorangetrieben. Eine seiner letzten zweifelhaften Taten war die Einlagerung der heiligen ungarischen Stephanskrone in der Schatzkammer von Wien, eine Aktion, die die Ungarn über alle Maßen erboste. Am Ende aber resignierte Joseph. Das Epitaph, das er auf seinen Sarg gravieren lassen wollte, zeugt von großer Traurigkeit: »Hier ruht Joseph II., der in allem versagte, was er unternahm.«

Kaiser Leopold II.

Leopold gelang es recht schnell, den Aufruhr in Ungarn und vor allem in den Niederlanden zu beruhigen. Mit der Reichenbacher Konvention vom 27. Juli 1790 schuf er einen Ausgleich mit Preußen und damit eine Grundlage für ein weiteres gedeihliches Miteinander im Reich. Dies war auch notwendig, denn die beiden deutschen Mächte sahen sich nun immer stärker mit der Frage konfrontiert, wie sie nun auf die Vorgänge in Frankreich reagieren sollten.

Leopold dürfte damals einer der wenigen Staatsmänner Europas gewesen sein, die in der Französischen Revolution nicht nur den Vorteil einer zeitweiligen außenpolitischen Schwächung der westeuropäischen Großmacht erblickten, sondern denen auch klar war, dass die Veränderungen dort ungeahnte Kräfte freizusetzen vermochten, die das System des europäischen Gleichgewichts

nachhaltig stören konnten. Nicht zuletzt aber musste er sich auch um das Schicksal seiner Schwester Marie Antoinette, der französischen Königin, kümmern. Doch es blieb ihm keine Zeit, er starb am 1. März 1792. Sein Sohn Franz, politisch wenig erfahren, übernahm die Regierung. Er besaß weder das Format seines Onkels noch das seines Vaters.

Leopold, seine Frau Maria Ludovica und acht Kinder im Palazzo Pitti, *Johann Zoffani.* Kaiser Leopold II., hier als Großherzog der Toskana 1776 mit seiner Frau Maria Ludovica von Spanien und seinen Kindern.

VIII

Revolution und Restauration

Kaiser Franz II. / I. – der gute Hausvater

Wenig Großes lässt sich in der Persönlichkeit von Franz finden, dem Erben der drei Reformkaiser Maria Theresia, Joseph II. und Leopold II. Seine Regierungszeit gehört mit zu den längsten der Habsburger, 43 Jahre lang lenkte er die Geschicke seiner Länder. Wie bei seinem Ahnherrn Kaiser Friedrich III. bestand auch bei Franz die politische Leistung in bewegter Zeit vor allem im Überleben, schreibt Adam Wandruszka. Und er musste viel überleben. In seiner Zeit erlebte Europa einen radikalen Umbruch, die Französische Revolution hatte mit einem Mal die althergebrachte Ordnung infrage gestellt, das Heilige Römische Reich brach zusammen, und Napoleon spielte in Europa wie auf einem Schachbrett. Erst nach über 20 Jahren Kriegszeit sollte mit dem Wiener Kongress im Jahr 1814 wieder Frieden einkehren.

Münze mit der Darstellung Kaiser Franz' II

Waren Vater und Onkel noch fortschrittlich und aufklärerisch gesinnt, hatte Franz überhaupt nichts Visionäres an sich und wenig Vorstellung von seinen Gestaltungsmöglichkeiten. Politische oder gesellschaftliche Reformen waren seine Sache nicht. Während seiner Regierungszeit wurde Österreich zu einem Hort der Reaktion und zum Inbegriff staatlicher und gesellschaftlicher Unbeweglichkeit. Mit Franz wurde die Reaktion auf die von der Französischen Revolution freigesetzten Kräfte zum Gebot der Habsburger.

Franz wurde am 12. Februar 1768 in Florenz geboren. Als man seiner Großmutter Maria Theresia die Nachricht von seiner Geburt überbracht hatte, stürmte sie, bereits im Nachtgewand, in das Hoftheater und rief voller Freude in das Publikum hinein: »Der Poldl hat an Buam!« Sein Onkel Joseph II. holte ihn im Alter von 17 Jahren nach Wien, um ihn für sein späteres Amt auszubilden. Aber er hatte keine gute Meinung von ihm, er sei ein verzogenes Muttersöhnchen ohne eigene Gedanken, was er seinen Neffen auch bei jeder Gelegenheit wissen ließ. Der junge Franz gab sich rechte Mühe, war aber in keiner Hinsicht

linke Seite: **Franz II. als Franz I., Kaiser von Österreich im Krönungsornat,** *Friedrich von Amerling.* Er war der letzte Kaiser des Heiligen Römischen Reiches und der erste Kaiser von Österreich. Leider mangelte es ihm an politischer Fantasie und Handlungsfreude.

Der jugendliche Franz II. als Erzherzog, *Joseph Hickel, 1786*

besonders begabt. Es gelang ihm nur selten, den Kaiser zufriedenzustellen. Er war ein unsicherer junger Mann, misstrauisch und verschlossen. Seine spätere Entscheidungsschwäche, seine Lethargie haben sicherlich ihren Ursprung in der wenig motivierenden Erziehung seines Onkels. Als sein Vater Leopold II. die Regierung übernahm, ernannte er Franz gleich zum Mitregenten und band ihn in die Regierungsgeschäfte mit ein. Franz begleitete seinen Vater häufig auf dessen Reisen, wo er Gelegenheit hatte, das Räderwerk der europäischen Diplomatie kennenzulernen. Nach dem Tode Leopolds wurde Franz mit 24 Jahren Kaiser. Zu diesem Zeitpunkt war er bereits zum zweiten Mal verheiratet, seine erste Frau Elisabeth Wilhelmine von Württemberg war nach nur zwei Ehejahren verstorben, mit seiner zweiten Frau Maria Theresia von Neapel-Sizilien, einer direkten Cousine, sollte er 13 Kinder haben.

Wenn man auch nicht viel Herausragendes an ihm feststellen mag, so repräsentierte Franz doch in gewissem Sinne seine Zeit. Die majestätische Größe der barocken, religiös-politischen Herrscherauffassung existierte nicht mehr. Franz war vielmehr ein bürgerlicher Kaiser. Das Bild des guten Hausvaters, des »Herrn Biedermeier«, trifft viel eher auf ihn zu.

Die Freiheit führt das Volk an. *Eugène Delacroix, 1830.* Doch zunächst führte die revolutionäre Freiheit das Volk über Leichen und in eine bis dahin in der Neuzeit nicht gekannte Schreckensherrschaft.

Französische Revolution

Was im Namen von Freiheit, Gleichheit und Brüderlichkeit begann, mündete zunächst in einem Blutbad. Unter dem Vorwand der Humanität und der Befreiung des Volkes installierten die neuen Herren ein Terrorregime, welches erst in den Diktaturen des 20. Jahrhunderts seine Entsprechung gefunden hat.

Die europäischen Mächte beobachteten unruhig die Ereignisse in Frankreich. Das revolutionäre Frankreich stellte aber für die Habsburgermonarchie eine noch größere Bedrohung dar als für andere Monarchien auf dem Kontinent. Noch Leopold II. hatte mit den Preußen ein Defensivbündnis geschlossen, gemeinsam appellierte man an Frankreich, die Ordnung wiederherzustellen. Die Situation spitzte sich nach einem gescheiterten Fluchtversuch von König Ludwig XVI. und Königin Marie Antoinette und deren Inhaftierung zu. Wenige Tage nachdem Franz die Regierung übernommen hatte, forderte Frankreich die Entwaffnung Österreichs und die Aufgabe des Bündnisses mit Preußen. Die Ablehnung dieses Ultimatums durch Franz nahm Frankreich zum Anlass, Österreich am 20. April 1792 den Krieg zu erklären. Damit begann der erste von insgesamt vier Koalitionskriegen gegen Frankreich. Das Kriegsziel war die Beseitigung der Anarchie in Frankreich und die Befreiung des gefangen genommenen Königspaares.

Kanonade von Valmy am 20. September 1792. Schlacht zwischen dem französischen Revolutionsheer und dem Koalitionsheer im ersten Koalitionskrieg. *J. B. Mauzaisse nach Horace Vernet, 1831.* Die Kanonade führte zum ersten Sieg der französischen Revolutionsarmee gegen die Truppen der Österreicher und Preußen. Goethe schrieb über diese Schlacht: »Von hier und heute geht eine neue Epoche der Weltgeschichte aus, und ihr könnt sagen, ihr seid dabei gewesen.« Einen Tag später wurden in Frankreich die Monarchie für beendet erklärt und die Republik ausgerufen.

Die Hinrichtung König Ludwigs XVI. auf der Place de la Republique (Concorde) in Paris am 21. Januar 1793 löste in ganz Europa Entsetzen aus. Als Bürger Louis Capet war er wegen »Verschwörung gegen die öffentliche Freiheit und Sicherheit des gesamten Staates« verurteilt worden.

Doch in der Schlacht von Valmy am 20. September 1792 gelang es den Revolutionstruppen, das preußisch-österreichische Heer zu besiegen. Johann Wolfgang von Goethe, der im Gefolge des Herzogs von Sachsen-Weimar-Eisenach an dem Feldzug teilgenommen hatte, schrieb später: »Von hier und heute geht eine neue Epoche der Weltgeschichte aus, und ihr könnt sagen, ihr seid dabei gewesen.« Am nächsten Tag wurden die Monarchie in Frankreich abgeschafft und die Republik ausgerufen. Die Revolutionsarmee besetzte Belgien und das gesamte linke Rheinufer. Diese Armee war anders als bisher bekannt: In Frankreich war die allgemeine Wehrpflicht eingeführt worden, was im Rest Europas unbekannt war, und diese »Levée en masse« führte zu ungeheuren Kapazitäten.

Die Enthauptung König Ludwigs XVI. als Bürger Louis Capet im Januar 1793 führte zur Ausweitung des Krieges, dem nun auch Großbritannien, Holland, Spanien, Sardinien, Neapel, Portugal und das Reich beitraten. Im Oktober 1793 wurde Königin Marie Antoinette hingerichtet, die Tochter Maria Theresias, die Tante von Kaiser Franz, die als junges, lebenslustiges Mädchen an den französischen Hof gekommen und erst in Gefangenschaft zu wahrer Größe gereift war.

Wenn auch Frankreich Krieg gegen den Rest Europas führte, war Österreich doch der Gegner Nummer eins, und die Österreicher waren es auch, die die Hauptlast dieses Krieges trugen, der in den kommenden Jahren viele Gebietsverluste für die Monarchie bringen sollte.

Hinrichtung Marie Antoinettes auf der Place de la Republique (Concorde) in Paris am 16. Oktober 1793. Der Prozess gegen sie als »Witwe Capet« begann am 14. Oktober 1793. Während der Dauer des Prozesses bescheinigten ihr selbst ihre Gegner eine besondere Haltung. Ihre Antworten auf die teilweise abstrusen Vorwürfe waren klar und durchdacht. In ihrer Gefangenschaft war Marie Antoinette zu einer gereiften Persönlichkeit gewachsen.

Unterdessen vollzog sich der militärische und politische Aufstieg Napoleons in rasanter Geschwindigkeit. Rasch zeichnete er sich als genialer Feldherr und militärischer Stratege aus, ebenso rasch gestaltete er seine politische Karriere. Mit dem Staatsstreich von 1799 wurde er als Erster Konsul faktisch zum Alleinherrscher über Frankreich. Napoleon gewann Schlacht um Schlacht, überrollte Städte und Länder und zerstörte Stück für Stück das alte Europa. Nachdem Frankreich die gesamte italienische Halbinsel besetzt hatte, kam es am 9. Februar 1801 zum Vertrag von Lunéville, nach dem Österreich sich mit großen Gebietsverlusten abfinden musste.

Der entschlusslose Kaiser Franz hatte dem energiereichen Franzosen nichts entgegenzusetzen. Einzig sein Bruder, Erzherzog Karl, war militärisch kompetent und hätte sicherlich mehr gegen Napoleon ausrichten können. Doch der Kaiser gab ihm nur beschränkte Vollmachten sowie unzumutbare Weisungen und stattete ihn nicht mit entsprechenden Kompetenzen aus. Unterdessen marschierten die Franzosen weiter vor und bauten ein neues Europa.

Das Ende des Heiligen Römischen Reiches

Das hatte auch Konsequenzen auf das Heilige Römische Reich. Die Reichsfürsten wollten für ihre linksrheinischen Gebietsverluste als Folge des Friedens von Lunéville entschädigt werden. Gegen den Protest des Kaisers gründeten

sie einen Ausschuss, eine Reichsdeputation, um die Neuaufteilung auszuhandeln. Damit wurde das Reich schrittweise deformiert. Der Reichsdeputationshauptschluss von 1803 bedeutete die Auflösung der geistlichen Fürstentümer, die nun unter den weltlichen Fürsten verteilt wurden. Der Einfluss Österreichs begann damit zu sinken, da die geistlichen Fürsten, immer schon kaiserliche Parteigänger, ihre Kurwürde verloren. Somit zeichnete sich eine starke protestantische Mehrheit im Kurfürstenkollegium ab. Kaiser und Papst hatten gegen diese Säkularisierung protestiert, mussten sie aber schließlich hinnehmen. Die deutschen Fürsten wandten sich nun immer stärker Frankreich zu.

Napoleon Bonaparte, die Alpen überschreitend.
Jacques-Louis David, 1801.

Wohl ahnend, dass das tausendjährige Heilige Römische Reich Deutscher Nation seinem Ende zuging, begründete Kaiser Franz am 11. August 1804 das Kaisertum Österreich. Das Wappen des Reiches, der schwarze Doppeladler auf goldenem Grund, wurde das Wappen Österreichs. Als Krone nahm er die alte Rudolfskrone an, die im Privatbesitz der Familie war. Franz war nun gleichzeitig römisch-deutscher Kaiser als Franz II. und österreichischer Kaiser als Franz I.

Die Krönung Napoleons am 2. Dezember 1804. *Jacques Louis David, 1806/07.* (Ausschnitt: Hauptgruppe mit Napoleon, Kaiserin Joséphine und Papst Pius VII.). Napoleon krönte sich selbst, obwohl der Papst anwesend war.

Napoleon erklärte sich im gleichen Jahr zum Kaiser der Franzosen und setzte sich am 2. Dezember 1804 selbst die Krone auf. Mit dem Kaisertitel signalisierte er seinen Anspruch auf die Gestaltung Europas. Doch auch hier ging er militärisch vor, marschierte in Richtung Österreich und nahm am 13. November 1805 Wien ein.

Im Anschluss lockte er die Russen und Österreicher durch geschickte Vortäuschung eigener Schwäche in die Schlacht bei Austerlitz, die er am 2. Dezember 1805 gewann. Zwar wurde die französische Flotte bei Trafalgar von Nelson am 21. Oktober 1805 vernichtend geschlagen, aber auf dem Kontinent bedeutete Austerlitz die Entscheidung. Die Bedingungen des Friedensvertrages von Pressburg vom 26. Dezember 1805 waren hart. Österreich musste sich nun komplett aus Italien zurückziehen und verlor Tirol und Vorarlberg an Bayern. Zum Dank für ihre Unterstützung ernannte Napoleon die Kurfürsten von Bayern und Württemberg zu Königen.

Die österreichische Kaiserkrone, Replik. Die Rudolfskrone, angefertigt für Kaiser Rudolf II., war von Beginn an privates Eigentum der Habsburger. Nach der Ausrufung des österreichischen Kaiserreiches galt sie als österreichische Kaiserkrone, obwohl es nie zu einer Krönungszeremonie kam.

Napoleon und Kaiser Franz nach der Schlacht bei Austerlitz. *Antoine-Jean Gros, 1806–1812.*

Einzug Napoleons in Wien am 13. März 1809 vor Schloss Schönbrunn.

Nun begann das letzte Kapitel der Auflösung des Reiches. Mit der Rheinbundakte vom 12. Juli 1806 sagten sich die deutschen Reichsfürsten vom Reich los und unterstellten sich dem Protektorat Napoleons. Man ließ sich diesen Verrat am Reich und am Kaiser gern mit Rangerhöhungen und Territorienvergrößerungen bezahlen. Dem Rheinbund widerstanden lediglich Österreich, Preußen, Dänisch-Holstein und Schwedisch-Pommern.

Damit war das Ende des Reiches gekommen. Am 6. August 1806 ließ Kaiser Franz seine Abdankung als Kaiser des Reiches bekannt geben und erklärte gleichzeitig das Reich für aufgelöst. Es hatte seit Karl dem Großen 1000 Jahre gedauert, davon hatten 500 Jahre lang die Habsburger dieses Reich an entscheidender Stelle geprägt. Allein 21 deutsche Könige und Kaiser haben die Habsburger dem Reich gegeben. Nicht jeder war eine Lichtgestalt, doch letzten Endes hat jeder auf seine Weise versucht, dem Reich und der Krone gerecht zu werden. Das Ende dieses einzigartigen Gebildes scheint schmählich. Auch gibt es bis heute Staatsrechtler, die behaupten, das Heilige Römische Reich existiere immer noch, da es aus seiner Konstruktion heraus nicht untergehen könne. Der Kaiser habe nicht das Recht gehabt, es aufzulösen, da er selbst ja nur Diener des Reiches gewesen sei. Nicht zuletzt hatte Kaiser Franz es versäumt, die Reichsstände zur Auflösung zu befragen, schon von daher war dieser Schritt juristisch fragwürdig, doch die Fakten ersetzten hier jede Spitzfindigkeit. Letzten Endes war auch eine gewisse Reichsmüdigkeit ausschlaggebend gewesen, ebenso wie der Wille Preußens, zur entscheidenden Macht in Deutschland emporzuwachsen.

Napoleon schaltete und waltete in Europa, wie es ihm gerade in den Sinn kam. Auf dem Erfurter Fürstentag im Herbst 1808 huldigten vier Könige und 34 Fürsten dem französischen Kaiser als dem tatsächlichen Herrscher Europas. Kaiser Franz I. verweigerte die Teilnahme an dieser Vorstellung. Wutschnaubend schrieb ihm Napoleon: »In meiner Macht hat es gestanden, die österreichische

Erzherzog Karl mit seinem Stab in der Schlacht bei Aspern. *Johann Peter Krafft, 1820.* Die Schlacht war ein Sieg für die Österreicher.

Monarchie zu vernichten. Was Eure Majestät sind, sind Sie durch Unseren Willen.«

Daraufhin entschloss sich Franz zum erneuten Krieg gegen Napoleon. Er hoffte auf die Unterstützung der gedemütigten Preußen und auf einen Volksaufstand in Tirol. Sein Bruder Erzherzog Johann bereitete zusammen mit Andreas Hofer den Aufstand vor.

Auch dieser Krieg ging schlecht aus. Zuerst gelang es Erzherzog Karl, die napoleonischen Truppen am 21. Mai 1809 in der Schlacht von Aspern zu besiegen, doch bereits sechs Wochen später unterlag Österreich in der Schlacht bei Wagram. Dennoch hatte Aspern eine wichtige Bedeutung; damit büßte Napoleon zum ersten Mal den Nimbus seiner Unbesiegbarkeit ein. Doch war Österreich unterlegen, und damit waren auch die tapferen Tiroler Schützen, einfache Dörfler, Bauern und Handwerker, die, zum Teil unzureichend ausgerüstet, anfangs den Gegner das Fürchten gelehrt hatten, allein auf sich gestellt. Der Volksaufstand brach zusammen, Andreas Hofer wurde durch Verrat gefangen genommen und im Februar 1810 in Mantua hingerichtet. Der Versuch einer nationalen Erhebung war gescheitert. Aber bis heute ist Andreas Hofer ein Volksheld und eine wichtige Integrationsfigur Tirols.

Der Friede von Schönbrunn, den Kaiser Franz I. am 14. Oktober 1809 unterzeichnen musste, machte Österreich nun in großem Maße abhängig von Frankreich.

Kaiser Franz I. ersetzte nun Außenminister Graf Stadion durch Klemens Wenzel Graf von Metternich, der bereits an verschiedenen Orten Österreich als Gesandter gedient hatte. Metternich war ein entschiedener Gegner aller revolutionären Ideen und der nationalistischen Gedanken, die daraus entstanden. Von seinem Kaiser erhielt er die Aufgabe, eine realistische Politik gegenüber dem napoleo-

Der Tiroler Freiheitskämpfer Andreas Hofer, *Franz von Defregger.* Andreas Hofer führte den Bauernaufstand gegen die Franzosen an. Bis heute ist er nicht nur in Tirol ein Volksheld.

nischen Frankreich einzuleiten, die er geschickt vollzog. Es galt zunächst, auf einen Frieden hinzusteuern, so lange, bis der Zeitpunkt der endgültigen Abrechnung gekommen war. Erstes Opfer dieser Politik wurde Marie-Luise, die älteste Tochter des Kaisers, die den französischen Usurpator heiraten musste. Die Habsburger erhofften sich damit die Aussöhnung mit Napoleon, dieser glaubte, mit der Einheirat in eine der ältesten und vornehmsten Dynastien Europas sein Kaisertum zu legitimieren. Zudem brauchte er einen Thronerben, der ihm in seiner ersten Ehe mit Joséphine de Beauharnais versagt gewesen war. Die Hoffnung wurde erfüllt, am 20. März 1811 wurde Napoleon II. Franz geboren, der sogleich von seinem Vater den Titel »König von Rom« erhielt.

Zusammentreffen der siegreichen Verbündeten am 21. Oktober 1813 nach der Schlacht bei Leipzig gegen Napoleon, um gemeinschaftlich das Wohl ihrer Völker zu gründen. Von links: Zar Alexander I. von Russland, Kaiser Franz I. von Österreich, König Friedrich Wilhelm III. von Preußen, Johann Carl Kronprinz von Schweden.

Der Russlandfeldzug von 1812 war der Anfang vom Ende Napoleons. Nachdem er im September in ein brennendes Moskau einmarschiert war, musste er, vom früh einsetzenden Winter überrascht, bei Temperaturen von mehr als minus 30 Grad den Rückzug anordnen. Die Armee war völlig in Auflösung, von der halben Million Mann kehrten nur wenige Tausend Soldaten zurück.

Nun sammelte man sich zum vierten Koalitionskrieg: Preußen, Russland, Großbritannien und Österreich fügten Frankreich in der Völkerschlacht bei Leipzig vom 16. bis 19. Oktober 1813 eine empfindliche Niederlage zu. Die Truppen konnten noch einen geordneten Rückzug über den Rhein antreten, aber die Alliierten nahmen die Verfolgung auf und zogen im März 1814 in Paris ein. Wenige Tage später dankte Napoleon ab, die Bourbonen kehrten zurück, und Ludwig XVIII. wurde König von Frankreich.

Napoleons Rückzug aus Russland. *Jan Chelminski, 1893.* Mit dem Russlandfeldzug begann Napoleons Ende. Überrascht vom Winter, mussten sich die Truppen zurückziehen und wurden von der Kälte völlig aufgerieben.

Wiener Kongress

Im September 1814 wurde der Wiener Kongress zur Neuordnung Europas eröffnet. Zum ersten Mal seit nahezu 25 Jahren herrschte Frieden. Neben Zar Alexander von Russland und König Friedrich Wilhelm von Preußen kamen auch etwa 250 weitere Vertreter fürstlicher Häuser mit ihrem Anhang nach Wien. Etwa 100.000 Besucher strömten in die Stadt. Jeder der Monarchen hoffte, eine Rosine aus dem reichen Kuchen Europas, der da aufgeteilt werden sollte, zu erwischen. Der sonst so sparsame Kaiser Franz I. glänzte als großzügiger Gastgeber. Ein fantastisches Zerstreuungsprogramm wurde organisiert; Feste, Jagden, Bälle, Theateraufführungen und Konzerte, nichts wurde ausgelassen, um die Gäste angemessen zu unterhalten. Einer der berühmtesten und witzigsten Gäste des Kongresses, der belgische Flüchtling Fürst Charles Joseph de Ligne, prägte das Bonmot: »Le congrès danse, mais il ne marche pas.« (Der Kongress tanzt, aber er geht nicht voran.)

Die beiden Hauptthemen des Kongresses waren das Gleichgewicht und die Legitimität in Europa. Die Hauptlast der Arbeiten lag bei einem Komitee, das aus den Siegermächten Österreich, Preußen, Russland und Großbritannien bestand. Schnell gelang es dem französischen Vertreter, Charles-Maurice de Talleyrand, sich in den Kreis der Konferenzteilnehmer hinein zu begeben und geschickt die gegensätzlichen Auffassungen der vier Großmächte auszunutzen. Metternich

linke Seite: **Kaiserin Marie-Louise mit ihrem Sohn Napoleon, König von Rom.** *François Gérard, 1812.* Marie-Luise war nach Marie Antoinette die zweite Habsburgerin, die aus politischen Gründen nach Frankreich verheiratet wurde. Sie selbst fügte sich pflichtgetreu, doch ihre Großmutter schrieb: »Alles, was mir in meinem Unglück noch gefehlt hat, war des Teufels Großmutter zu werden.« Marie-Luise fand später in ihrer zweiten Ehe ihr privates Glück. Ihr kleiner Sohn Napoleon II. starb mit 21 Jahren an einer Lungenschwäche in Wien. Hitler schenkte 1940 Napoleons Leichnam den Franzosen.

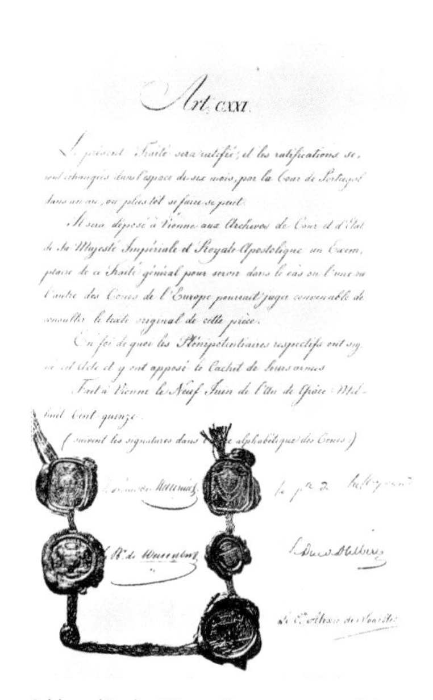

Art. CXXI.

Le présent Traité sera ratifié; et les ratifications seront échangées dans l'espace de six mois, par la Cour de Portugal dans un an, ou plus tôt si faire se peut.

Il sera déposé à Vienne aux Archives de Cour et d'Etat de Sa Majesté Impériale et Royale Apostolique un Exemplaire de ce Traité général pour servir dans le cas où l'une ou l'autre des Cours de l'Europe pourrait juger convenable de consulter le texte original de cette pièce.

En foi de quoi les Plénipotentiaires respectifs ont signé cet Acte et y ont apposé le Cachet de leurs armes.

Fait à Vienne le Neuf Juin de l'An de Grâce Mil-huit Cent quinze.

(suivent les signatures dans l'ordre alphabétique des Cours)

Schlussakte des Wiener Kongresses vom 6. September 1815, Seite mit den Ratifikationsbestimmungen und den Unterschriften und Siegeln von Talleyrand, Metternich und anderen. Die Schlussakte ermöglichte es Europa, zu neuem Wohlstand aufzusteigen.

kannte Talleyrand noch aus seinen Jahren als Botschafter in Paris und hatte in ihm einen ebenbürtigen Gegenspieler gefunden. Der englische Vertreter, Lord Castlereagh, war sich mit beiden einig, dass die Zukunft des Kontinents nur durch eine balance of power, durch ein Gleichgewicht der Großmächte garantiert werden könne.

Schwierig wurden die Arbeiten durch die häufig wechselnden und unmäßigen Forderungen des Zaren. »Der russische Zar lügt für alle, der dänische König spricht für alle, der preußische denkt für alle, der württembergische isst für alle, der bayerische trinkt für alle, und der österreichische Kaiser zahlt für alle«, so lautete ein Sprichwort aus jener Zeit.

Am 5. März 1815 traf die Nachricht in Wien ein, dass Napoleon aus seinem Exil auf der Insel Elba geflohen sei, in einem Triumphmarsch durch Frankreich seine Anhänger um sich sammelte und neue Truppen rekrutierte. Schnell waren die alliierten Armeen marschbereit, und am 18. Juni 1815 kam es bei der Schlacht von Waterloo zur endgültigen Niederlage des Korsen. Napoleon wurde nun auf die Insel St. Helena im südlichen Atlantik verbannt, wo er im Jahr 1821 starb.

Der Vertrag des Wiener Kongresses wurde am 9. Juni 1815 unterzeichnet. Damit war die Neuordnung Europas geschaffen, die in ihren Grundzügen bis zum Ersten Weltkrieg bestehen sollte. Im Nachhinein betrachtet war dies eine gewaltige Leistung, wenn wir die Friedensschlüsse und die verheerenden Auswüchse nationalistischen Denkens vor allem in der ersten Hälfte des 20. Jahrhunderts betrachten.

Das Kräftegleichgewicht sollte nach dem Willen Metternichs mithilfe eines Allianzsystems die Grundlage des Konzerts der Mächte bilden. Noch im gleichen Jahr wurde die Heilige Allianz zwischen Russland, Preußen und Österreich gegründet, der alle europäischen Herrscher mit Ausnahme des Papstes und des osmanischen Sultans beitraten. Für Deutschland wurde der Deutsche Bund mit 39 Mitgliedern ins Leben gerufen: Letztlich war er ein Kompromiss, der sich aus dem österreichisch-preußischen Dualismus ergab. Österreich erhielt den Vorsitz im Deutschen Bund, dessen einziges Bundesorgan die Bundesversammlung in Frankfurt war.

Restauration – System Metternich

Mit dem Ende des Wiener Kongresses begann die eigentliche Ära Metternich. Sein Ziel war, alle revolutionären Bewegungen auszuschalten, da das liberale und nationale Gedankengut für den Vielvölkerstaat Österreich äußerst gefährlich war. Außenpolitisch strebte er die Aufrechterhaltung des Gleichgewichts der Kräfte in Europa an, vor allem einen Ausgleich zwischen Frankreich und Russland. 1821 war Metternich zum Haus-, Hof- und Staatskanzler ernannt worden. Kaiser Franz I. vertraute seinem Kanzler. Er ließ ihm bei der Führung der außenpolitischen Geschäfte weitgehend freie Hand und teilte mit ihm die Abneigung gegen alles Umstürzlerische und Revolutionäre. Innenpolitisch wa-

Metternich, Castlereagh und Hardenberg – die Architekten des Wiener Kongresses, *Friedrich Wilhelm Bollinger.*

Klemens Wenzel Fürst von Metternich. *Thomas Lawrence, 1815.* Metternich wurde als der »Kutscher Europas« bezeichnet.

Charles-Maurice de Talleyrand. *Léon Mauduison nach Julien Léopold Boilly, 1847.* Fürst Talleyrand war Frankreichs geschickter Vertreter in Wien und Verfechter des Prinzips der Legitimität.

Der Wiener Kongress. *Jean-Baptiste Isabey, 1814/15.* Isabey war Hofmaler in Paris und im Gefolge der französischen Delegation.

Maria Ludovika, Kaiserin von Österreich, *um 1810.* Maria Ludovika von Modena war die dritte Ehefrau von Kaiser Franz I.

Karoline Auguste von Bayern. *Moritz Kellerhoven.* Karoline von Bayern war die vierte Frau von Kaiser Franz I.

Kaiser Franz I. und Carolina Augusta in der Theaterloge des Burgtheaters. *Josef Kriehuber nach Johann Eder, um 1830.* Kaiser Franz I. und seine Frau Kaiserin Karoline in bürgerlicher Erscheinung.

ren beide aber nicht immer einer Meinung, der Kaiser bevorzugte die zentralistische Regierung, Kanzler Metternich schwebte dagegen ein föderalistisches System vor, das den einzelnen Völkern ein Recht auf ein gewisses Eigenleben zugestanden hätte. Diese Idee war zukunftsweisend, es gelang ihm aber nicht, seinen Kaiser dafür zu gewinnen.

Inzwischen war Franz' dritte Frau, Maria Ludovika von Modena, gestorben, und er heiratete im November 1816 die um 24 Jahre jüngere Karoline Auguste von Bayern, deren gesundes und robustes Aussehen ihn zu dem Ausspruch veranlasste: »Dann hab ich nicht in ein paar Jahren gleich wieder eine Leich'.«

Seiner ältesten Tochter Marie-Louise, deren Anwesenheit peinlich an die Befriedungspolitik gegenüber Napoleon erinnerte, war das Herzogtum Parma verliehen worden, wohin sie sich rasch zurückzog. In ihrem Gefolge befand sich Graf Neipperg, mit dem sie zwei Kinder hatte und den sie nach dem Tode ihres ersten Mannes heiratete. Ihr erstes Kind, der Sohn Napoleons, blieb in Wien und starb 21-jährig an Tuberkulose.

Kaiser Franz genoss sein Familienleben und kultivierte als Herr Biedermeier ohne Pomp und Pracht einen Stil sparsamer Einfachheit in der Bekleidung und in seinen übrigen Gewohnheiten. Sein Charakter war durch und durch bürokratisch, und selbst Metternich bezeichnete ihn einmal als Aktenbohrer – er bohre sich in die Akten hinein und wieder hinaus, ohne ein Ergebnis. Bei seinen Untertanen war er beliebt als guter Kaiser Franz, die Volkshymne »Gott erhalte unsern Kaiser, unsern guten Kaiser Franz« mit der berühmten Haydn-Melodie wurde gern gesungen. Das Volk nahm Anteil auch an seinen Schicksalsschlägen, die er hinnehmen musste: der Tod seiner Gemahlinnen, die Sorgen mit seinen Kindern.

Bald war klar, dass sich der Thronfolger Ferdinand nur unzulänglich entwickelte. Seine geistige Schwerfälligkeit war nicht zu übersehen, auch wurde er von epileptischen Anfällen geplagt.

Die biedermeierliche Idylle darf nicht darüber hinwegtäuschen, dass Österreich sich nahezu zu einem Polizeistaat entwickelt hatte. Bereits während des Wiener Kongresses hatte Metternich ein mehr oder weniger effektives System von Spitzeln und Spionen installiert, jetzt kam die scharfe Zensur hinzu. 1819 wurde die Zensur auf den gesamten Deutschen Bund ausgeweitet. Aber auf die aufkeimenden Ideen und Strömungen des Liberalismus und des Nationalismus hatte Österreich keine Antwort. Kaiser Franz I. war sicherlich einer der reformunwilligsten Habsburger, selbst seinem Nachfolger hinterließ er in seinem Testament die Anweisung, an den Grundlagen des Staatsgebäudes nichts zu verrücken und vor allem nichts zu verändern. Mochte eine solche Haltung vielleicht zur Zeit der Französischen Revolution und der darauf folgenden Kriege gerechtfertigt gewesen sein, so wäre doch jetzt, zu Beginn der Friedensperiode, der rechte Zeitpunkt gewesen, sich den neuen Strömungen anzupassen und positiv gestalterisch auf sie einzuwirken. Doch auch mit dem sonst so klugen und geschickten Staatskanzler Metternich war das nicht möglich. Für ihn waren Verfassung und Parlamentarismus des Teufels. Und so ging Österreich in das 19. Jahrhundert hinein, währenddessen sich immer stärker die Idee des modernen Nationalstaats entwickelte, der auf der Souveränität des Volkes fußte. Diese Idee stand in einem diametralen Gegensatz zum Habsburgerreich, zu dessen

Ferdinand I. von Österreich. *Friedrich von Amerling, 1835.* Kaiser Ferdinand I. war leider wenig für sein Amt begabt.

Niederösterreichische Bauernhochzeit. *Ferdinand Waldmüller, 1843.* Waldmüller war einer der bedeutendsten österreichischen Maler der Biedermeierzeit.

Kaiser Franz I. begutachtet den Bau des Cholerakanals, der anlässlich der Choleraepidemie 1830/31 gebaut wurde. *Joseph Trentsensky, 1831.*

Erzherzog Johann und Anna Plochl am Grundlsee. *Matthäus Loder, um 1824/25.* Nahezu zehn Jahre musste Erzherzog Johann warten, bis er die Ausseer Postmeistertochter Anna Plochl heiraten konnte. Ihr gemeinsamer Sohn wurde zum Grafen von Meran ernannt. Die Linie der Grafen von Meran existiert bis heute.

dynastischem Konglomerat und seinen vielen verschiedenen ethnischen Gruppen. Es hätte viel politischer Fantasie bedurft, um diesen Gegensatz zu einem Zusammenspiel umzugestalten.

Anfangs waren hauptsächlich Schriftsteller, Publizisten und Intellektuelle von der Zensur betroffen, während der Rest der Bevölkerung hingegen die Friedenszeit genoss. Die industrielle Revolution brach sich ihre Bahn. Die Zeit der Aristokratie als prägendes Element der Gesellschaft war vorüber, nun war das bürgerliche Zeitalter gekommen. Auf kulturellem Gebiet haben große Namen ihre Leistung erbracht: Ferdinand Georg Waldmüller malte seine bäuerlichen Idyllen, Johann Nestroy, Franz Grillparzer und Ferdinand Raimund schrieben trotz der Zensur ihre charmant-ironischen Theaterstücke. Und ganz Österreich war Musik, herausragend Beethoven und Schubert; nicht zu vergessen Joseph Lanner und die Familie Strauss, die den Wiener Walzer zu einem Siegeszug um die ganze Welt führten.

Kaiser Franz I. starb am 2. März 1835. Mit seiner ihm eigenen Beharrlichkeit und seinem unerschütterlichen Gleichmut hatte er zahlreiche düstere politische Entwicklungen und Schicksalsschläge überlebt. Thronfolger Ferdinand war im Prinzip regierungsunfähig, dennoch hatten sich Franz und Metter-

Johann Strauss (Vater). *Josef Kriehuber, 1835.*

Joseph Lanner. *C. Brandt, 1843.*

Franz Schubert. *Wilhelm August Rieder, um 1825.*

Trotz der scharfen Zensur kam es während der Biedermeierzeit zu einer kulturellen Blüte: Johann Strauss (Vater) und Joseph Lanner machten den Wiener Walzer populär, der bis heute das Bild Wiens und Österreichs weltweit prägt. Franz Schubert und Beethoven schufen ihre großen Werke.
Die Theaterstücke von Grillparzer, Raimund und Nestroy wurden gern auf den Wiener Bühnen gespielt. Mit ihrer augenzwinkernden Ironie schafften sie es oft genug, die Zensur zu überlisten.

Franz Grillparzer. *Nach Josef Kriehuber, 1858.*

Ferdinand Raimund. *Anonym, vor 1836.*

Johann Nestroy. *Josef Kriehuber, 1835.*

nich im Vorhinein nicht dazu durchringen können, einen der charakterfesten und starken Brüder des Kaisers zu dessen Nachfolger zu ernennen. Es wäre durchaus möglich gewesen, Erzherzog Karl, den Sieger von Aspern, in Erwägung zu ziehen oder Erzherzog Johann, der eine ungeheure Popularität in der Bevölkerung genoss. Doch beide, Kaiser Franz und sein Kanzler Metternich, wollten wohl dem noch jungen Kaisertum Österreich mehr Legitimität verleihen durch das starre Festhalten an der traditionellen Thronfolge.

Immerhin musste sich Kaiser Ferdinand einer Art Vormundschaft unterwerfen, einer Staatskonferenz, deren Vorsitz der jüngere Bruder Kaiser Franz', Erzherzog Ludwig, innehatte und der Staatskanzler Metternich, dessen dauerhafter Rivale Minister Graf Kolowrat und Erzherzog Franz Karl angehörten. Wieder blieben die intelligenten Erzherzöge Karl und Johann von der Regierung ausgeschlossen.

Johann war eine der markanteren Figuren der Habsburger. Politisch war er eher liberal gesinnt und verkörperte Hoffnungen auf gemäßigte Veränderung. In der Steiermark hatte er seine zweite Heimat gefunden. Dem Hof blieb er fern, und er hatte sich mühsam von seinem Bruder Kaiser Franz die Erlaubnis zur Heirat mit der Postmeistertochter Anna Plochl errungen. In der Steiermark erinnert noch heute vieles an sein Wirken.

Erzherzog Johann, der »steirische Prinz«. *Leopold Kupelwieser, 1828.*

15 März 848.

Wir Ferdinand der Erste,

von Gottes Gnaden Kaiser von Oesterreich;

König von Hungarn und Böhmen, dieses Namens der Fünfte, König der Lombardei und Venedigs, von Dalmatien, Croatien, Slavonien, Galizien, Lodomerien und Illirien; Erzherzog von Oesterreich; Herzog von Lothringen, Salzburg, Steiermark, Kärnthen, Krain, Ober- und Nieder-Schlesien; Großfürst von Siebenbürgen; Markgraf von Mähren; gefürsteter Graf von Habsburg und Tirol ꝛc. ꝛc.

haben nunmehr solche Verfügungen getroffen, die Wir als zur Erfüllung der Wünsche Unserer treuen Völker erforderlich erkannten.

Die Preßfreiheit ist durch Unsere Erklärung der Aufhebung der Censur in derselben Weise gewährt, wie in allen Staaten, wo sie besteht.

Eine Nationalgarde, errichtet auf den Grundlagen des Besitzes und der Intelligenz, leistet bereits die ersprießlichsten Dienste.

Wegen Einberufung von Abgeordneten aller Provinzial-Stände und der Central-Congregationen des lombardisch-venetianischen Königreiches **in der möglichst kürzesten Frist** mit verstärkter Vertretung des Bürgerstandes und unter Berücksichtigung der bestehenden Provinzial-Verfassungen zum Behufe der von Uns beschlossenen **Constitution des Vaterlandes** ist das Nöthige verfügt.

Sonach erwarten Wir mit Zuversicht, daß die Gemüther sich beruhigen, die Studien wieder ihren geregelten Fortgang nehmen, die Gewerbe und der friedliche Verkehr sich wieder beleben werden.

Dieser Hoffnung vertrauen Wir um so mehr, als Wir Uns heute in Euerer Mitte mit Rührung überzeugt haben, daß die Treue und Anhänglichkeit, die Ihr seit Jahrhunderten Unseren Vorfahren ununterbrochen, und auch Uns bei jeder Gelegenheit bewiesen habet, Euch noch jetzt wie von jeher beseelet.

Gegeben in Unserer kaiserlichen Haupt- und Residenzstadt Wien, den fünfzehnten März, im Eintausend achthundert acht und vierzigsten, Unserer Reiche im vierzehnten Jahre.

Ferdinand.

L.S.

Carl Graf von Inzaghi,
Oberster Kanzler.

Franz Freiherr von Pillersdorff,
Hofkanzler.

Joseph Freiherr von Weingarten,
Hofkanzler.

Nach Sr. k. k. apostol. Majestät
höchst eigenem Befehle:

Peter Ritter von Salzgeber,
k. k. Hofrath.

Aufhebung der Pressezensur durch Ferdinand I., am 15. März 1848. Mit einem Mal konnte eine Vielzahl von Büchern veröffentlicht werden, und zahlreiche Zeitschriften entstanden. Die gesamte Schreibkultur änderte sich.

Erzherzogin Sophie. *Johann Nepomuk Ender nach Josef Carl Stieler, 1830.* Erzherzogin Sophie war die ehrgeizige Gemahlin Franz Karls. Nach dem Rücktritt Kaiser Ferdinands überzeugte sie ihren Mann auf den Thron zu verzichten, und setzte ihren Sohn Franz Joseph als Thronfolger durch. Zeitweise wurde gesagt, sie sei der einzig wahre Mann bei Hofe. Mit ihrem energischen Eingreifen sicherte sie der Dynastie ihren Platz als Herrscherin von Österreich.

Trotz seiner offensichtlichen Regierungsunfähigkeit war Kaiser Ferdinand überaus beliebt bei der Bevölkerung, aber ausländische Diplomaten machten sich unbarmherzig über den bedauernswerten Monarchen lustig. Doch die Revolution machte sich wieder Luft, von Frankreich ausgehend, rührten sich überall in Europa revolutionäre Kräfte, die das Haus Habsburg in seiner Existenz bedrohten. Die Revolution ging dieses Mal vom neuen Mittelstand aus, im März 1848 forderten Studenten eine freiheitliche Verfassung für alle Länder der Monarchie. Metternich musste nun zurücktreten und ging ins Exil nach England. Der immer stärker werdende Nationalismus führte zu Aufständen gegen die Habsburger in Italien, Ungarn und Böhmen. Im Hintergrund aber arbeitete die ehrgeizige Erzherzogin Sophie, Gattin von Erzherzog Franz Karl an einem Thronwechsel. Sie sah klar ein, dass Ferdinand zurücktreten musste, und überzeugte ihren Mann, zugunsten seines Sohnes Franz Joseph auf den Thron zu verzichten. Am 2. Dezember 1848 dankte Kaiser Ferdinand in Olmütz ab, und sein 18-jähriger Neffe Franz Joseph wurde Kaiser von Österreich. Die Aufstände wurden gewaltsam niedergeschlagen: von Feldmarschall Radetzky in Italien, von Fürst Windisch-Graetz in Böhmen und vom kroatischen General Jella in Ungarn. Nach seiner Abdankung lebte Ferdinand in Prag und starb dort 1875 im Alter von 82 Jahren.

Entlassung Metternichs durch Kaiser Ferdinand I. nach seiner Rücktrittserklärung am 13. März 1848. Auch Metternich musste im Zuge der Revolution seinen Posten räumen. Im März 1848 trat er zurück und floh nach England.

Die Erstürmung des Burgtores während der Rückeroberung Wiens durch die Truppen unter Fürst Alfred zu Windisch-Graetz am 31. Oktober 1848, *1848*. Auch Österreich blieb von den Unruhen nicht verschont. Die revolutionären Kräfte schienen auch in Wien überhandzunehmen, sodass die kaiserliche Familie sich gezwungen sah, nach Olmütz zu fliehen.

IX

Kaiser Franz Joseph

Der alte Kaiser

»Der alte Kaiser« – bei diesem Wort denken nicht nur Österreicher direkt an Kaiser Franz Joseph I. Der bärtige, blauäugige und stets uniformierte Herrscher thront bis heute selbstbewusst und gütig auf Postkarten in vielen Schaufenstern von Südtirol über die Alpen bis hin zu den Karpaten. Der alte Kaiser ist heute noch in seinen Königreichen und Ländern gegenwärtig. Er regierte von 1848 bis 1916 68 Jahre lang. Er war einer der dienstältesten Monarchen Europas. Als er starb, hinterließ er eine große Leere. Franz Joseph war so sehr ein Teil des Lebens seiner Völker, dass fast jeder das Gefühl eines persönlichen Verlustes verspürte. Er war zum unverrückbaren politischen und menschlichen Symbol für nahezu drei Generationen geworden.

Kaiser Franz Joseph unmittelbar nach der Thronbesteigung.

Schon zu seinen Lebzeiten entstanden Legenden, sowohl über seine Frau Elisabeth als auch über seine Selbstdisziplin, Arbeitsmoral und Religiosität. Sein Bild als gütiger, fürsorglicher »Übervater seiner Völker« hält sich bis heute und überdeckt seine Strenge und den Neoabsolutismus, mit dem er als junger Kaiser die Revolution und den Freiheitskampf der Ungarn niedergeschlagen hat. Gerade in Ungarn ist sein Bild bis heute zwiespältig. Einerseits ist die Revolution von 1848 im ungarischen Bewusstsein stets präsent, andererseits bekam Franz Joseph nach dem Ausgleich 1867 von den zufriedengestellten Ungarn den Kosenamen »Ferenc Jóska«. Seine Frau Elisabeth wurde zur Heldin Ungarns. Die heute von Touristen bestaunten Städte Wien und Budapest entwickelten während seiner Zeit ihre herrlichen Stadtbilder. »Viribus Unitis« – »Mit vereinten Kräften« war sein Wappenspruch, was in einem Vielvölkerstaat wie ein Aufruf an alle galt.

Als er am 18. August 1830 geboren wurde, überwog noch das absolutistische Prinzip des Ancien Régime. In Europa war die Macht der Heiligen Allianz noch kaum erschüttert, die Welt der Restauration hatte noch nicht aufgehört zu be-

linke Seite: **Kaiser Franz Joseph.** *Hermann Wassmuth, 1915.* Kaiser Franz Joseph, »der alte Kaiser«, prägte eine ganze Epoche. Während seiner 68-jährigen Regierungszeit erreichte das Reich einen ungeheuren Wohlstand, eine große Stabilität und eine kulturelle Blüte.

Kaiser Franz Joseph zu Pferde, *um 1910.* Der alte Kaiser während eines Manövers. Die Armee war neben den Beamten und der Kirche eines der tragenden Elemente des Vielvölkerstaates. Der Kaiser selbst war ein Mensch mit hoher Disziplin und einem starken Pflichtbewusstsein. Schon um fünf Uhr morgens saß er zum Aktenstudium am Schreibtisch.

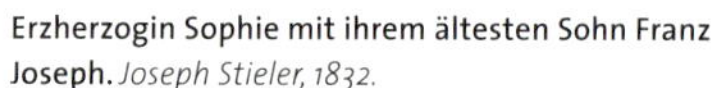

Erzherzogin Sophie mit ihrem ältesten Sohn Franz Joseph. *Joseph Stieler, 1832.*

stehen. In dieser Welt der Kindheit und Jugend Franz Josephs brach mit elementarer Gewalt die industrielle Revolution ein. Seine Regierungszeit war eine Periode des Übergangs, er aber wurde zur Personifizierung der Kontinuität.

Während des 19. Jahrhunderts entwickelten sich gewaltige außenpolitische Verschiebungen, die auf die Monarchie entscheidenden Einfluss ausübten. In diese Zeit fielen die italienische Einigung und die Umwandlung des Deutschen Staatenbundes in einen Bundesstaat unter der Führung Preußens. Franz Joseph musste sich auch mit der Krise des Osmanischen Reiches auseinandersetzen und sein Verhältnis zu Russland planen, ganz abgesehen von der zwiespältigen Rolle, die Frankreich in seinem Verhältnis zum Habsburgerreich während dieser Periode spielte. Die Kriege, die der Kaiser führte, waren überwiegend defensiv. Am Ende seiner Regierungszeit erschienen zum ersten Mal auf der Bühne der Politik der Alten Welt die jungen Vereinigten Staaten von Amerika mit der Reise, die Präsident Theodor Roosevelt nach Europa unternahm. Roosevelt fragte den alten Kaiser, was denn im 20. Jahrhundert noch der Sinn der Monarchie sei, und dieser antwortete: »Ich muss meine Völker vor ihren Regierungen beschützen«.

Wappenkarte. Die Wappen Österreich-Ungarns und seiner Länder, *1895.*

Oft wird Franz Joseph als unpersönlicher Bürokrat dargestellt, der zu keiner menschlichen Regung fähig gewesen sei. Gewiss zeigte er sich auch manchmal streng und unnahbar. Aber hierbei mag es sich eher um ein bewusstes Zurücktreten der Person zugunsten der Funktion gehandelt haben, was sich auch in anderer Form bei Karl V. finden lässt. Bewusst tritt der Mensch hinter dem Staatsoberhaupt zurück. Doch aus seiner privaten Korrespondenz haben wir viel Kenntnis über seine Menschlichkeit. Bescheiden und genügsam, so genoss er auch seine Urlaubstage in Bad Ischl, als Jäger und Gebirgler, einfach gekleidet in der lokalen Tracht.

Doch so unnahbar war er dann nicht – an seinem Hof gab es eine Einrichtung, die bis heute unwiederholt bleibt: Ein jeder Untertan hatte die Möglichkeit, sich in die wöchentliche Audienzliste eintragen zu lassen, ganz gleich ob Hocharistokrat oder einfaches Bäckermädel. Ein jeder konnte seine Wünsche und Anliegen dem Herrscher persönlich vortragen. Man stelle sich vor, wie ungewöhnlich es wäre, wenn man heute eine rasche Audienz beim Bundespräsidenten oder beim Bundeskanzler bekäme.

Der Kaiser war berühmt für sein Pflichtbewusstsein und seine Auffassung, der erste Diener seines Staates zu sein. Seine Arbeitsmoral war schon zu seinen Lebzeiten legendär. Sein Tag begann früh um vier, mit seiner 80-Stunden-Woche gab er auch seinen Beamten das beste Beispiel. Der gute Ruf der Gewissenhaftigkeit, Ehrlichkeit und Unbestechlichkeit, den die österreichisch-ungarische Verwaltung weltweit genoss, hatte seinen Ursprung in dieser Zeit.

Das Österreich des 19. Jahrhunderts musste sich vor allem mit der Nationalitätenfrage auseinandersetzen. 14 Völker mit 14 Sprachen und unzähligen Dialekten bewohnten den Donauraum. Der materialistische Wert des Nationalismus griff im 19. Jahrhundert um sich und entwickelte seine Sprengkraft. Franz Joseph musste damit umgehen. Die vollständige Zufriedenheit eines seiner Völker würde zur vollständigen Unzufriedenheit der anderen führen. »Ich habe gut regiert, wenn alle meine Völker gleichermaßen unzufrieden sind«, fasste er diese Situation zusammen.

Mit 18 Jahren an die Macht

Genau zu dem Zeitpunkt, als ganz Europa in revolutionären Flammen stand, organisierte die junge und kluge Erzherzogin Sophie, eine geborene Prinzessin von Bayern, zusammen mit anderen den Machtwechsel. Es war klar, dass es so nicht weitergehen konnte. Kaiser Ferdinand war unfähig zu regieren, das System Metternich hatte sich totgelaufen. Sophie, die klar erkannte, dass die Zukunft des Reiches nun in jüngere Hände gelegt werden müsste, überredete ihren Mann, Erzherzog Franz Karl, zugunsten seines Sohnes Franz Joseph zu verzichten. Am 1. Oktober 1848 wurde der eben 18-jährige Erzherzog in Olmütz, wohin die kaiserliche Familie hatte flüchten müssen, zum Kaiser erklärt. Ihm war ein Thron überlassen, welcher von unzähligen Seiten nur mit Problemen und Hindernissen überflutet war. Er musste sich den Herausforderungen stellen und tat dies mit viel Selbstsicherheit, militärischer Disziplin und dem Wissen aus seiner sorgfältigen Erziehung.

Feldmarschall Radetzky und sein Stab vor Mailand. *Albrecht Adam, 1848.* Feldmarschall Josef Wenzel Radetzky (1766–1858) war einer der bedeutendsten Heerführer Österreichs im frühen 19. Jahrhundert. »Glück auf, mein Feldherr, führe den Streich! Nicht bloß um des Ruhmes Schimmer – In deinem Lager ist Österreich!«, dichtete Franz Grillparzer, der ihn wie viele andere national-monarchistisch eingestellte Österreicher sehr bewunderte. Radetzky machte während der napoleonischen Kriege rasch Karriere beim Militär. Seit 1836 trug er Titel und Funktion des Feldmarschalls. Bis heute wird Feldmarschall Radetzky sehr verehrt und ist nicht nur aufgrund des Radetzky-Marsches von Johann Strauss bekannt.

Die Revolution wurde gewaltsam niedergeschlagen, Feldmarschall Radetzky hatte im Sommer 1848 das verloren geglaubte Mailand zurückerobert. Und in Felix Fürst Schwarzenberg hatte Franz Joseph einen Ministerpräsidenten, der die Epoche des Neoabsolutismus herzhaft einleitete. Man stützte sich auf das Militär und auf die Kirche.

Auch der Freiheitskrieg der Ungarn rüttelte an seinem Thron und seinem Reich. Als erste große Herausforderung prägten diese Erfahrungen den jungen Kaiser. Allerdings hatte er keine guten Berater an seiner Seite. Das Talent Maria Theresias, ausgezeichnete Mitarbeiter zu finden, fehlte ihm völlig.

Der ungarische Aufstand war unter Lajos Kossuth zu einem Freiheitskrieg geworden. Man wollte die ungeliebte habsburgische Herrschaft abschütteln. Der Thronwechsel wurde nicht anerkannt, der ungarische Reichstag rief die Unabhängigkeit und die Republik aus, Kossuth wurde zum Reichsverweser erklärt. Bis heute spielt der Aufstand eine große Rolle im ungarischen Bewusstsein. Franz Joseph sah sich gezwungen, den russischen Zaren um Hilfe zu bitten, da seine eigenen Truppen der Lage nicht Herr werden konnten. Entgegen vielen Ratschlägen wurden die Aufständischen hart bestraft und über 100 Anführer am 6. Oktober 1849 im siebenbürgischen Arad hingerichtet. Es folgte die Hinrichtung des ehemaligen Ministerpräsidenten Batthyány in Pest. Diese Wunde konnte später nur schwer geheilt werden. Der Kaiser in Wien war verhasster als je zuvor.

Seite 200: **Kaiser Franz Joseph und Kaiserin Elisabeth.** *Franz Xaver Winterhalter, 1865.* Winterhalter war durch die Protektion König Louis Philippes sehr rasch zu einem der begehrtesten Porträtmaler Europas geworden. Die Bilder von Elisabeth und Franz Joseph sind typische Bilder, die zu Repräsentationszwecken gemalt wurden – und gerade bei Elisabeth werden diese Repräsentationszwecke bis heute erfüllt. Keine Darstellung von ihr ist populärer als diese. Auf dem Bild ist die Kaiserin in einer prachtvollen Ballrobe zu sehen, das Haar geschmückt mit den bis heute bekannten und kopierten Sissi-Sternen aus Brillanten.

Felix Fürst zu Schwarzenberg, *1850.* Er legte die Grundlagen für die wirtschaftliche und gesellschaftliche Modernisierung des Reiches

Graf Lajos Kossuth. Der ungarische Freiheitskämpfer ist bis heute ein Nationalheld.

Fürst Schwarzenberg als führender, aber auch umstrittener Politiker dieser turbulenten Zeiten war für die Konservativen zu liberal und für die Liberalen zu konservativ. Sein Ziel war der Erhalt des Vielvölkerstaates. Als Berater des Kaisers und als Minister der Monarchie führte er von oben die notwendige Modernisierung des Landes fort. Nach den stürmischen Jahren der Revolution regierte der junge Franz Joseph über das nunmehr vereinigte Kaiserreich als ein neoabsolutistischer, aber doch aufgeklärter Despot. Die Macht war zentralisiert beim Kaiser in Wien.

Admiral Wilhelm von Tegetthoff in der Seeschlacht von Lissa. *Anton Romako, um 1878/80.* Der Sieg über die italienische Marine am 20. Juli 1866 machte Admiral von Tegetthoff zum Seehelden. Als Chef der Marinesektion im Kriegsministerium reorganisierte er gegen zahlreiche Widerstände die österreichische Kriegsmarine.

Verlorene Schlachten

Die Schlacht von Solferino war die Entscheidungsschlacht im Sardinischen Krieg zwischen dem Kaisertum Österreich und dem Königreich Piemont-Sardinien und dessen Verbündeten Frankreich. Der Krieg brach aus, als das Königreich Piemont-Sardinien und dessen Verbündeter, der französische Kaiser Napoleon III., die italienischen Freiheitskämpfer in den damaligen österreichischen Provinzen Lombardei und Venetien unterstützten.

In der Schlacht von Solferino am 24. Juni 1859 erlitt Österreich eine vernichtende Niederlage. Radetzky war nicht mehr da, also führte Franz Joseph das Kommando. Die verlorene Schlacht war eine besondere Demütigung Franz Josephs. Angesichts der verzweifelten Situation der verwundeten Soldaten auf dem Schlachtfeld gründete Henry Dunant das Rote Kreuz. Damit wurde die Grundlage zur Vereinbarung der Genfer Konvention von 1864 geschaffen.

Österreich verlor im Waffenstillstand von Villafranca und dem Frieden von Zürich die Lombardei; die Vereinigung Italiens erfolgte in Etappen. Erst diese Niederlage von 1859, bei der Franz Joseph trotz Mangel an Erfahrung selbst den Oberbefehl übernommen hatte, ließ Verfassungsreformen unausweichlich werden: Der Kaiser erließ 1860 das Oktoberdiplom und 1861 das Februarpatent, die die Rückkehr zu konstitutionellen Verhältnissen einleiteten.

Auch im Norden wuchs ein gefährlicher Gegner heran. Der neue preußische Ministerpräsident Otto von Bismarck hatte nur ein Ziel: einen starren deutschen Nationalstaat unter preußischer Führung. Dazu war ihm jedes Mittel recht. Österreich war störend in seinen Plänen. Durch den Ausstieg aus dem Deutschen Bund im Juni 1866 provozierte er einen Krieg gegen Österreich. Schon 1862 hatte er gegenüber dem britischen Premierminister Benjamin Disraeli eine mögliche Vorgehensweise beschrieben: »Sobald die Armee so weit ist, dass sie Respekt einflößt, werde ich die nächstbeste Gelegenheit wahrnehmen, um Österreich den Krieg zu erklären, hierauf den Deutschen Bund auflösen, die kleineren Staaten unterwerfen und Deutschland unter preußischer Führung vereinigen.« Es bedurfte Bismarcks ganzen Geschicks, um Österreich in den Krieg zu hetzen, das 1864 noch Seite an Seite mit Preußen im Deutsch-Dänischen Krieg gekämpft hatte. Die Schlacht bei Königgrätz am 3. Juli 1866 verloren die Österreicher unerwartet schnell. Es hatte sich gezeigt, dass die preußischen Truppen besser ausgerüstet waren; die Österreicher hatten den modernen Zündnadelgewehren nichts entgegenzusetzen.

Die Kuppel der Beinhaus-Kapelle in Solferino erinnert noch heute an das blutige Geschehen in der Schlacht von Solferino am 24. Juni 1859. In der Kapelle befinden sich über 1000 Schädel und etwa 7000 Skelette gefallener Soldaten.

Im anschließenden Frieden von Prag wurde der Deutsche Bund aufgelöst und Österreich damit aus Deutschland hinausgedrängt. Preußen schloss sich mit den Staaten nördlich des Mains zum »Norddeutschen Bund« zusammen. Bismarck glaubte an diese kleindeutsche Lösung und sagte, damit habe man »die deutsche Uhr auf 100 Jahre richtig gestellt«. Dieses Richtigstellen der Uhr sollte aber dramatische Folgen für Deutschland haben. Wenige Jahre später provozierte Bismarck erneut einen Krieg, dieses Mal gegen Frankreich. In der darauf folgenden gesamtdeutschen Stimmungslage konnten sich die süddeutschen Fürsten Bismarck und der Einigung nicht widersetzen. Am 18. Januar 1871 wurde im Spiegelsaal von Versailles der preußische König Wilhelm zum Deutschen Kaiser Wilhelm I. ausgerufen.

Otto von Bismarck, erster Reichskanzler des deutschen Kaiserreiches.

Die Brigade Gordon verteidigt den Swiepwald bei Cischkowes. *Carl Röchling, 1894.* Die Schlacht bei Königgrätz 1866 brachte eine bittere Niederlage Österreichs gegen die Preußen.

Kaiserin Elisabeth von Österreich im ungarischen Krönungskleid. *Emil Rabending, 1866.*

Der ungarische Ausgleich 1867

Die erlittenen Rückschläge trugen dazu bei, dass auch in Wien der Geist der Versöhnung heranreifte. Nun musste vor allem die Umstrukturierung des Vielvölkerreiches in Angriff genommen werden. Nach dem Sieg des kleindeutschen Nationalismus versuchte der Kaiser, die nationalen Gegensätze in seinem Reich zu überbrücken. Wien und Budapest näherten sich nun langsam einander an, da man in Wien zur Erkenntnis gekommen war, dass ein Ausgleich mit Ungarn ein wichtiger Schritt auf dem Weg zur Aussöhnung der Völker war. Dabei machte sich auch Kaiserin Elisabeth zur Anwältin der Ungarn, die ihr so sehr ans Herz gewachsen waren. Dafür wurde sie »die schöne Vorsehung Ungarns« genannt, und bis heute wird sie von den Magyaren zutiefst verehrt.

Nach einem langen Reifungsprozess entwickelte der ungarische Politiker Franz Deák das Konzept des Dualismus zwischen Österreich und Ungarn. Seine Idee einer gemeinsamen Regierung in den Bereichen Außenpolitik und Militärpolitik und ansonsten getrennten Regierungsbereichen wurde auf beiden Seiten ernsthaft diskutiert. Franz Joseph fasste Vertrauen in den gemäßigten und ruhigen Charakter Deáks. Er berief Graf Gyula Andrássy am 17. Februar 1867 zum ungarischen Ministerpräsidenten. Einen Tag später stellte der ungarische Reichstag die Verfassung von 1848 mit einigen geringen Modifikationen wieder her, Siebenbürgen und das Banat wurden wieder mit Ungarn vereint. Der Höhepunkt des Ausgleichs war die feierliche Krönung Franz Josephs und Elisabeths in Budapest.

Der Ausgleich schuf ein völlig neues Staatensystem: Die Realunion vereinte zwei verfassungsmäßig unterschiedliche Einheiten mit für bestimmte Bereiche auch gemeinsamen Regierungsinstitutionen. Trotz der unterschiedlichen Einstellungen waren die Ungarn überwiegend zufrieden mit diesem Kompromiss und feierten ihr mit der heiligen Stephanskrone gekröntes apostolisches Königspaar. Die Ungarn hatten eine Königin, die sie lieben konnten, und einen König, der ihr Vertrauen gewonnen hatte.

Die heilige Stephanskrone von Ungarn. Nach der Kronentheorie der Ungarn ist die Krone selbst der Souverän des ungarischen Volkes. Das Land ist ihr Besitz und verbindet Himmel und Erde. Danach nimmt der König als oberster Diener der Krone auf der Erde Platz, und er berührt die heilige Krone auch nur während des Krönungsaktes. Ohne den Krönungsakt erkennen die Ungarn daher keinen Herrscher als ihren apostolischen König an.
Die Krone besteht aus einer offenen Reifkrone mit zehn Bildplatten. Die Frontplatte zeigt Christus Pantokrator, auf der Rückseite sieht man den byzantinischen Kaiser als weltliche Entsprechung. Zwei sich überkreuzende Bügel komplettieren die Krone mit weiteren Emailbildern mit lateinischen Inschriften. Ganz oben ist das charakteristische schiefe Kreuz angebracht.
Die Stephanskrone hat ein wechselvolles Schicksal. Mehrfach in der Geschichte musste sie »fliehen«. Zuletzt nach dem Zweiten Weltkrieg in die USA, wo sie bis 1970 in Fort Knox untergebracht war. Seit dem Jahr 2000 ist sie zusammen mit Reichsapfel und Reichszepter im ungarischen Parlament ausgestellt.

linke Seite: **Kaiserin Elisabeth.** *Franz Xaver Winterhalter, 1864.*

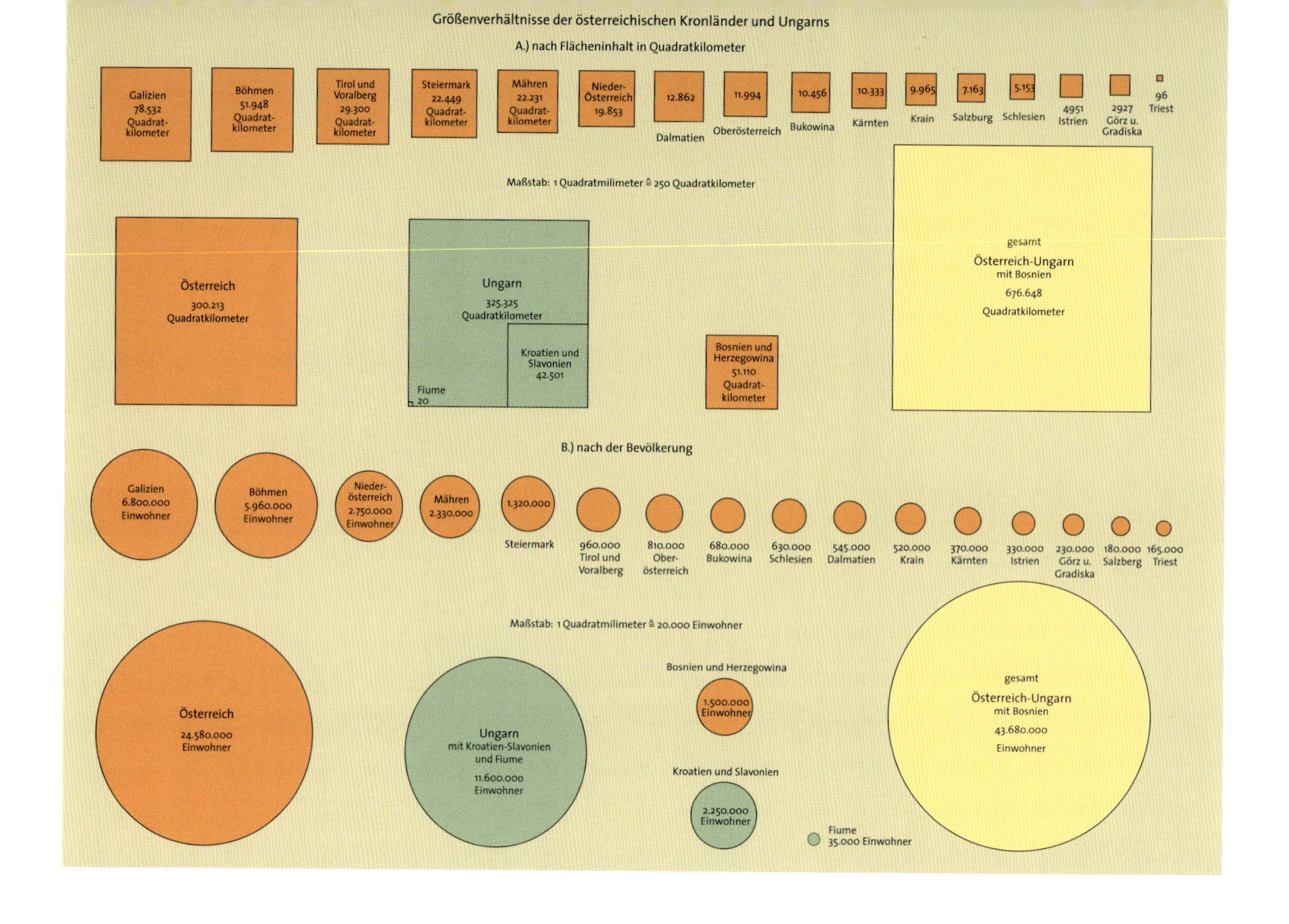

Die Kaisermoschee, Careva džamija, in Sarajevo. Nach der Besetzung Bosnien-Herzegowinas richtete Kaiser Franz Joseph für die neue Religionsgemeinschaft der Muslime in seinem Reich das Amt eines geistlichen Oberhauptes ein: den Reis-Ul-Ulema. Bis heute residiert der Reis-Ul-Ulema in der Careva-Moschee. In der k.u.k.-Armee gab es neben den katholischen und protestantischen Heeresgeistlichen auch Herresrabbiner und Heeresimame.

Deák und Andrássy haben die Grundlage für einen nationalen und liberalen Staat gelegt, der den Anschluss an Europa wiederfand. Die Ungarn wurden innenpolitisch praktisch unabhängig. Es blieben nur das Außenministerium und das Kriegsministerium sowie das Reichsfinanzministerium als gemeinsame Angelegenheiten »kaiserlich und königlich«. Der erste Außenminister der Gesamtmonarchie wurde Friedrich Ferdinand von Beust (1867–1871), der mehrheitlich die Verhandlungen zwischen Ungarn und Wien führte, ihm folgte Graf Gyula Andrássy (1871–1879).

Trotz der ungarischen Gewinner des Ausgleichs muss man auch die Verlierer erwähnen, die »anderen Nationalitäten«, vor allem diejenigen, die auf ungarischem Reichsgebiet lebten: Slowaken und Südslawen beziehungsweise Kroaten. Franz Joseph hatte sich ursprünglich ein föderales oder zumindest dreiteiliges System anstelle des Dualismus gewünscht. Doch er wusste, dass die Ungarn ohne Wiederherstellung ihres Staatsrechts, der Gleichheit mit den Österreichern und auch der Vormacht über andere Nationalitäten zu dieser Versöhnung nicht bereit gewesen wären. So mussten sich die Kroaten im Jahr 1868 bezüglich der Ungarn mit einem »kleinen Ausgleich« zufriedengeben, die anderen Provinzen und das Königreich Böhmen blieben bis dahin »im Reichsrat vertretene Länder«. Ursprünglich war geplant, ein ähnliches Abkommen wie mit Budapest auch mit den Ländern der Wenzelskrone zu schließen. Doch die außenpolitischen Ereignisse beschleunigten das Tempo, sodass der Ausgleich ein unvollendetes Werk blieb. Franz Joseph war sich dieses Mangels wohl bewusst und versuchte ständig, eine Einigung auch in der österreichischen Reichshälfte zu erreichen. Er wollte daher ein föderalistisches Element

einbauen. Erst 1905 gelang mit dem Mährischen Ausgleich die erste praktische Lösung, und die Spannungen zumindest in einem Kronland wurden abgebaut. Die Bukowina übernahm das mährische Modell.

Nach 1879 verbündete sich die Monarchie eng mit dem 1871 neu gegründeten Deutschen Kaiserreich. Die Deutschen waren zwar potente Unterstützer, gerade auch in der Balkanfrage, gleichzeitig aber wurde Österreich-Ungarn auch zutiefst in Bismarcks Bündnissystem verstrickt. Österreich-Ungarn bildete mit dem Deutschen Reich den Zweibund, der durch den Beitritt Italiens zum Dreibund wurde. Diesem stand dann später die sogenannte Entente gegenüber: das Vereinigte Königreich, Frankreich und später Russland.

Beim Berliner Kongress erhielt Österreich-Ungarn 1878 das Mandat, die beiden osmanischen Provinzen Bosnien und Herzegowina zu besetzen und zu verwalten. Formal blieben sie aber weiter Bestandteile des Osmanischen Reiches. Da sich Österreich und Ungarn nicht darauf einigen konnten, welchem Reichsteil die Provinzen angegliedert werden sollten, wurde die Verwaltung vom K.u.K. Reichsfinanzministerium (einem der drei gemeinsamen Ministerien beider Reichshälften) übernommen. Im Jahr 1908 wurde die Provinz annektiert.

Besuch Kaiser Franz Josephs I. in Bosnien auf der Römerbrücke in Mostar. Rechts neben ihm der bosnische Landesschef Varešanin, *1910*. Im Juli 1878 besetzte Österreich nach dem Berliner Kongress Bosnien und stellte es unter seine Verwaltung. Im September 1908 erfolgte dann, mit Einverständnis Russlands, die Annexion. Die anhaltende Instabilität des Osmanischen Reiches hatte für Unruhe auf dem Balkan gesorgt. Zwar löste die Annexion eine internationale Krise aus, aber die Bevölkerung in Bosnien-Herzegowina revoltierte nicht – die Vorteile wogen die Nachteile mehrfach auf. Die k.u.k. Verwaltung hatte ein gut funktionierendes Gesundheits- und Schulwesen geschaffen, die wirtschaftliche Entwicklung ging nach oben. Österreich stützte sich stark auf die muslimischen Eliten und erkannte den Islam als gleichberechtigte Religion an.

»Sissi, die junge Kaiserin«, *Kinoplakat mit Romy Schneider und Karlheinz Böhm, 1956.* Die Sissi-Trilogie von Ernst Marischka aus den 50er-Jahren trug viel zur Popularität Kaiserin Elisabeths bei – und auch der von Romy Schneider. Mit der realen Geschichte haben die Filme allerdings wenig zu tun.

»Mir bleibt auch nichts erspart« – der Kaiser und seine Familie

Das Leben Kaiser Franz Josephs war von vielen Familientragödien überschattet. Im privaten Bereich war dem Kaiser kein großes Glück beschert. Die Geschichte seiner Familie bot Anlass zu zahlreichen Filmen, vor allem die in den Fünfziger-jahren gedrehte Sissi-Trilogie von Ernst Marischka begeistert bis heute das breite Publikum, hält aber einer historischen Überprüfung nicht stand.

1854 hatte er Prinzessin Elisabeth geheiratet, die Tochter von Herzog Max Joseph in Bayern und dessen Frau Maria Ludowika, die eine Schwester von Franz Josephs Mutter Sophie war. Ursprünglich war Helene für den Kaiser vorgesehen gewesen, die ältere Schwester Elisabeths, doch während eines Aufenthaltes in Bad Ischl verliebte sich Franz Joseph in die 15-jährige Elisabeth. Die Ehe stand unter keinem guten Stern. Das Paar hatte vier Kinder, Sophie, Gisela, Kronprinz Rudolf und Marie Valerie. Die kleine Sophie starb bereits im Alter von zwei Jahren. Kaiserin Elisabeth fühlte sich am Wiener Hof nicht wohl. Hinzu kamen die Differenzen mit ihrer Schwiegermutter. Erzherzogin

Das Kaiserpaar in Bad Kissingen, *Frühjahr 1898.* Es handelt sich um eines der letzten Fotos der Kaiserin vor dem tödlichen Attentat. Typischerweise verdeckt sie ihr Gesicht mit einem Fächer. Sie wollte nicht mehr gesehen werden.

Die Erschießung Kaiser Maximilians von Mexiko. *Edouard Manet, 1868/69.* Entgegen dem Rat Franz Josephs hatte sich Maximilian auf das Abenteuer Mexiko eingelassen und mit seinem Leben bezahlt.

Schloss Miramare bei Triest, die romantische Residenz Maximilians.

Sophie war entschlossen, aus dem bayerischen Wildfang eine richtige Kaiserin zu machen. Am Ende zog sich Elisabeth in eine Fantasiewelt zurück, schrieb Gedichte, war bis an ihr Lebensende unterwegs, flüchtete vor ihrem Mann und vor ihren Pflichten – und genoss gleichzeitig die Privilegien ihrer einzigartigen Stellung. Es war keineswegs so, dass Franz Joseph allein für ihr Unglück verantwortlich war. Aus seinen Briefen wissen wir, dass er sich zeit seines Lebens intensiv um sie bemüht hat.

Bei seinem eigenen Bruder Maximilian musste Franz Joseph zusehen, wie dieser in sein Unglück lief. Maximilian lebte mit seiner Frau, der belgischen Prinzessin Charlotte, auf seinem Schloss Miramare bei Triest. Er hatte nicht sehr viel zu tun, denn nach der Unabhängigkeit der Lombardei im Jahr 1859 hatte er das Amt des Generalgouverneurs verloren. Er ließ sich von dem französischen Kaiser Napoleon III. zu einem wagemutigen Abenteuer überreden. Napoleon wollte in Mexiko die Idee eines an Frankreich gebundenen Reiches verwirklichen und machte Maximilian 1864 zum Kaiser von Mexiko. Kaiser Franz Joseph war entsetzt, als er von diesen Plänen hörte, konnte aber nichts tun. Maximilian war nach falschen Berichten tatsächlich der Meinung gewesen, seine Träume von einem modernen, liberalen Staat verwirklichen zu können. Doch man hatte ihm die Situation mehr als geschönt dargestellt. Er scheiterte tragisch; nach nur drei Jahren Regierungszeit unter schwierigsten Bedingungen wurde er von seinen eigenen Untertanen verurteilt und erschossen. Seine Frau Charlotte verfiel daraufhin dem Wahnsinn.

Auch mit seinem eigenen Sohn, Kronprinz Rudolf, erlebte der Kaiser eine Tragödie. Rudolf war ein aufgeweckter junger Mann, weitgehend an Naturwissenschaften interessiert und mit vielen Begabungen. Die Berichte über seine Reisen, das sogenannte Kronprinzenwerk, sind bis heute ein spannendes Zeitdokument. Rudolf war verheiratet mit Stephanie von Belgien, aber auch diese Ehe war sehr unglücklich. Bis heute gibt es Spekulationen, was Rudolf wirklich vorgehabt hätte im Falle einer Regierungsübernahme. Er litt unter starken Stimmungsschwankungen, mit seinem Vater fand er keine rechte Verbindung. Über die Tragödie, die sich in der Nacht vom 29. auf den 30. Januar 1889 in Schloss Mayerling abspielte, gibt es zahlreiche Varianten. Bis heute ist nicht endgültig geklärt, wie Kronprinz Rudolf und seine junge Begleiterin Baronesse Mary Vetsera zu Tode kamen. Am wahrscheinlichsten ist letzten Endes doch die Selbstmordtheorie.

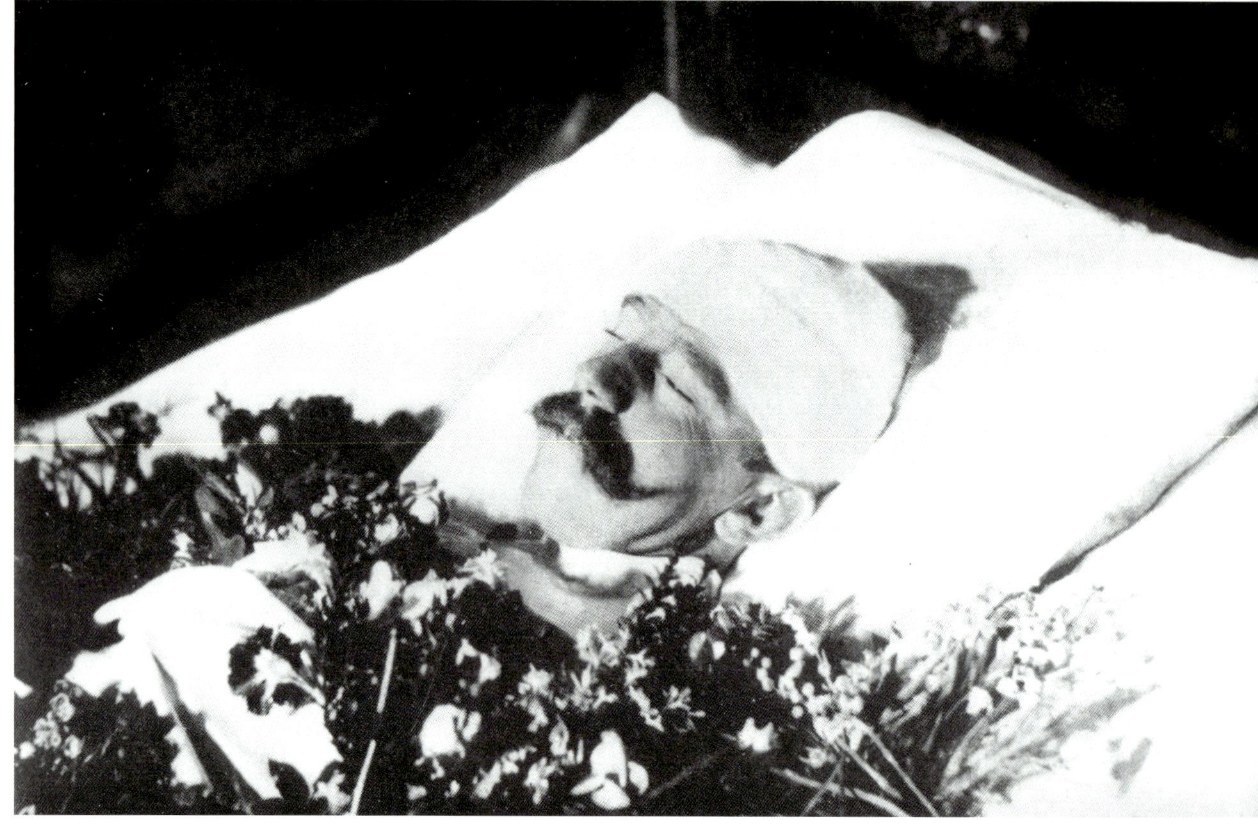

Kronprinz Rudolf auf seinem Totenbett, *1889.* Bis heute sind die Umstände seines Todes ungeklärt.

Kaiser Franz Joseph und Katharina Schratt auf dem Weg zur Villa der Hofschauspielerin in Bad Ischl, *um 1910.* Katharina Schratt war Kaiser Franz Joseph in seinen späten Jahren eine wertvolle Freundin.

Als dem alten Kaiser am 10. September 1898 die Nachricht überbracht wurde, dass seine Frau, Kaiserin Elisabeth, in Genf einem Mordanschlag zum Opfer gefallen war, sagte er: »Mir bleibt auch nichts erspart.« Die ganze Monarchie trauerte mit ihm. Ein Trost war ihm in seinen späten Jahren seine Freundschaft zu der Schauspielerin Katharina Schratt, die noch von Kaiserin Elisabeth selbst vermittelt worden war.

Wirtschaftliche und kulturelle Blütezeit

Während der Regierungszeit von Kaiser Franz Joseph beschleunigte die Industrialisierung den Wandel von einer agrarisch geprägten in eine technische Gesellschaft. Die Städte wuchsen in rasantem Tempo. Zunächst bildeten sich vor allem um die Hauptstadt Wien, in der Obersteiermark, in Vorarlberg und in Böhmen wirtschaftliche Zentren heraus, ehe im weiteren Verlauf des 19. Jahrhunderts die Industrialisierung auch in Zentralungarn und den Karpaten Einzug hielt. Resultat dieser Umstrukturierung waren große Ungleichheiten in der Entwicklung innerhalb des Reiches, denn generell erwirtschafteten die westlich gelegenen Wirtschaftsregionen weit mehr als die östlichen. Es wurden immer mehr Eisenbahnen gebaut. Die Kaiserlich und Königlichen waren aber auch auf dem Wasser unterwegs: Die Erste Donau-Dampfschifffahrts-Gesellschaft war bis zum Ende der Donaumonarchie die größte Binnenschifffahrtsgesellschaft der Welt.

Der Dualismus begünstigte das gesamte Wirtschaftswachstum. Österreich-Ungarn gewann immer mehr Ansehen im Ausland: Es waren beispiellose Fortschrittszeiten in puncto Wirtschaft, Urbanisierung und Schulwesen. Wissenschaft, Künste und Literatur waren frei.

Als Folge der Entwicklung des Industrieproletariats entstand die immer größeren Einfluss nehmende Sozialdemokratische Partei. Der Kampf um das allgemeine Wahl- und Stimmrecht nahm zu. Im Unterschied zu Österreich, wo dies 1906 gelang, wurde in Ungarn bis zum Ende der Doppelmonarchie kein allgemeines Männerwahlrecht eingeführt. Vorrechte von Stand und Besitz waren in Ungarn, das noch weitgehend feudalistisch geprägt war, wesentlich stärker ausgeprägt als in Österreich.

Kaiser Franz Joseph bei der österlichen Fußwaschung an je zwölf alten Männern und Frauen am Gründonnerstag, *um 1910.* Kaiser Franz Joseph war zutiefst religiös. Die Fronleichnamsprozession ging quer durch Wien. Der Kaiser und die kaiserliche Familie folgten ihr zu Fuß und mit entblößten Häuptern. An Gründonnerstag in der Karwoche wuschen Kaiser und Kaiserin, der Tradition des Evangeliums als Demutsgeste folgend, jeweils zwölf armen Männern und Frauen die Füße. Schwer vorstellbar wäre heute ein solches Ritual durch einen demokratisch gewählten Präsidenten.

Ein Höhepunkt dieser Zeit war sicherlich die Feier des Millenniums der Ungarn 1896: 1000 Jahre Landnahme wurden mit großartigen Projekten wie Neubauten, Festveranstaltungen und Ausstellungen prunkvoll organisiert und zelebriert. Das Königspaar besichtigte nicht nur das sich europäisch und weltoffen präsentierende Budapest, sondern es gewann auch immer mehr Herzen der temperamentvollen Ungarn für sich. Die erste elektrische U-Bahn auf dem europäischen Festland beziehungsweise die zweite nach London in der Welt wurde am 2. Mai 1896 in Budapest in Betrieb genommen und war auf Initiative von Werner von Siemens entstanden.

Im Großen und Ganzen waren die Untertanen des Kaisers zufrieden. Es herrschte Frieden im Reich. Allerdings wurden die Nationalitäten immer unruhiger: Sie wollten wie die Ungarn gleichberechtigt behandelt werden. Bei der Volks-

Der Pallas-Athene-Brunnen vor dem Parlamentsgebäude, ehem. Reichsratsgebäude. Das Parlamentsgebäude wurde im griechisch-klassizistischen Stil erbaut.

Das Parlamentsgebäude in Budapest.

Das Secessionsgebäude mit der Kuppel.

zählung im Jahr 1910 gaben insgesamt 51.390.223 Personen ihre Muttersprache wie folgt an: Deutsch: 12.006.521 (23,36 %), Ungarisch: 10.056.315 (19,57 %), Tschechisch: 6.442.133 (12,54 %), Polnisch: 4.976.804 (9,68 %), Serbisch und Kroatisch: 4.380.891 (8,52 %), Ruthenisch (Ukrainisch): 3.997.831 (7,78 %), Rumänisch: 3.224.147 (6,27 %), Slowakisch: 1.967.970 (3,83 %), Slowenisch: 1.255.620 (2,44 %), Italienisch: 768.422 (1,50 %) und Sonstige: 2.313.569 (4,51 %).

Nicht nur wirtschaftlich war die Monarchie stark. Im kulturellen Bereich kam es in Kaiser Franz Josephs Regierungszeit zu einer enormen Blütezeit. Die Stadt Wien nahm Gestalt an, die Ringstraße wurde gebaut, die ihr bis heute ihr unvergleichliches Gesicht gibt. Wissenschaftler und Ingenieure, Schriftsteller, Schauspieler, Komponisten, Literaten und Maler strömten von allen Ecken der Monarchie in Wien zusammen, und nicht nur dort, sondern auch in Prag und Budapest. Die Gemeinschaft der vielen unterschiedlichen Nationen beförderte eine der kulturell fruchtbarsten Epochen überhaupt, trotz der Spannungen, die die Nationen auf politischem Gebiet miteinander austrugen. Das Wien vor dem Ersten Weltkrieg war der politische und kulturelle Mittelpunkt der Monarchie und strahlte weit darüber hinaus. Hier trafen alle Nationen der Doppelmonarchie aufeinander, die spezielle Atmosphäre inspirierte Robert Musil zu dem Begriff »Kakanien«. Die Kunst erlebte eine einmalige Blütezeit. Gustav Mahler leitete als Direktor die Oper, Schönberg und Berg experimentierten mit Neuer Musik, 19 Wiener Künstler, unter ihnen Gustav Klimt, gründeten die »Secession«, eine Vereinigung für die Kunst der neuen Zeit. Schriftsteller wie Stefan Zweig, Robert Musil, Hugo von Hofmannsthal oder Karl Kraus schöpften aus der Kreativität dieser Zeit. Wien hatte einen lässigen Charme, der auf ganz

Sprachgebiete in Österreich-Ungarn

Franz Ferdinand und Familie (mit Gattin Sophie Fürstin von Hohenberg und den Kindern Sophie, Max und Ernst), *um 1910.* Der Erzherzog-Thronfolger Franz Ferdinand konnte die böhmische Gräfin Sophie Chotek nur morganatisch heiraten, da sie nicht standesgemäß war und damit nicht den damals geltenden Familiengesetzen entsprach. Nach nahezu elf Jahren Wartezeit erlaubte Kaiser Franz Joseph diese Ehe »zur linken Hand«. Franz Ferdinand musste vor der Eheschließung verbindlich für die Thronfolgeansprüche seiner Kinder verzichten. Dennoch war die Ehe zwischen Franz Ferdinand und Sophie sehr glücklich, da es ihr auch gelang, seinen jähzornigen Charakter auszugleichen. Bei Hof hingegen litt Sophie unter der permanenten Zurücksetzung durch das Protokoll. Auf Schloss Artstetten in Niederösterreich erinnert heute eine große Ausstellung an Franz Ferdinand und Sophie. Später zählten die Söhne Franz Ferdinands zu den treuesten Unterstützern Otto von Habsburgs.

Europa ausstrahlte. Hier entwickelte Sigmund Freud seine bahnbrechende Theorie der Psychoanalyse. Die künstlerische Avantgarde brachte einen Egon Schiele und viele andere hervor. Knapp 40 Jahre später sollte für sie kein Platz mehr in Europa sein. Viele mussten auf der Flucht vor den Nationalsozialisten ihre Heimat verlassen und im amerikanischen Exil ihre Erinnerungen pflegen.

Der Weg in die Katastrophe

Österreich-Ungarns Außenpolitik war, wenngleich die Monarchie einer der größten Staaten Europas war, hauptsächlich Politik auf dem Balkan. Dort lauerten die direkten Gefahren, die die Monarchie bedrängten, dort musste man auf ein ausgewogenes Verhältnis der Mächte achten, ohne sich zu sehr von den Serben auf der Nase herumtanzen zu lassen. In dieser Zeit vor dem Ersten Weltkrieg war die außenpolitische Situation durch die europäische Bündnispolitik und die permanente Krise auf dem Balkan geprägt. Die Rolle des klassischen Gegners der habsburgischen Politik spielte Russland. Und durch das Herausdrängen Österreichs aus Deutschland durch den Krieg von 1866 und die

Kaiser Wilhelm II. *Reichard & Lindner, um 1895.* Kaiser Wilhelm überließ die Politik meistens seinen Beratern.

Erzherzog-Thronfolger Franz Ferdinand d'Este und Erzherzog Otto Franz Joseph, *Winter 1913.* Beide Männer standen stets in gutem Einverständnis.

15. Jahrgang. Nr. 5203.

Illustrierte

Kronen Zeitung

Monatlich Krone 1.20 mit Zustellung ins Haus.

Wien, Montag, den 29. Juni 1914.

Die Katastrophe von Sarajewo.

Attentat auf Erzherzog Franz Ferdinand und Herzogin von Hohenberg.

Mit Bombe und Browning.

Der Thronfolger und seine Gemalin ermordet.

Zwei Attentate.

Dem ersten entkommen, dem zweiten erlegen.

Die Attentäter verhaftet.

Von der empörten Menge blutig zugerichtet.

Rückkehr des Kaisers.

Titelseite der Kronen-Zeitung mit der Überschrift »Die Katastrophe von Sarajevo«, *vom 29. Juni 1914.*

Zeichnerische Darstellung des **Attentats auf Erzherzog Franz Ferdinand und seine Frau in Sarajevo am 28. Juni 1914.**

Reichsgründung von 1871 war das Verhältnis zum nördlichen Nachbarn zwar einigermaßen freundlich, aber nie von großer Zuneigung geprägt. Bismarck war zwar ein eiskalter Machtpolitiker, hatte aber das Bündnissystem der Mittelmächte – das Deutsche Reich und Österreich-Ungarn – so gebaut, dass es grundsätzlich defensiven Charakter hatte. Fatal hingegen war, dass Kaiser Wilhelm nach Bismarcks Abschied eine Politik der freien Hand und der militärischen Stärke vorzog. Ein böses Omen für die Zukunft war 1892 die Nichtverlängerung des Rückversicherungsvertrages mit Russland durch Kaiser Wilhelm. Damit war aus einem elastischen Bündnissystem ein starres geworden. Die verstärkte deutsche Aufrüstung tat das Ihrige dazu, dass die Situation immer angespannter wurde. Ein Kriegsausbruch war nur eine Frage der Zeit. Beinahe wäre es während der Marokko-Krise 1905 so weit gewesen, ein nächstes Mal sorgte die Annexion Bosnien-Herzegowinas durch Österreich-Ungarn 1908 für Unruhe.

Nach dem Tode Kronprinz Rudolfs und des Kaiserbruders, Erzherzog Karl Ludwigs, war die Thronfolge auf dessen Sohn Erzherzog Franz Ferdinand übergegangen. Franz Ferdinand hatte 1900 die böhmische Gräfin Sophie Chotek nicht standesgemäß geheiratet, ihre Kinder waren also nicht thronfolgeberechtigt. Entgegen anders lautenden Gerüchten schätzte der Kaiser Sophie sehr, er gab ihr den Titel einer Herzogin von Hohenberg, in Erinnerung an die erste Gattin Kaiser Rudolfs I., Gertrud von Hohenberg.

Als Erzherzog-Thronfolger hatte Franz Ferdinand naturgemäß seine eigenen Vorstellungen von einer zeitgemäßen Monarchie. Es ist kein Geheimnis, dass seine Mitarbeiter, seine Kanzlei, die er in Schloss Belvedere führte, nicht immer in Eintracht mit dem Hof lebten. Seit 1913 war Franz Ferdinand Generalinspekteur der Österreichisch-Ungarischen Armee und verfügte somit über einen gewissen Erfahrungsschatz über den Zustand des Reiches. Doch schon vorher hatte er sich Gedanken um eine Umstrukturierung gemacht. Er wollte weg vom Dualismus und hatte vor, einen Ausgleich mit den slawischen Völkern zu schaffen. Von seinem künftigen Schicksal hatte er eine gewisse Ahnung. Das bestätigt ein Gespräch, welches zwischen ihm, seinem späteren Nachfolger Erzherzog Karl und Erzherzogin Zita im Frühjahr 1914 auf Schloss Belvedere stattfand. Franz Ferdinand empfahl Karl für den Fall seiner Ermordung eine gewisse Aktenmappe, die dieser an sich nehmen sollte.

Im Juni 1914 reisten Franz Ferdinand und seine Frau nach Bosnien-Herzegowina, um den dortigen Manövern beizuwohnen. Die Lage war unruhig, auch am 28. Juni, dem »Vidovdan«, dem Sankt-Veits-Tag, der für die Serben ein national-mystischer Gedenktag ist. Aber dennoch ließ Franz Ferdinand es sich nicht nehmen, auch nach einem bereits gescheiterten ersten Attentatsversuch weiter mit dem offenen Wagen durch Sarajevo zu fahren. Als die Wagenkolonne die Lateinerbrücke erreichte, nutzte der junge Serbe Gavrilo Princip seine Chance und schoss mehrfach in den Wagen mit dem Thronfolgerpaar. Die Schüsse waren für beide tödlich.

Erzherzog Franz Ferdinand und seine Frau verlassen das Stadthaus in Sarajevo, *1914.*
28. Juni 1914 – der Tag des Besuchs Franz Ferdinands in Sarajevo fiel auf den Vidovdan, den Sankt-Veits-Tag, und damit auf den 525. Jahrestag der Schlacht auf dem Amselfeld. Ein symbolisches Datum für viele Serben. Trotz Warnungen vor einem Attentat waren die Sicherheitsvorkehrungen der bosnischen Behörden gering. Franz Ferdinand fuhr mit dem offenen Auto durch die Stadt. Ein erster Attentatsversuch scheiterte, und Franz Ferdinand entschied, den verletzten Oberst Merizzi im Spital zu besuchen. Nicht jeder Fahrer der Wagenkolonne wusste von der Routenänderung. So kam der Wagen Franz Ferdinands und seiner Frau an der Lateinerbrücke zum Stehen. Eben dort, wo der zweite Attentäter stand, der junge Serbe Gavrilo Princip. Auf der Fotografie sieht man Franz Ferdinand und Herzogin Sophie beim Verlassen des Rathauses – unmittelbar vor den Schüssen.

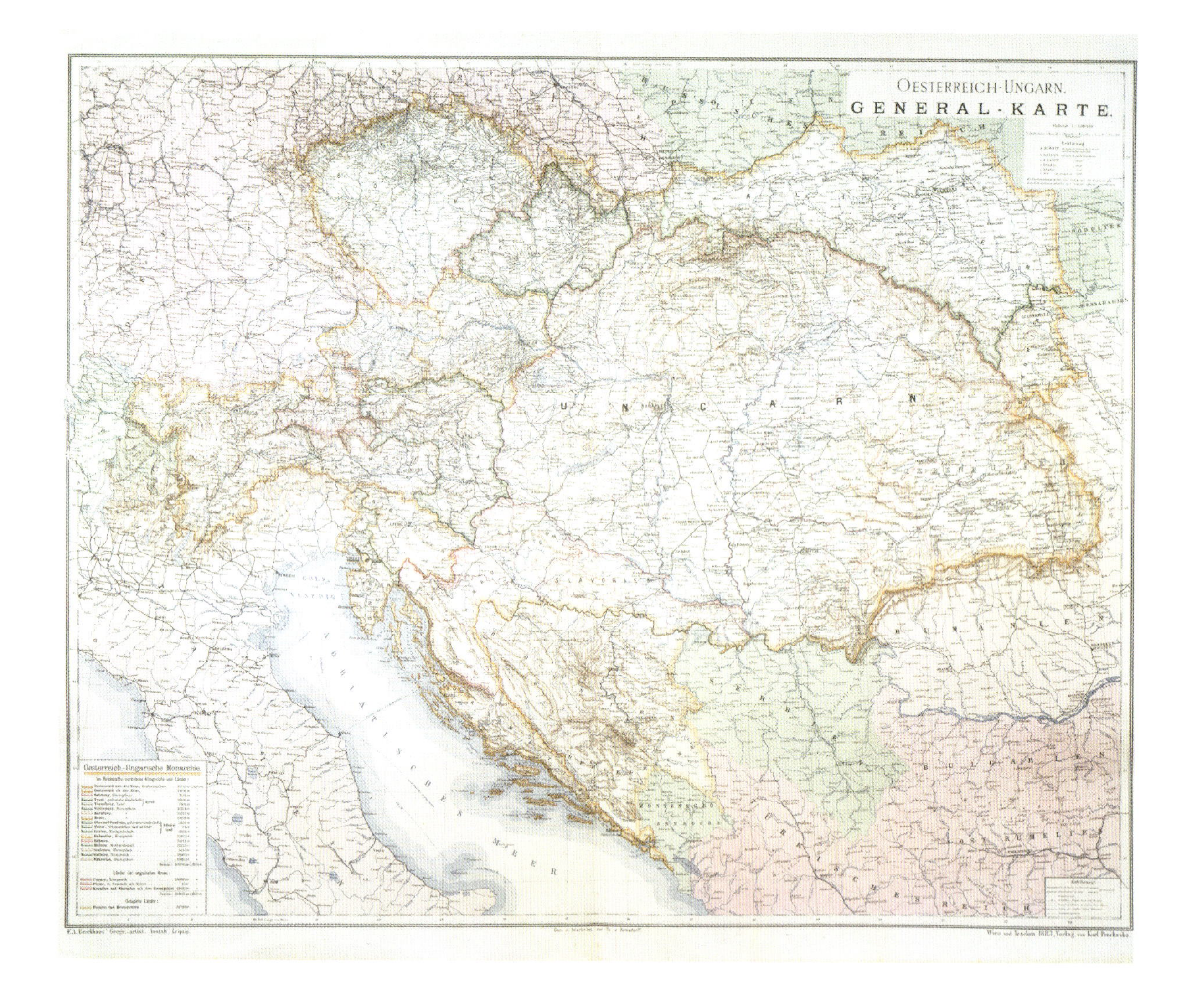

Landkarte Österreich-Ungarns, *Generalkarte, gez. u. bearb.: Th. v. Bomsdorff, 1883.*

Kaiser Franz Joseph brach sofort seinen sommerlichen Aufenthalt in Bad Ischl ab, als die schreckliche Nachricht eintraf. Diktiert durch den Gang der Ereignisse, war jetzt Wien im Zentrum des Geschehens. Die Entrüstung über den Doppelmord war groß, und man verlangte Genugtuung von Serbien. Die Ermordung des Thronfolgers war der Höhepunkt einer langen Reihe von permanenten Provokationen aus Belgrad. Am 23. Juli wurde in Belgrad das österreichische Ultimatum übergeben, in dem Serbien aufgefordert wurde, die Drahtzieher des Attentats und die Urheber der antiösterreichischen Propaganda unverzüglich zu verfolgen und dingfest zu machen. In fast allen Punkten ging Serbien auf das österreichische Ultimatum ein, allerdings nicht auf die Forderung, österreichische Polizeiorgane an den Untersuchungen zu beteiligen.

Am 28. Juli erfolgte die Kriegserklärung Österreich-Ungarns an Serbien. Der Bündnisfall war da. Die Entwicklung glich dem Fall von Dominosteinen: Am 31. August erklärte Deutschland den Krieg an Russland, am 3. August an Frankreich, und die deutsche Armee marschierte in Belgien ein, was wiederum England veranlasste, Deutschland den Krieg zu erklären. Am 6. August erklärte Österreich Russland den Krieg. Der Weltenbrand war entfacht.

Es ist die Tragödie Europas, dass in den Jahren vor 1914 der Krieg als immer unvermeidlicher angesehen wurde. Fatal war auch die Einschätzung über die Natur des Krieges, vielfach herrschte noch die »Mann-gegen-Mann-Mentalität«. Niemand war sich darüber bewusst, dass dieser Krieg ein Krieg der neuen Technologien sein würde: Es gab Maschinengewehre, Panzer, Flugzeuge, U-Boote und Giftgas. Mit dieser neuartigen Grausamkeit des Krieges hatte niemand gerechnet. Die Stellungskriege bei Verdun und an der Isonzofront fraßen die Mannschaften in rasanter Geschwindigkeit auf.

Kaiser Franz Joseph starb am 21. November 1916. Er wurde 86 Jahre alt, hatte 68 Regierungsjahre hinter sich, und sein Reich befand sich mitten im Krieg. Die Begräbnisfeierlichkeiten waren der letzte große Auftritt der Donaumonarchie.

Sein Urgroßneffe, Otto von Habsburg, schrieb über ihn: »Franz Joseph ist doch immerhin die einzigartige Tat gelungen, durch nahezu sieben Jahrzehnte außerhalb seiner Zeit zu stehen und erfolgreich gegen den nationalistischen Ungeist seiner Epoche zu regieren. Wenn etwas je durch die Geschichte gerechtfertigt wurde, so ist es wohl der Kampf Franz Josephs und seiner Völker gegen den Ungeist ihrer Zeit.«

Bestattung von Kaiser Franz Joseph, *1916.* Der Begräbniszug Kaiser Franz Josephs im November 1916 und sein Grab in der Kapuzinergruft.

Kaiser Franz Joseph auf dem Totenbett, *1916.* Vielen war bewusst, dass sein Tod eine neue Epoche einläuten würde.

X

Kaiser ohne Krone

Der junge Kaiser

Als Kaiser Karl den Thron bestieg, war er gerade 29 Jahre alt. Viel wusste die Öffentlichkeit nicht von ihm. Bei seiner Geburt im Jahr 1887 hatte niemand damit gerechnet, dass er eines Tages Kaiser Franz Joseph beerben würde. Durch eine Verkettung verschiedenster Familientragödien und anderer Umstände rückte Karl immer näher an den Thron. Grund genug, sich gründlicher mit seiner Erziehung zu beschäftigen. Seine Eltern, der lebensfrohe Erzherzog Otto Franz Joseph und die sehr religiöse Maria Josepha Prinzessin von Sachsen, die keine glückliche Ehe führten, waren sich aber auf diesem Gebiet durchaus einig. Sorgfältig wurden die Lehrer ausgesucht, an der Universität in Prag absolvierte er seine Studien. Als er diese im Jahr 1907 beendete, war bereits klar, dass er Erzherzog Franz Ferdinand auf den Thron folgen würde, denn sein eigener Vater war 1906 verstorben.

Das Kriegsabzeichen Kaiser Karls. Die Bronzemedaille zeigt das Doppelporträt Erzherzog Karls und seiner Gemahlin Zita.

In Prinzessin Zita von Bourbon-Parma hatte er die für ihn ideale Frau gefunden. Die Verbindung war für beide ein Glücksfall, das lebendige Temperament Zitas ergänzte Karls ruhigen Charakter, beide waren zutiefst religiös. Mit ihrem ausgeprägten politischen Instinkt war sie ihm stets eine unersetzliche Ratgeberin. Die Hochzeit wurde glanzvoll im Oktober 1911 auf Schloss Schwarzau in Anwesenheit des alten Kaisers gefeiert, etwa ein Jahr später kam am 20. November 1912 der Erstgeborene, Otto, auf die Welt. Insgesamt sollte das Paar acht Kinder haben: Otto, Adelheid, Robert, Felix, Carl Ludwig, Rudolf, Charlotte und die nachgeborene Elisabeth. Es schien zunächst, als sollten Karl und Zita noch lange Zeit ein ruhiges Leben fernab der Öffentlichkeit führen.

Die Schüsse von Sarajevo veränderten die Situation. Der alte Kaiser Franz Joseph, der wohl geahnt haben mochte, dass ihm selbst nicht mehr viel Zeit bleiben sollte, band seinen jungen Nachfolger bewusst nicht in die Entscheidung um Mobilmachung und Kriegserklärung ein. Er wollte Karl unbelastet las-

linke Seite: Das 1914 entstandene Bild zeigt den jungen **Erzherzog Karl und seine Frau Zita mit ihren Kindern Otto** (*1912) **und Adelheid** (*1914) kurz vor Ausbruch des Ersten Weltkrieges. Für die Monarchie war die junge Familie des kaiserlichen Hauses ein Hoffnungsschimmer.

Kaiser Franz Joseph I. von Österreich mit Erzherzog Otto, *Hermann Clemens Kosel, 1914.* Das Foto ist auf persönlichen Wunsch des alten Kaisers entstanden, der die junge Familie von Erzherzog Karl und seinem Urgroßneffen Otto überaus schätzte. Nach Ausbruch des Krieges lud er Erzherzogin Zita ein, mit den Kindern während der frontbedingten Abwesenheit Erzherzog Karls in Schloss Schönbrunn zu wohnen.

Kaiser Karl und Kaiserin Zita mit Kronprinz Otto beim Begräbnis von Kaiser Franz Joseph.

Die Krönung Karls zum König von Ungarn am 30. Dezember 1916.

sen. Dennoch erhielt der junge Erzherzog verantwortungsvolle Aufgaben an der Front, war Verbindungsoffizier und hatte eigene Kommandos. Dadurch lernte er die Realität des Krieges kennen, die nichts mit den heroischen Sprüchen von der Heimatfront zu tun hatte. Aber auch die Fehler in der Armeeführung ließen ihn nach seinem Regierungsantritt 1916 Konsequenzen ergreifen: Schnell entließ er Generalstabschef Franz Conrad von Hötzendorf, der bereits zu stark in das Fahrwasser der Deutschen geraten war und zudem mit seiner antiquierten Kriegstaktik zahllose junge Leute verheizte. Karl übernahm nun selbst den Generalstab und verlegte das Oberkommando nach Baden bei Wien, wo er mit seiner Familie ein nahezu bürgerliches Leben führte. Die Krönung zum ungarischen König am 30. Dezember 1916 wurde noch glanzvoll gefeiert, aber bei Weitem nicht mehr mit der Pracht wie einst bei Franz Joseph.

Die Suche nach Frieden

Mit seiner jugendlichen Unverbrauchtheit und seinem Elan – weit entfernt vom resignativen Charakter seines Großonkels Franz Joseph – machte der junge Kaiser Karl sich gleich nach seiner Thronbesteigung ans Werk. Er wusste, dass er wenig Zeit haben würde und dass er das fast Unmögliche schaffen musste. Um das innere Gefüge der Monarchie zu stabilisieren, brauchte er dringend den Frieden im äußeren. Die Probleme waren überbordend. Aus seinen Erfahrungen an der Front kannte Karl im Gegensatz zu den anderen Herrschern und Regierungschefs in Europa die grausame Realität des Krieges. Er hatte die zerschossenen und zerfetzten Leiber gesehen, die Toten in den Schützengräben und die Verstümmelten in den Lazaretten. Über seine beiden Schwäger Sixtus und Xavier von Bourbon-Parma, Brüder seiner Frau Zita, die als Offiziere in der belgischen Armee dienten, nahm er Kontakt zu den Alliierten auf. Im Gegensatz zu

Kaiser Karl I. von Österreich, als Karl IV. gleichzeitig König von Ungarn, mit Kaiserin Zita und dem Thronfolger Otto, *1916*.
Das offizielle Krönungsbild des Königspaares.

Das Kaiserpaar mit Kronprinz Otto beim Besuch in Pressburg 1918.

Kaiser Karl I. zu Besuch in Istanbul. Der Besuch Kaiser Karls im Mai 1918: Kaiserin Zita erinnerte sich: »Der Besuch (…) hatte nur einem einzigen Zweck gegolten: die verantwortlichen Männer des Osmanischen Reiches günstig zu stimmen, um ihre Mitwirkung zu werben bei dem großen Plane, den Frieden so bald wie möglich herbeizuführen.«

Kaiser Karl in Marineuniform, *1917.* Kaiser Karl als Oberbefehlshaber der Marine. Hier beim Truppenbesuch.

manchen Vorwürfen, die sich bis in unsere Tage halten, versuchte er immer, zu einem Verständigungsfrieden zwischen allen Krieg führenden Staaten zu kommen. Ein Separatfriede wäre für Karl nur im äußersten Falle infrage gekommen, obwohl er das Bündnis mit Deutschland eher als eine drückende Last empfand. Für die Zeit nach dem Ende des Krieges hatte er geplant, Österreich aus der deutschen Umklammerung zu befreien. In seiner Friedenspolitik musste Karl zum großen Teil allein marschieren. Es war eine seiner erschütterndsten Erfahrungen, dass seine Umgebung von einem Frieden nichts wissen wollte. Zu sehr glaubte man den deutschen Beteuerungen eines baldigen Sieges. Doch im Jahr 1917 hatte der Krieg für Österreich-Ungarn an Sinn verloren. Die Hauptgegner Russland und Serbien waren besiegt. Deutschland und die alliierten Mächte fochten ihre eigenen Konflikte aus, die nichts mit habsburgischen Interessen zu tun hatten. Vergeblich versuchte Karl noch im Frühjahr 1917, den deutschen Bündnispartner davon zu überzeugen, vom geplanten U-Boot-Krieg Abstand zu nehmen, war ihm doch klar, dass dieser den Kriegseintritt der USA provozieren würde – und damit wäre ein Sieg der Mittelmächte so gut wie unmöglich.

Nach anfänglich positiven Reaktionen des französischen Präsidenten Raymond Poincaré, des Ministerpräsidenten Aristide Briand sowie des englischen Premiers Lloyd George auf die Geheimdiplomatie von Sixtus und Xavier von Bourbon-Parma scheiterten die Bemühungen Karls um einen Frieden insbesondere an den Territorialgelüsten Italiens. Dies war umso tragischer, als um die Jahreswende 1917/18 die militärische Situation Österreich-Ungarns keineswegs negativ war: Kein einziges Gebiet war verloren, kein einziger fremder Soldat stand auf österreichischem Boden.

Es war Außenminister Czernin, der durch seine Ungeschicklichkeit der Monarchie einen schweren Schlag versetzte. Obwohl äußerste Geheimhaltung verabredet gewesen war, zitierte Czernin während einer öffentlichen Rede Details aus den Friedensverhandlungen. Frankreichs Premierminister Georges Clemenceau veröffentlichte daraufhin wutschnaubend die Sixtus-Briefe – der Kaiser war blamiert, der deutsche Bündnispartner empört, die Entente hatte das Vertrauen in Karl verloren. Karl war nun in Erklärungsnöten, hatte er doch für den Fall eines Friedensschlusses die »berechtigten Ansprüche« Frankreichs auf Elsass-Lothringen bekräftigt. Die Deutschen banden nun die Österreicher noch enger an sich, die nun kaum mehr eigene Entscheidungsbefugnisse in der Armee hatten.

Kaiser Karl auf der Kommandobrücke eines österreichischen Kriegsschiffes, *um 1917.* Im Gegensatz zu anderen Krieg führenden Herrschern kannte Karl die Front durch seinen Einsatz vor und während des Krieges bis 1916.

Kaiser Karl I. von Österreich zu Besuch bei Kaiser Wilhelm II. im Militärhauptquartier, *1917.* Beide Herrscher schreiten die Ehrengarde ab.

Das Ende

Karls Ausgleichs- und Verständigungsversuche sowohl im Äußeren als auch in der Innenpolitik wurden ihm schlecht gedankt. Dabei war gerade seine Sozialpolitik von hoher Modernität: Österreich war der erste Staat mit einem Sozialministerium weltweit.

Der Nationalismus des 19. Jahrhunderts war auf dem Vormarsch. Der Vielvölkerstaat schien ein Anachronismus für seine Zeit. Die nationalen Bewegungen innerhalb der 14 Völker der Monarchie waren nun die Gewinner des Krieges. Dabei spielte auch der amerikanische Präsident Wilson eine Rolle, der in seinem 14-Punkte-Programm formulierte, dass den Völkern Österreich-Ungarns »... bei erster Gelegenheit die Möglichkeit zur autonomen Entwicklung gegeben werden sollte«. Kaiser Karl versuchte noch im Oktober 1918, mit seinem Völkermanifest Österreich-Ungarn zu einem Bundesstaat umzuformen, doch es war zu spät. Was sich in Jahrhunderten zusammengefügt hatte, verschwand nun binnen weniger Wochen. Doch die Gründung der neuen Nationalstaaten war eine Illusion. Aus dem großen Vielvölkerstaat Österreich-Ungarn wurden viele kleine Vielvölkerstaaten, deren Minderheiten bei Weitem nicht so geschützt waren wie im angeblichen Völkerkerker. Bis in unsere Zeit leidet der

Das Völkermanifest von Kaiser Karl »An Meine getreuen österreichischen Völker!«, *16. Oktober 1918.*

Seine kaiserliche und königlich Apostolische Majestät haben das nachfolgende Allerhöchste Manifest Allergnädigst zu erlassen geruht:

An Meine getreuen österreichischen Völker!

Wien, am 16. Oktober 1918

Karl m. p.

Hussarek m. p.

Der amerikanische Präsident Woodrow Wilson bei der Verteidigung seines Friedensvertrages und des Völkerbundes gegen die Opposition, *um 1919.* Wilson förderte mit seinem 14-Punkte-Programm den Zerfall der Monarchie.

Donauraum an der Zerschlagung seiner Einheit. Die Vertreibung von Millionen Menschen nach dem Zweiten Weltkrieg, der blutige Krieg im ehemaligen Jugoslawien geben davon Zeugnis ab.

Im November 1918 wurde klar, dass sich die Monarchie nicht mehr halten konnte. Am 9. November war bereits in Berlin die Republik ausgerufen worden, die Österreicher waren nun auch nicht mehr zu halten. Doch im Gegensatz zum deutschen Kaiser weigerte Karl sich, eine Abdankungserklärung zu unterschreiben. Er verzichtete am 11. November lediglich vorübergehend auf seinen Anteil an den Regierungsgeschäften. Am darauffolgenden Tag beschloss das Parlament mit großer Mehrheit die Errichtung der Republik und befand im gleichen Gesetz in Artikel 2: »Deutschösterreich ist ein Bestandteil der Deutschen Republik.« Später verboten die Alliierten diesen Passus, doch vor allem die Sozialdemokratie befürwortete die enge Anbindung an den östlichen Nachbarn. Und 20 Jahre später erfüllte Adolf Hitler diesen Wunsch: den »Anschluss« Österreichs an das Deutsche Reich.

Im Exil

Noch am Abend des 11. November 1918 verließ die Familie Schloss Schönbrunn und fuhr nach Schloss Eckartsau im Marchfeld. Die weitere Zukunft war ungewiss. Die neue Regierung unter Karl Renner versuchte, den Kaiser zur Abdankung zu bewegen. Die Sicherheitslage war gefährlich. Immer wieder streiften Rote Garden um das Schloss, aber die Regierung unternahm nichts, um die Familie zu schützen. Renner drohte selbst mit der Internierung des Kaisers. Schließlich intervenierte Sixtus von Bourbon-Parma beim englischen König. Georg V. hatte noch immer ein schlechtes Gewissen aufgrund des Schicksals der ermordeten Zarenfamilie – hatte er doch 1917 das Asylangebot auf Druck seiner Regierung zurückgezogen – und sandte den schottischen Colonel Edward Lisle Strutt nach Österreich, um Karl und die Seinen zu schützen. Am 3. März 1919 hatte der Nationalrat die Habsburgergesetze und damit den Landesverweis und die komplette Enteignung beschlossen. Strutt organisierte die Ausreise der Familie für Ende März. Noch bevor der Zug in Vorarlberg über die Schweizer Grenze fuhr, wies Karl im »Feldkircher Manifest« alle von der neuen Regierung getroffenen Entschlüsse zurück und forderte eine Abstimmung des Volkes über die Zukunft des Landes.

Der Hof des Jagdschlosses Eckartsau. Schloss Eckartsau im Marchfeld östlich von Wien, wohin sich die kaiserliche Familie am 11. November 1918 zurückgezogen hatte, war im Privatbesitz Kaiser Karls. Ursprünglich hatte es Franz Ferdinand gehört. Für die Führer der neuen Republik war die Anwesenheit des Kaisers im Land ein störender Faktor, da Karl sich nach wie vor weigerte, seine Abdankung zu unterschreiben. Der neue Kanzler Karl Renner selbst wollte den Kaiser dazu bewegen und fuhr nach Eckartsau, doch er wurde dort nur von zwei Adjutanten empfangen. Weihnachten des Jahres 1918 war ein sehr trauriges Fest für die Familie. Karl war aufgrund der vorangegangenen Anstrengungen ernstlich erkrankt und konnte nur kurz beim Fest dabei sein. Die Sicherheitslage um das Schloss herum wurde immer brenzliger. Schließlich verließen die Habsburger das Schloss im März 1919 und reisten in die Schweiz ins Exil.

Der große österreichische Schriftsteller Stefan Zweig setzte diesem Moment, der eine 700-jährige Geschichte beendete, in seinem Buch »Die Welt von gestern« ein beeindruckendes literarisches Denkmal. Gerade auf der Heimkehr von der Schweiz nach Österreich, stand er durch Zufall auf dem Bahnhof von Feldkirch, als der kaiserliche Zug einfuhr:

Der österreichische Schriftsteller Stefan Zweig, *1925*. Stefan Zweig (1881–1942), ein Chronist der Wehmut über ein untergegangenes Reich.

»Langsam, ich möchte fast sagen majestätisch rollte der Zug heran, ein Zug besonderer Art, nicht die abgenutzten, vom Regen verwaschenen gewöhnlichen Passagierwaggons, sondern schwarze, breite Wagen, ein Salonzug. Die Lokomotive hielt an. Eine fühlbare Bewegung ging durch die Reihen der Wartenden, ich wusste noch immer nicht, warum. Da erkannte ich hinter der Spiegelscheibe des Waggons hoch aufgerichtet Kaiser Karl, den letzten Kaiser von Österreich, und seine schwarz gekleidete Gemahlin, Kaiserin Zita. Ich schrak zusammen: Der letzte Kaiser von Österreich, der Erbe der habsburgischen Dynastie, die siebenhundert Jahre das Land regiert, verließ sein Reich! Obwohl er die formelle Abdankung verweigert, hatte die Republik ihm die Abreise in allen Ehren gestattet oder sie vielmehr von ihm erzwungen. Nun stand der hohe ernste Mann am Fenster und sah zum letzten Mal die Berge, die Häuser, die Menschen seines Landes. Es war ein historischer Augenblick, den ich erlebte – und doppelt erschütternd für einen, der in der Tradition des Kaiserreiches aufgewachsen war, der als erstes Lied in der Schule das Kaiserlied gesungen, der später im militärischen Dienst diesem Manne, der da in Zivilkleidung ernst und sinnend blickte, ›Gehorsam zu Land, zu Wasser und in der Luft‹ geschworen … ›Der Kaiser‹, dieses Wort war für uns der Inbegriff aller Macht, allen Reichtums gewesen, das Symbol von Österreichs Dauer, und man hatte von Kindheit an gelernt, diese zwei Silben mit Ehrfurcht auszusprechen. Und nun sah ich seinen Erben, den letzten Kaiser von Österreich, als Vertriebenen das Land verlassen. Die ruhmreiche Reihe der Habsburger, die von Jahrhundert zu Jahrhundert sich Reichsapfel und Krone von Hand zu Hand gereicht, sie war zu Ende in dieser Minute. Alle um uns spürten Geschichte, Weltgeschichte in diesem tragischen Augenblick. Die Gendarmen, die Polizisten, die Soldaten schienen verlegen und sahen leicht beschämt zur Seite, weil sie nicht wussten, ob sie die alte Ehrenbezeugung noch leisten dürften, die Frauen wagten nicht recht aufzublicken, niemand sprach, und so hörte man plötzlich das leise Schluchzen der alten Frau in Trauer, die von wer weiß wie weit gekommen war, noch einmal ›ihren‹ Kaiser zu sehen. Schließlich gab der Zugführer das Signal. Jeder schrak unwillkürlich auf, die unwiderrufliche Sekunde begann. Die Lokomotive zog mit einem starken Ruck an, als müsste auch sie sich Gewalt antun, langsam entfernte sich der Zug. Die Beamten sahen ihm respektvoll nach. Dann kehrten sie mit jener gewissen Verlegenheit, wie man sie bei Leichenbegräbnissen beobachtet, in ihre Amtslokale zurück. In diesem Augenblick war die fast tausendjährige Monarchie erst wirklich zu Ende. Ich wusste, es war ein anderes Österreich, eine andere Welt, in die ich zurückkehrte.«

Schloss Wartegg. Die erste Station im Schweizer Exil, Schloss Wartegg nahe St. Gallen, gehört Zitas Familie, den Bourbon-Parmas. Noch vor der Einreise in die Schweiz hatte Karl im Feldkircher Manifest seine Erklärung vom 11. November 1918 widerrufen.

Zunächst kam die Familie in Schloss Wartegg unter, einem Besitz der Bourbon-Parmas, unmittelbar bei St. Gallen. Doch die Verhältnisse dort waren reichlich beengt, zudem fürchteten wohl die Alliierten die zu große Nähe zu Österreich. Nächster Wohnsitz wurde die Villa Prangins am Genfer See.

Die Nachfolgestaaten der Monarchie, deren Nationalisten glaubten, nun endlich, nach dem Abschütteln der Habsburger, in eine glanzvolle Zukunft blicken zu können, erwiesen sich aber als nicht lebensfähig. Zu eng war vorher die

Karl I. von Österreich mit seiner Familie im Exil am Genfer See, *1921*. Die Habsburger hatten verschiedene Stationen in der Schweiz. Nachdem Schloss Wartegg zu eng geworden war, übersiedelte man nach Prangins am Genfer See, schließlich nach Schloss Hertenstein in der Nähe von Luzern. Im Exil trug Karl ausschließlich zivile Kleidung. Einzig als er versuchte, den Thron in Ungarn wiederzu erlangen, legte er militärische Kleidung an. Im Exil wuchs die Familie weiter: Zu den Kindern Otto, Adelheid, Robert, Felix, und Carl Ludwig kamen noch Rudolph (*1919), Charlotte (*1921) und Elisabeth (*1922) hinzu. Karl hatte nun auch mehr Zeit für die Kinder, mit denen er sich viel beschäftigte. Er legte die Grundzüge für ihre Erziehung fest und unterrichtete sie zum Teil selbst.

Wirtschaft miteinander verknüpft, wo einst Zoll- und Reisefreiheit von Prag bis Triest und Sarajevo, von Salzburg bis Czernowitz geherrscht hatten, standen nun Grenzen, Zölle und Visapflichten. Ungarn hatte durch den Vertrag von Trianon fast zwei Drittel seines Landes verloren und versank im Chaos, zuerst durch die kommunistische Schreckensherrschaft des Béla Kun, dann durch den Weißen Terror des Regimes von Admiral Horthy. Die Rufe nach dem König, der allein die integrative Kraft für die Einheit des Landes zu besitzen schien, wurden immer lauter. Karl, unterstützt von einigen Getreuen, reiste im März 1921 unerkannt nach Budapest und stand am Ostersonntag, völlig überraschend für Horthy, in der Burg und forderte ihn zur Übergabe der Regierung auf. Horthy weigerte sich, und Karl musste unverrichteter Dinge wieder in die Schweiz zurückkehren. Der nächste Restaurationsversuch sollte im Oktober 1921 stattfinden. Diesmal wollte Karl den Fehler, ohne Truppen aufzutauchen, nicht mehr wiederholen. Zita begleitete ihn, obwohl wieder schwanger, auf der nicht ungefährlichen Reise mit einem kleinen Flugzeug nach Dénesfa, unweit von Ödenburg. Rasch wurde bekannt, dass das Königspaar wieder im Land war, der Jubel der Bevölkerung war groß. Doch das ganze Unternehmen scheiterte aufgrund zahlreicher Pannen, schlechter Organisation und Verrat. Als es bei Budaörs zu Gefechten kam, blies Karl die Aktion ab, da er nicht wollte, dass ungarisches Blut vergossen wurde. Admiral Horthy hatte nur wenige Jahre zuvor, im November 1918, noch geschworen, er werde nicht rasten, bis der König seinen Thron wiedererlangt hätte. Nun lieferte er Karl den Alliierten aus.

Admiral Horthy hatte noch im November 1918 geschworen, dass er nicht ruhen werde, bis der Kaiser wieder seinen angestammten Thron hätte. Knapp drei Jahre später galt sein Schwur nicht mehr.

Kaiser Karl und Kaiserin Zita auf dem Dampfer, der sie nach Madeira bringt. Admiral Horthy lieferte nach dem gescheiterten zweiten Restaurationsversuch Karl und Zita den Alliierten aus. Der letzte Kaiser war für die Triple Entente zu unbequem geworden. Selbst Frankreich, welches im Falle des Gelingens der Restauration Unterstützung zugesagt hatte, konnte das nicht verhindern. Das Kaiserpaar wurde von einem britischen Donaudampfer die Donau hinunter und schließlich mit dem britischen Kreuzer Cardiff auf die Atlantikinsel Madeira gebracht. Es sollte Karl unmöglich gemacht werden, noch einmal in seinem ehemaligen Herrschaftsgebiet aufzutauchen. Mit der Verbannung ging auch eine restriktive Politik der Alliierten bezüglich der materiellen Mittel einher. Hatte schon Österreich das gesamte, das heißt auch das private Vermögen eingezogen, so verboten die Alliierten selbst dem mitreisenden Adjutanten Kaiser Karls, Graf Hunyadi, das kaiserliche Paar mit Geld aus seinen eigenen Mitteln auszustatten.

Kaiser Karl und Kaiserin Zita im Exil. In den Straßen von Funchal auf Madeira.

Die Schweiz kam als Exil nicht mehr infrage, zu unbequem war Karl nun den Alliierten geworden. Über Donau und das Schwarze Meer wurden Karl und Zita ins Mittelmeer gebracht, über den nächsten Exilort sollte noch entschieden werden. Man mag die mangelhafte Organisation der beiden Restaurationsversuche beklagen. Der Völkerrechtler Stephan Varosta interpretiert dies aber anders: »Kein Mitglied der anderen 1918 abgetretenen Herrscherhäuser hat einen Restaurationsversuch gewagt außer Kaiser Karl ... Es war ein nicht unwürdiger Abgang einer der bedeutendsten Dynastien Europas.«

Endstation Madeira

Lange blieb für Karl und Zita ungewiss, wohin die Reise gehen sollte. Erst als das Schiff den Hafen von Gibraltar verließ, teilte der Kapitän dem Kaiserpaar mit, dass man auf Madeira an Land gehen würde, wo das Schiff am 19. November 1921 anlegte. Zunächst nahmen Karl und Zita Wohnung im Hotel Reids, doch die finanziellen Mittel waren knapp, und die Alliierten erlaubten nicht, dass das Ehepaar Hunyadi – Graf Hunyadi war Adjutant des Kaisers und hatte ihn gemeinsam mit seiner Frau begleitet – dem exilierten Kaiser aus seinen privaten Mitteln helfen durfte. Also war Karl gezwungen, das Angebot eines örtlichen Adeligen anzunehmen und dessen Villa auf dem Monte oberhalb von Funchal zu beziehen. Noch immer waren die Kinder nicht da, und nur äußerst unwillig ließen die Alliierten zu, dass Zita in die Schweiz reisen konnte, wo ihr Sohn Robert sich einer Blinddarmoperation unterziehen musste. Doch am 1. Februar 1922 konnten alle Kinder, Erzherzogin Maria Josepha und einige treue Angestellte nach Madeira nachkommen. In den folgenden Wochen kümmerte sich Karl viel um seine Kinder, ging vor allem mit den beiden ältesten, Otto und Adelheid, viel spazieren und versuchte, ihnen noch so viel wie möglich mitzugeben.

Mitte März aber musste Kaiser Karl sich mit einer fiebrigen Erkältung zu Bett legen. Die Entkräftung durch die Anstrengungen der vergangenen Jahre und das feuchte Klima auf dem Monte gaben das Ihre dazu, dass er schließlich an einer schweren Lungenentzündung litt. In den letzten Märztagen wurde klar, dass eine Genesung ausgeschlossen war. Bei seiner Letzten Ölung ließ Karl seinen ältesten Sohn Otto ans Bett rufen, damit er sehe, »wie man als Christ und Kaiser stirbt«. Am 1. April 1922 verstarb der junge Kaiser, kaum 35 Jahre alt. Er wurde in der Kirche Nossa Senhora do Monte oberhalb Funchals beigesetzt, wo er bis heute ruht.

Bald nach seinem Tod setzte in Österreich eine große religiöse Verehrung für ihn ein. Nicht nur seine Friedensversuche sollten damit gewürdigt werden, sondern auch sein Opferwille und seine tiefe Religiosität. Bereits in den Zwanziger Jahren wurde in Wien die »Kaiser Karl Gebetsliga für den Völkerfrieden« gegründet, die sich bald international ausbreitete. Im Jahr 1949 hatte die Gebetsliga die Aufnahme eines Seligsprechungsprozesses beantragt. Im Jahr 2004, dem Jahr der Aufnahme Ungarns, Tschechiens, der Slowakei und Sloweniens in die Europäische Union, wurde Kaiser Karl von Papst Johannes Paul II. seliggesprochen. Dieses Ereignis fand eine weltweite Resonanz und Beachtung. Papst Johannes Paul betonte vor allem die Friedensversuche des Kaisers und empfahl Kaiser Karl zum Vorbild für all jene, die in Europa politisch tätig sind.

Sarkophag von Kaiser Karl I. in der Igreja de Nossa Senhora do Monte, Madeira, Portugal.
Otto von Habsburg am Sarg seines Vaters in der Kirche Nossa Senhora do Monte. Kaiser Karl hatte selbst noch bestimmt, dass er dort seine letzte Ruhe finden sollte.

Kaiser Karl auf seinem Sterbebett, *1922.*

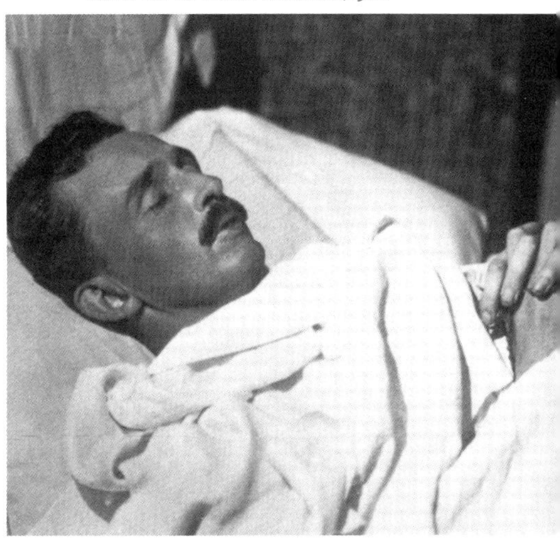

oben links: **Ein Kronprinz im Exil:** Otto von Habsburg wuchs in Lequeitio im spanischen Baskenland auf. Das Studienprogramm, das Kaiserin Zita ihren Kindern auferlegte, war äußerst hart. Zur damaligen Zeit war absolut nicht absehbar, ob sich die politische Situation in Österreich nicht doch wieder in Richtung Monarchie bewegen würde. Also wollte sie ihre Kinder, vor allem ihren Erstgeborenen, so gut wie möglich auf die zu tragende Verantwortung vorbereiten. Für die Kinder blieb aufgrund des straffen Schul- und Studienprogramms wenig Freizeit. Hier der junge Otto in Lederhose und Espadrillos.

oben Mitte: **Otto mit einer ungarischen Magnatenuniform.**

oben rechts: **Otto am Schreibtisch.**

Von Spanien nach Belgien

Nach dem Tod ihres Mannes befand sich Kaiserin Zita in einer prekären Lage. Die finanziellen Mittel waren erschöpft, sie saß mit sieben Kindern auf einer fernen Insel im Atlantik und war mit dem achten Kind hochschwanger. Der spanische König Alfonso XIII. bot der Familie seine Hilfe an und gab ihnen Asyl in Spanien. In Madrid brachte Zita das achte Kind, Elisabeth, zur Welt. Später zogen die Habsburger nach Lequeitio, einem kleinen Fischerort im Baskenland, wo erst einmal Ruhe einkehrte. Das intensive Erziehungs- und Lernprogramm wurde von Zita gewissenhaft überwacht, die Kinder lernten nach österreichischem und ungarischem Lehrplan mit Lehrern aus beiden Ländern. Als das Grollen des drohenden Spanischen Bürgerkrieges am Horizont immer lauter wurde und zudem für Otto nach dessen Abitur ein geeigneter Studienort gesucht werden musste, zog die Familie nach Belgien, in den kleinen Ort Steenokerzeel in der Nähe von Brüssel. Otto begann seine Studien der Staatswissenschaften an der katholischen Universität von Löwen, ebenso wie seine Schwester Adelheid.

Habsburg gegen Hitler

Im Winter 1932/33 begab sich Otto nach Berlin, um am Agrarinstitut von Professor Sering seine Forschungen für seine Doktorarbeit fortzusetzen. Doch nutzte er seinen Aufenthalt auch, um sich intensiv in der politischen Szene umzuschauen. Schon früh hatte er Hitlers »Mein Kampf« gelesen, die Ziele des »böhmischen Gefreiten« und des Nationalsozialismus waren ihm vollkommen klar. Sein Name öffnete ihm in Berlin viele Türen, doch zeigte er sich seinen Gesprächspartnern auch als umfassend gebildet und informiert. Selbst der alte Präsident Hindenburg lud ihn zu einem Besuch ein und erwies ihm seine Reverenz, indem er eine alte österreichische Uniform angelegt hatte. Auch Adolf Hitler versuchte zweimal, mit dem ehemaligen Kronprinz ins Gespräch zu kommen. Otto lehnte beide Male ab. Es hätte ihn brennend interessiert, mit Hitler zu reden, denn »wenn man von seinen eigenen Ansichten überzeugt ist,

Strandspaziergang. Zita mit ihren Kindern.
Die Witwe und ihre acht Kinder am Strand von Lequeitio.

kann man mit jedermann reden«, doch war ihm durchaus klar, dass er Gefahr lief, von Hitler instrumentalisiert zu werden. Ein einziges Foto einer solchen Begegnung wäre fatal gewesen. Hitler war es gelungen, den ehemaligen deutschen Kronprinzen für seine Ziele einzunehmen. Otto konnte davon ausgehen, dass Hitler ebensolches bei ihm versuchen würde, um ihn für seine Pläne mit Österreich vor seinen Karren zu spannen.

Am Tage der »Machtergreifung«, am 30. Januar 1933, verließ Otto Berlin und kehrte nach Steenokerzeel zurück. Dort beendete er seine Studien und Doktorarbeit »avec la plus grande distinction« – mit der höchstmöglichen Auszeichnung.

Unterdessen verschärfte sich der deutsche Druck auf Österreich. Im Jahr 1934 versuchten die österreichischen Nationalsozialisten, die Regierung des Ständestaates zu stürzen, Bundeskanzler Dollfuß fiel einem Attentat zum Opfer. Doch der Putsch misslang, und Kurt von Schuschnigg übernahm die Regierung. Schuschnigg war den Habsburgern durchaus wohlgesinnt, die Habsburgergesetze wurden am 10. Juni 1935 aufgehoben. Jüngere Geschwister Ottos konnten wieder einreisen; Adelheid besuchte regelmäßig die alte Heimat, und Felix schrieb sich am Theresianum, der altehrwürdigen Militärakademie, ein. Für eine Rückkehr Ottos schien die innenpolitische Situation allerdings zu fragil. Seine Anhängerschaft wuchs, Hunderte von Gemeinden machten ihn zum Ehrenbürger und zahllose Vereine zum Ehrenmitglied. Von Steenokerzeel aus betrieb er eine umfangreiche Korrespondenz. Regelmäßig hielt er Rundfunkansprachen über Radio Fecamp, einem kleinen Sender im französischen Pas-de-Calais – nicht um seine Landsleute auf einen Monarchismus einzuschwören, vielmehr, um den österreichischen Patriotismus zu stärken. Mehrfach

Kurt von Schuschnigg, *um 1934*. Bundeskanzler Kurt von Schuschnigg stand in engem Kontakt mit Otto von Habsburg. Sie versuchten beide, die braune Flut von Österreich abzuwenden.

Adolf Hitler während seiner Rede auf dem Heldenplatz in Wien, *15. März 1938.* Zum gleichen Zeitpunkt wurden die deutschen KZs schon gefüllt mit österreichischen Legitimisten.

traf er sich in der Schweiz und in Frankreich mit österreichischen Politikern, auch mit Bundeskanzler Schuschnigg, um die Strategie gegen die Nationalsozialisten abzustimmen. Für Otto war Schuschnigg zu zögerlich und zu nachgiebig. Auch dies war ein Grund für seinen Brief vom Februar 1938, in dem er Schuschnigg zur sofortigen Übergabe der Kanzlerschaft an ihn aufforderte. Otto war der Ansicht, dass unter allen Umständen eine bewaffnete Selbstverteidigung organisiert werden müsste – selbst wenn dies ein Selbstmordkommando gewesen wäre. Doch die nationalsozialistische Schlinge zog sich mit rasanter Geschwindigkeit um Österreich zu: Am 11. März 1938 rollten deutsche Truppen über die Grenze, und Österreich hörte auf zu existieren. Otto von Habsburg sagt noch heute, dies sei der schlimmste Tag seines Lebens gewesen. Viele der Getreuen wanderten ins KZ, darunter auch seine beiden Cousins Max und Ernst von Hohenberg, die Söhne des einstigen Thronfolgers Franz Ferdinand. Otto von Habsburg wurde steckbrieflich verfolgt und in Abwesenheit zum Tode verurteilt. Allein die Regierung Mexikos verurteilte den völkerrechtswidrigen Akt Hitlers.

Aristides de Sousa Mendes, *1938.* Der portugiesische Generalkonsul von Bordeaux.

Als am 10. Mai 1940 die deutschen Truppen auf Brüssel vorrückten, hatte die Familie Schloss Steenokerzeel gerade eben wenige Stunden geräumt und die Flucht über Dünkirchen und Paris angetreten. Ottos Bruder Robert ging nach London, Felix war bereits in den USA, Otto selbst blieb in Paris mit Bruder Carl Ludwig und versuchte dort, den zahlreichen Flüchtlingen zu helfen, wo es nur ging. Als auch dort die Situation brenzlig wurde, ging es weiter nach Bordeaux, in dessen Nähe sich der Sammelpunkt der österreichischen Flüchtlinge befand. In Bordeaux traf Otto auf den portugiesischen Generalkonsul Aristides de Sousa Mendes und dessen spanischen Kollegen Propper de Callejón, die entgegen den Anweisungen ihrer Regierungen über 30.000 Visa für die zahllosen Verfolgten und Verzweifelten ausstellten. Sackweise schleppten Otto und seine Helfer die Pässe zu den beiden Konsuln. Auf diese Weise erhielten Tausende Verfolgte ihre rettenden Visa. Die Aktion war hochgefährlich, haarscharf entging Otto in Bordeaux der Verhaftung durch die Gestapo. Über Spanien und Portugal ging es in die USA. Von dort aus organisierte er weiter Visa von Kuba und der Dominikanischen Republik für seine jüdischen Landsleute. Bei den US-amerikanischen Behörden hatte man ihn abgewiesen: »Wir haben genug Juden hier, soll sie doch der Hitler behalten«, sagte ein Staatssekretär.

Die Habsburger wurden nun zu Lobbyisten für die Sache Österreichs. Otto verfügte über ausgezeichnete Kontakte über seinen alten Freund, William C. Bullitt, den ehemaligen amerikansichen Botschafter in Frankreich, direkt ins Weiße Haus zu Präsident Roosevelt, der ihn und Kaiserin Zita mehrfach empfing. Roosevelts Sekretärin, Grace Tully, war vielfach hilfreich. Wichtig war für Otto vor allem das Wiedererstehen Österreichs nach dem Krieg. Die Gründung einer österreichischen Exilregierung scheiterte an den Zwistigkeiten innerhalb des Emigrantenkreises. Aber auch die ungarischen Angelegenheiten waren wichtig, vor allem galt es, Ungarn aus der Allianz mit Hitler herauszulösen. Als die Alliierten planten, Österreich in nur zwei Besatzungszonen aufzuteilen, eine sowjetische und eine westliche, konnte Otto von Habsburg dies in Gesprächen mit Churchill und Roosevelt während der Konferenz von Quebec verhindern und damit Österreich ein Schicksal wie das des geteilten Deutschlands ersparen.

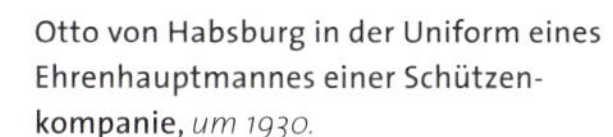
Otto von Habsburg in der Uniform eines Ehrenhauptmannes einer Schützenkompanie, *um 1930.*

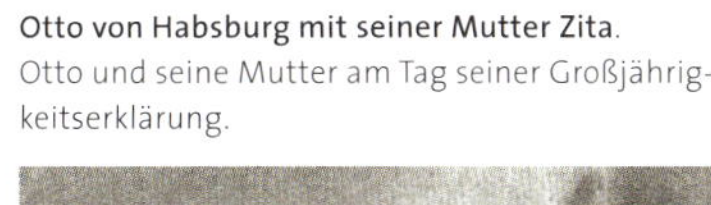
Otto von Habsburg mit seiner Mutter Zita. Otto und seine Mutter am Tag seiner Großjährigkeitserklärung.

Otto von Habsburg mit seinen Brüdern. Ein Team für Österreich.

Aristides de Sousa Mendes war der Generalkonsul Portugals in Bordeaux. Mit Beginn des Zweiten Weltkrieges versuchten immer mehr Flüchtlinge, Europa zu verlassen. Einer der rettenden Wege ging über Spanien und Portugal in die USA, doch dazu wurden Visa für diese Länder benötigt. Als die deutsche Wehrmacht im Jahr 1940 Frankreich überrollte, verschärfte sich die Lage für Zehntausende von Flüchtlingen. Die portugiesische Regierung schließlich erklärte die Flüchtlinge zu unerwünschten Personen. Sousa Mendes widersetzte sich dem Befehl seiner Regierung und stellte vor allem im Mai und Juni 1940 über 30.000 Visa aus. Tag und Nacht stempelte und zeichnete er sie ab. Dabei war ihm das Risiko absolut bewusst. Es handelt sich um die größte Rettungsaktion einer einzelnen Person während des Zweiten Weltkrieges. Seine Regierung dankte ihm diesen Akt der Menschlichkeit nicht. Er wurde abberufen und degradiert. Auch nach 1945 wurde Sousa Mendes nicht wieder in den diplomatischen Dienst eingesetzt. Er starb 1954 in einem Armenhaus. Erst in den 1970-Jahren wurde er rehabilitiert. Er ist heute der einzige Portugiese, der den Ehrentitel »Gerechter unter den Völkern« trägt.

Otto von Habsburg als Vortragsreisender. Ein viel gefragter Redner.

Otto von Habsburg in den USA, *Florida, 1942.* Otto, »the Clark Gable of European Royalty«, wie eine amerikanische Zeitung schrieb.

Ende 1944 kehrte Otto von Habsburg nach Europa zurück. Im Sommer 1945 hielt er sich für einige Monate in Tirol und Vorarlberg auf, musste allerdings auf Druck der Regierung des Sozialisten Dr. Karl Renner und der sowjetischen Besatzungsmacht das Land wieder verlassen. Renner hatte bereits im Jahr 1919 die Habsburger des Landes verwiesen. Hitlers Einmarsch hatte er ausdrücklich begrüßt und wenige Jahre später einen Huldigungsbrief an Stalin geschrieben.

Der österreichische Staatskanzler Karl Renner verkündet am 27. April 1945 auf den Stufen des Wiener Parlaments die 2. Österreichische Republik.

Konferenz von Quebec 1944, Gruppenfoto (von li. Alexander, Earl of Athlone, US-Präsident Franklin D. Roosevelt, Winston Churchill und der kanadische Premier Mackenzie King) auf der Zitadelle von Quebec.

Hochzeit Ottos mit der Prinzessin von Sachsen-Meinigen, Regina. Das Bild zeigt die Hochzeit von Otto und Regina in Nancy am 10. Mai 1951. Otto hatte Regina Ende 1949 in München kennengelernt, wo die junge Prinzessin zu Sachsen-Meiningen in einem ungarischen Flüchtlingslager arbeitete. Auch Reginas Familie hatte ein hartes Schicksal hinter sich. Ihr Bruder Anton Ulrich fiel während des Frankreichfeldzugs, ihr Vater geriet im Sommer 1945 in russische Gefangenschaft und verstarb 1946 in einem Lager bei Tscherepowetz. Schließlich wurde der gesamte Besitz der Familie in Südthüringen enteignet. Mit der Hochzeit wurde auch Regina zur Habsburgerin. Auch sie durfte infolgedessen nicht mehr nach Österreich einreisen.

Der lange Kampf um das Recht

Während sich Ottos Brüder nach dem Krieg in Industrieunternehmen beziehungsweise im Bankenwesen etablierten, arbeitete Otto weiter als politischer Journalist und Vortragsreisender. 1951 heiratete er in Nancy Prinzessin Regina von Sachsen-Meiningen. Die lothringische Hauptstadt wurde ausgewählt, da Österreich für die Habsburger immer noch verschlossen war. Das Paar kniete in der Église des Cordeliers, die die Gruft der Herzöge von Lothringen beherbergt, auf mit österreichischer Erde gefüllten Kissen. Nach der Trauung standen Tausende Lothringer, aber auch Hunderte Österreicher, die mit Sonderzügen angereist waren, an der Straße und jubelten den frisch Vermählten zu. Otto und Regina ließen sich in Pöcking am Starnberger See nieder. Es war die Nähe zu Österreich, die für diesen Wohnort sprach, wo das Paar zeitlebens blieb. (Prinzessin Regina ist am 3. Februar 2010 verstorben.)

Das offizielle Hochzeitsfoto von Otto und Regina von Habsburg.

Nun war es auch an der Zeit, sein Verhältnis zu Österreich zu klären. Die Feststellung der Staatsbürgerschaft war noch ein einfaches Unterfangen gewesen, doch die Frage der Wiedereinreise gestaltete sich mehr als kompliziert. Für beide Parteien der Großen Koalition, OVP und SPÖ, schien eine Heimkehr Ottos eine Menge Konfliktstoff zu beinhalten. Die ÖVP fürchtete einerseits, dass er, kaum heimgekehrt, eine Partei gründen würde – obwohl er dies immer abgelehnt hatte – und damit zahlreiche Wählerstimmen abziehen würde. Andererseits war die Mehrheit der ÖVP-Klientel für eine Heimkehr des Habsburgers. Die SPÖ hingegen hoffte insgeheim auf eine Parteigründung Ottos, die der ÖVP empfindlich schaden könnte, war aber auch in ideologischen Vorbehalten gefangen. Letzten Endes spielte bei beiden Parteien und ihren Anhängern vielfach auch das schlechte Gewissen über das eigene Verhalten während des »Dritten Reiches« eine Rolle. Als Otto schließlich 1961 die geforderte Verzichtserklärung unterschrieben und sie der Bundesregierung übermittelt hatte, handelte diese auf klassisch österreichische Weise: Sie entschied nämlich nicht. Dies war der Auftakt zu fünfjährigen juristischen und politischen Auseinandersetzungen, in denen Otto mit einem Mal zum Staatsfeind Nummer eins wurde. Nachdem die Bundesregierung über sein Einreisegesuch nicht entschieden und dies dem Antragsteller noch nicht einmal mitgeteilt hatte, reichte er beim Verfassungsge-

Otto von Habsburg mit einem österreichischen Zollbeamten, der seine Papiere kontrolliert, am Grenzübergang von Scharnitz, *1966*. Die Wiedereinreise von Otto von Habsburg sorgte in Österreich für Turbulenzen. Es zeigte sich, dass die Republik auch knapp 50 Jahre nach Ende der Monarchie noch immer nicht zu ihrer Identität gefunden hatte. Vor allem das politische Österreich dankte Otto schlecht für das, was er für das Land getan hatte. Vonseiten der Bevölkerung aber erfuhr er immer große Sympathie und Respekt, auch im Hinblick auf sein europapolitisches Engagement.

richtshof eine Säumnisklage ein. Dieser erklärte sich erst einmal für nicht zuständig, also klagte Otto vor dem Verwaltungsgerichtshof. Als im Jahr 1963 die richterliche Entscheidung fiel, dass die Verzichtserklärung ausreichend und damit der Landesverweis aufgehoben sei, erreichte die Auseinandersetzung ihren ersten Höhepunkt. Vizekanzler Bruno Pittermann sprach von Justizputsch, die SPÖ forderte zusammen mit der FPÖ im Nationalrat eine Entschließung, dass die Rückkehr Otto von Habsburgs nach Österreich unerwünscht sei. Beide politischen Lager brachten nun ihre Truppen in Stellung, die ÖVP eher halbherzig, die SPÖ mit vollem Engagement. Über der Causa Otto zerbrach schließlich die Große Koalition, im März 1966 verlor die SPÖ haushoch die Nationalratswahlen. Im Juni erhielten Otto und seine Familie schließlich Reisepässe ohne den Zusatz »Gilt für alle Staaten außer für Österreich«. Am 31. Oktober war es schließlich soweit: Zum ersten Mal seit 1964 reiste Otto für einige Stunden nach Tirol, um das Grab seines Onkels, des Feldmarschalls Erzherzog Eugen, zu besuchen, am gleichen Tage kehrte er wieder nach Deutschland zurück. Erst im kommenden Jahr reiste er zum ersten Mal nach Wien.

Wäre Otto ein klassischer »Exilmonarch« gewesen, der sich in schönen Salons dem gesellschaftlichen und kulturellen Leben hingibt, wäre die Affäre um seine Wiedereinreise sicherlich anders verlaufen. Doch der politischen Klasse in Österreich war der politisch aktive Otto von Habsburg nicht ganz geheuer.

Das größere Ziel – Paneuropa

Noch vor dem Krieg hatte Otto von Habsburg den großen Visionär Europas, Richard Graf Coudenhove-Kalergi, den Gründer der Paneuropa-Union, kennengelernt. Coudenhove, der aus dem böhmischen Ronsperg stammte, hatte 1921 mit seinem Aufruf zur Einigung Europas Aufsehen erregt. Die Gründung des Europarates geht auf eine Initiative Coudenhoves zurück. Beide, Coudenhove und Otto von Habsburg, verband nun das gleiche Ziel. War nun auch die eine Hälfte Europas hinter dem Eisernen Vorhang unter sowjetischer Besatzung, setzte Otto sich dennoch unermüdlich für die Einigung unseres Kontinents ein. Er wurde international zu einem gefragten Redner und Schriftsteller, sein erstes der bis heute 37 Bücher erschien 1953 mit dem Titel »Entscheidung um Europa«. Der ungarische Aufstand 1956 zeigte, dass das kommunistische System auf tönernem Boden gebaut war. Für Otto von Habsburg war es zwangsläufig, dass die Regime in Mittel- und Osteuropa früher oder später zusammenbrechen mussten. Nach dem Tode Coudenhoves im Jahr 1972 wurde Otto dessen Nachfolger als Internationaler Präsident der Paneuropa-Union und blieb dies bis ins Jahr 2004.

Auch in Bayern war Otto von Habsburg bestens in die politischen Zirkel integriert. Als es auf die erste Direktwahl des Europäischen Parlamentes im Jahr 1979 hinauslief, forderten ihn zahlreiche seiner politischen Freunde, darunter auch Franz Josef Strauß, auf, für das Europäische Parlament zu kandidieren.

Der sozialistische Bundeskanzler Dr. Bruno Kreisky (re.) und Otto von Habsburg begrüßen sich bei einer Tagung zum 50-jährigen Bestehen der Paneuropa-Union, *1972.* Die politischen Fronten enthärten sich. Am Rande eines Paneuropa-Kongresse im Jahr 1972 begrüßen sich Otto von Habsburg und Bundeskanzler Bruno Kreisky.

Otto mit Graf Coudenhove-Kalergi anlässlich der Ver- leihung des ersten Aacheners Karlspreises, *1950.* Der Gründer der Paneuropa-Union war der erste Karlspreisträger.

DIE PANEUROPA-UNION, *die 1922 von Graf Richard Coudenhove-Kalergi gegründet wurde, ist die älteste europäische Einigungsbewegung. Seit fast 90 Jahren ist sie als überparteiliche Organisation in fast allen Ländern Europas vertreten. Zu ihren Mitgliedern zählten nach 1922 Albert Einstein und der französische Außenminister Aristide Briand, Schriftsteller wie Thomas Mann und Franz Werfel, der junge Kölner Oberbürgermeister Konrad Adenauer und der Wiener Student und spätere österreichische Bundeskanzler Bruno Kreisky. Nach dem Krieg gehörten die bayerischen Ministerpräsidenten Alfons Goppel und Franz Josef Strauß, der französische Staatspräsident Georges Pompidou, der französische Ministerpräsident Raimond Barre und der spanische Philosoph Salvador de Madariaga zu den herausragenden Mitgliedern.*

Unter Hitler wurde die Paneuropa-Union verboten. Coudenhove-Kalergi musste – von den Nationalsozialisten steckbrieflich verfolgt – in die USA emigrieren.

Nach dem Zweiten Weltkrieg wurde die Paneuropa-Union in Westeuropa wieder aufgebaut und gestaltete aktiv die Entwicklung des Europarates sowie der EWG und späteren Europäischen Union mit. In den kommunistischen Ländern Europas blieb sie verboten, wirkte aber im Untergrund als Bürgerrechtsbewegung weiter.

Unter der Führung ihres Internationalen Präsidenten Otto von Habsburg hielt die Paneuropa-Union auch in der Zeit der Teilung Deutschlands und Europas am Selbstbestimmungsrecht der Völker Mittel- und Osteuropas fest. Ziel war die volle Wiedervereinigung ganz Europas. 1989 machte die Union international Schlagzeilen, als sie an der österreichisch-ungarischen Grenze das »Paneuropa-Picknick« veranstaltete: 661 Deutschen aus der damaligen DDR wurde die Flucht in die Freiheit ermöglicht.

Noch in seinem letzten Interview betonte Erich Honecker, dass diese Aktion entscheidend zum Zusammenbruch des SED-Staates beigetragen hat. Die Massenflucht löste weitere Fluchtwellen und Massendemonstrationen aus.

Paneuropäisches Picknick am *19. August 1989.*

Paneuropäisches Picknick in Sopron, *19. August 1989.*

Zita von Habsburg mit ihrem Sohn Otto und ihrem Enkel Karl, *1982.* Kaiserin Zita durfte im Jahr 1982 erstmals seit 1919 wieder nach Österreich einreisen. Sie war damals 90 Jahre alt.

Mit großem Engagement nahm Otto diese neue Aufgabe an. Mit mittlerweile 67 Jahren entwickelte sich der ehemalige Kronprinz Österreich-Ungarns zu einem Vollblutparlamentarier. Das Parlament war die ideale Plattform für seine politische Tätigkeit. Fragt man ihn heute nach der schönsten Zeit seines Lebens, so lautet seine Antwort stets, es seien die 20 Jahre im Europaparlament gewesen. Mit seiner Initiative, einen leeren Stuhl für die Völker Europas im Plenum aufzustellen, die durch den Eisernen Vorhang von der Europäischen Gemeinschaft getrennt waren, löste er intensive Debatten aus. Letzten Endes aber gelang es ihm auf diese Weise, zusammen mit wenigen anderen Abgeordneten die politische Linie des Europaparlamentes auf eine gesamteuropäische, paneuropäische festzulegen – und sich nicht mit der Jalta-Linie abzufinden.

Ab Mitte der 1980er-Jahre wurde es immer offensichtlicher, dass der Kommunismus in Mittel- und Osteuropa brüchiger wurde. Im Jahr 1988 unternahm Otto von Habsburg zusammen mit seiner Frau Regina zum ersten Mal seit 1918 eine Reise nach Ungarn. Die Atmosphäre wurde immer offener, und es entstand im Sommer 1989 die Idee einer Veranstaltung an der österreichisch-ungarischen Grenze. Das Paneuropäische Picknick vom 19. August 1989 in Sopron wurde schließlich eine Sensation. Über 600 DDR-Bürger, die sich in Grenznähe aufgehalten hatten, nutzten die Gunst der Stunde und liefen in die Freiheit.

Familie im Dienste Europas

Im gleichen Jahr war Kaiserin Zita hochbetagt im Alter von fast 97 Jahren gestorben. Sie war erst Anfang der 1960er-Jahre aus Kanada nach Europa zurückgekehrt und hatte Wohnsitz im Kloster von Zizers im Kanton Chur in der Schweiz genommen. Als im Jahr 1982 Bundeskanzler Kreisky auf Druck des spanischen Königs ihre Einreise nach Österreich nach 63-jährigem Landesverweis zuließ, war das Aufsehen groß. Bis ins hohe Alter hinein hatte sie die

Hofball-Zuckerln mit den Porträts von Kaiser Karl und Kaiserin Zita, *um 1916.* Erinnerungszeichen an Kaiser Karl und Kaiserin Zita aus dem Ersten Weltkrieg.

Kaiserin Zita erreichte ein hohes Alter. Sie starb knapp 97-jährig am 14. März 1989 und wurde am 1. April 1989 in Wien zu Grabe getragen. Sie hatte alle Höhen und Tiefen des 20. Jahrhunderts erlebt. Bis kurz vor ihrem Tod war sie stets aufmerksam gegenüber den politischen Entwicklungen. So war es für sie eine besondere Freude, Ende der 80er-Jahre noch zu erleben, dass der Eiserne Vorhang nicht mehr lange halten würde. Zeit ihres Lebens war sie eine feste und konsequente Persönlichkeit und unbeugsam dem Zeitgeist gegenüber.

politischen Ereignisse verfolgt. In ihrem politischen Testament schrieb sie: »für mich ist es wie Erfüllung dieses Vermächtnisses [Kaiser Karls, Anm. d. Verf.], wenn ich im sehr hohen Lebensalter noch den Beginn einer neuen Zeit miterleben darf, in der die Völker Europas sich in Frieden und Freiheit wiederfinden. Es ist für mich wie eine Krönung…, wenn Ungarn und Österreich wieder so herzlich zueinanderfinden und sich am Horizont schon ein neues Mitteleuropa abzeichnet, das, vereint und stark als ein Teil der Europäischen Gemeinschaft, seinen Beitrag für das Wohlergehen Europas und besonders unserer Länder leisten wird, auch jene eingeschlossen, die heute noch in Unfreiheit zu leben gezwungen sind… Aber so unerschütterlich Kaiser Karls Vertrauen in die Kraft der untrennbaren Schicksalsgemeinschaft der Donauländer war, so gewiss erscheint es mir stets, dass trotz aller Schwierigkeiten unsere Völker zum Werk der friedlichen Erneuerung zusammenwirken werden.«

Das Begräbnis Kaiserin Zitas am 1. April 1989, dem Todestag Kaiser Karls, glich nur dem Anschein nach einem Wiederaufleben der Monarchie. Neben den farbenprächtigen Uniformen der Traditionsregimenter nahmen auch viele Menschen aus den ehemaligen Ländern der Monarchie teil. Ungarn, Tschechen, Slowaken, Slowenen, Kroaten und auch Gruppen aus Bosnien-Herzegowina folgten dem Sarg der Kaiserin, die nach altem Zeremoniell in der Kapuzinergruft beigesetzt wurde. Für viele Menschen war sie nicht nur ein Symbol einer vergangenen Welt, sondern auch, gerade zu diesem Zeitpunkt, ein Symbol für eine Völkergemeinschaft, die doch mehr oder weniger friedlich zusammengelebt hatte.

Otto von Habsburg im Österreichischen Reichsrat bei einer Gedenkstunde im Jahr 2008 zu Hitlers Überfall auf Österreich im März 1938.

Mit dem Fall des Eisernen Vorhangs wurde der Aktionsradius Otto von Habsburgs automatisch viel größer. Nach seinem Ausscheiden aus dem Europäischen Parlament im Jahr 1999 ging Otto von Habsburg mitnichten in den Ruhestand. Er bereiste intensiv die Länder Mittel- und Osteuropas, nicht nur die der ehemaligen Monarchie, war Berater der jungen Regierungen, hielt zahllose Vorträge. Er war und ist ein Anwalt ihrer Interessen. Die Osterweiterung der Europäischen Union im Jahr 2004 war ein Höhepunkt, doch damit ist für ihn die Einigung Europas nicht abgeschlossen. Zu viele Länder wie Kroatien, Bosnien-Herzegowina, Kosovo, Mazedonien, Albanien und auch die Ukraine stehen noch immer vor der Tür.

Otto von Habsburg, einst Erbe eines untergegangenen Reiches, hat es geschafft, die Aufgabe der Habsburger für das 20. und 21. Jahrhundert neu zu definieren. Für ihn zählten nie die Rechte, die aus seinem Namen entstehen könnten, sondern vielmehr die Pflichten. Heute sagt er, seine Familie sei seit 700 Jahren in der Politik, da liege die Politik in den Genen. Er selbst ist ein ausgesprochener Homo politicus, und er denkt in der Dimension der Völker, nicht in der Dimension von Nationalstaaten. Die Verpflichtung, die ihm seine lange Ahnenreihe übertragen hat, war ihm nie Last, sondern vielmehr Lust. Darüber hinaus ist es ihm gelungen, die »Verantwortung für meine Völker«, wie es sein Vater Kaiser Karl und sein Urgroßonkel Kaiser Franz Joseph formulierten, neu zu übersetzen. Es wäre ihm nie eingefallen, sich dieser Verantwortung zu entziehen.

Mit Papst Benedikt XVI. verbindet Otto von Habsburg eine jahrzehntelange Freundschaft.

Otto von Habsburg mit seiner Familie 2001 anlässlich der goldenen Hochzeit in Nancy.

Ottos Familie ist heute zahlreich, seine im Februar 2010 verstorbene Frau Regina und er haben sieben Kinder, 22 Enkel und zwei Urenkel. Das politische Gen hat sich auch auf Kinder und Enkel übertragen: Der älteste Sohn Karl, seit 2007 Familienchef, ist Präsident der International Association for the Blue Shield sowie Berater verschiedenster internationaler Organisationen. Sohn Georg ist in Ungarn politisch aktiv und Präsident des ungarischen Roten Kreuzes. Tochter Gabriela, eigentlich Künstlerin, engagiert sich für Georgien und dessen Aufnahme in EU und NATO. Seit März 2010 ist Gabriela Georgische Botschafterin in Berlin. Tochter Walburga lebt in Schweden und ist dort Reichstagsabgeordnete. Die Habsburger waren und bleiben international.

Walburga Habsburg Douglas ist dem politischen Erbe ihres Vaters und ihrer Familie treu und heute Reichstagsabgeordnete von Schweden.

Gabriela von Habsburg dient seit 2010 Georgien als Botschafterin in Berlin. Hier mit dem georgischen Staatspräsidenten Micheil Saakaschwili.

Karl von Habsburg ist Präsident der Association of the national committees for the Blue shield, die sich um Kulturgüterschutz kümmert. Hier mit seinem Vater Otto und seinem Sohn Ferdinand.

Das Haus Habsburg im Mittelalter

RUDOLF I. 1218–1291
römisch-deutscher König 1273
1.∞ Gertrud von Hohenberg
2.∞ Agnes von Burgund

ALBRECHT I. 1255–1308
Herzog 1282
römisch-deutscher König 1298
∞ Elisabeth von Görz-Tirol

RUDOLF II. 1270–1290
∞ Agnes von Böhmen

JOHANN Parricida 1290–1313
Mörder Albrechts I.

AGNES 1280–1364
∞ König Andreas III. von Ungarn

FRIEDRICH I. (III.) der Schöne 1289–1330
römisch-deutscher König 1314–1322
∞ Elisabeth von Aragón

LEOPOLD I. 1290–1326
∞ Katharina von Savoyen

ALBRECHT II. der Weise 1298–1358
Herzog 1330
∞ Johanna von Pfirt

RUDOLF IV. der Stifter 1339–1365
Herzog 1358
∞ Katharina von Luxemburg

ALBRECHT III. 1349/50–1393
Herzog 1365
1.∞ Elisabeth von Luxemburg-Böhmen
2.∞ Beatrix von Zollern

ALBRECHT IV. 1377–1404
Herzog 1395
∞ Johanna Sophie von Bayern

ALBRECHT V. (II.) 1397–1439
Herzog 1404
König von Böhmen und Ungarn 1437
deutscher König 1438
∞ Elisabeth von Luxemburg

LADISLAUS POSTUMUS 1440–1457
König von Böhmen und Ungarn

Das Haus Luxemburg

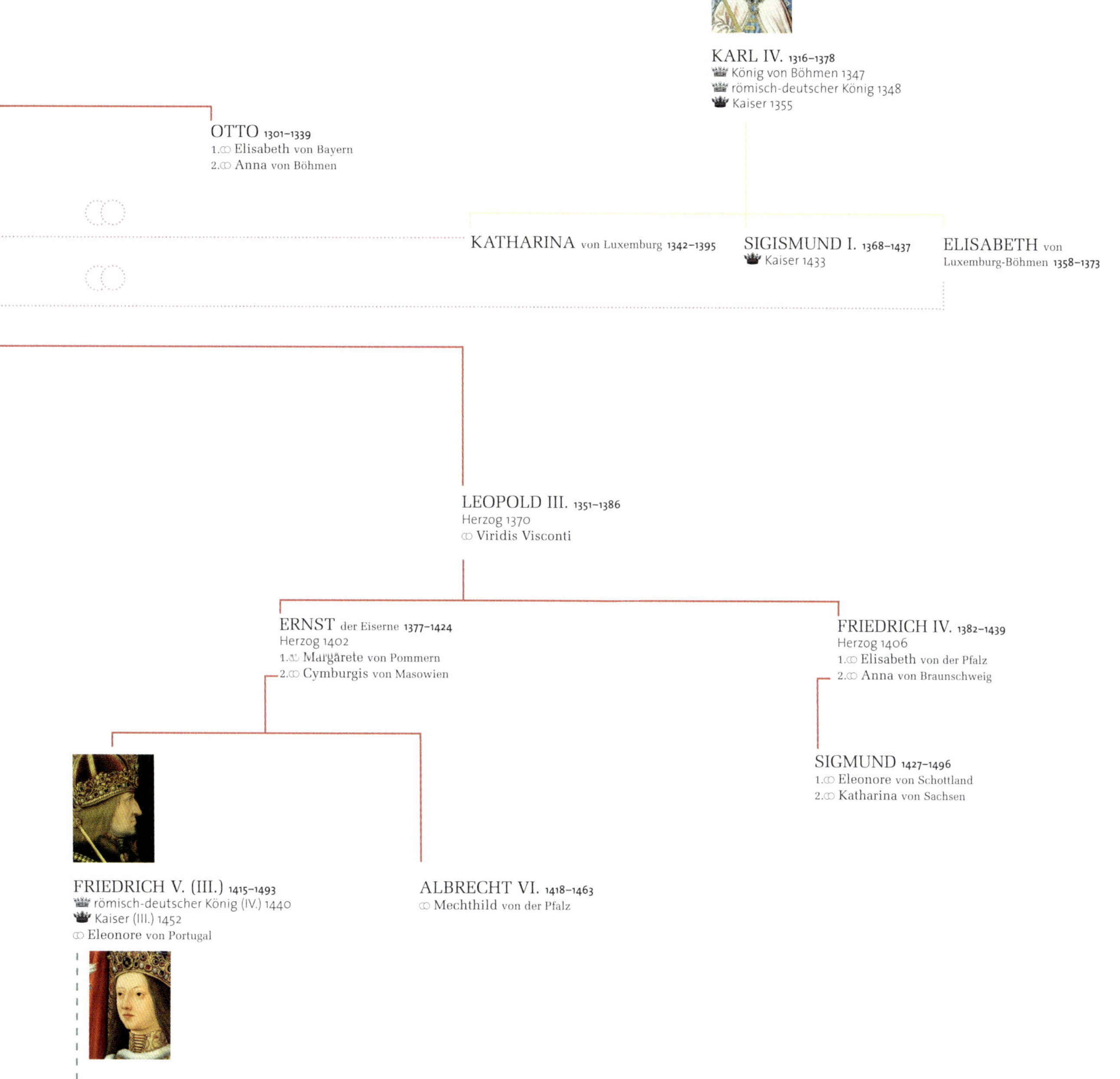

Seite 246

Das Haus Habsburg in der frühen Neuzeit

FRIEDRICH V. (III.) 1415–1493
römisch-deutscher König (IV.) 1440
Kaiser (III.) 1452
∞ Eleonore von Portugal

MAXIMILIAN I. 1459–1519
römisch-deutscher König 1486
Kaiser 1508
∞ Maria von Burgund
Tochter Karls des Kühnen

PHILIPP I. der Schöne 1478–1506
König von Kastilien 1504
∞ Johanna von Kastilien und Aragón
genannt die Wahnsinnige

MARGARETE 1480–1530
Statthalterin der Niederlande 1506
1.∞ Johann von Kastilien und Aragón
2.∞ Philibert von Savoyen

spanische Linie

KARL V. 1500–1558
König von Spanien (I.) 1516–1556
Kaiser 1519–1556
∞ Isabella von Portugal

MARGARETHE von Parma
1522–1586
uneheliche Tochter Karls V.
Stadthalterin der habsburgerischen Niederlande 1559–1567

PHILIPP II. 1527–1598
König von Spanien 1556
König von Portugal 1580
1.∞ Maria von Portugal
2.∞ Mary Tudor
3.∞ Elisabeth von Valois
4.∞ Anna von Österreich
Tochter Maximilians II.

JUAN D'AUSTRIA 1547–1578
unehelicher Sohn Karls V.
Heerführer in der Seeschlacht von Lepanto 1571

MARIA von Spanien 1528–1603
∞ Kaiser Maximilian II.

ANNA 1549–1580
∞ Philipp II. von Spanien

ALBRECHT VII. 1559–1621
∞ Isabella Clara Eugenia
Tochter Philipps II. von Spanien

RUDOLF II. 1552–1612
römisch-deutscher König 1575
Kaiser 1576

Seite 248

KARL I. der Kühne 1433–1477
Herzog von Burgund und Luxemburg
⚭ Isabella von Bourbon

MARIA von Burgund 1457–1482

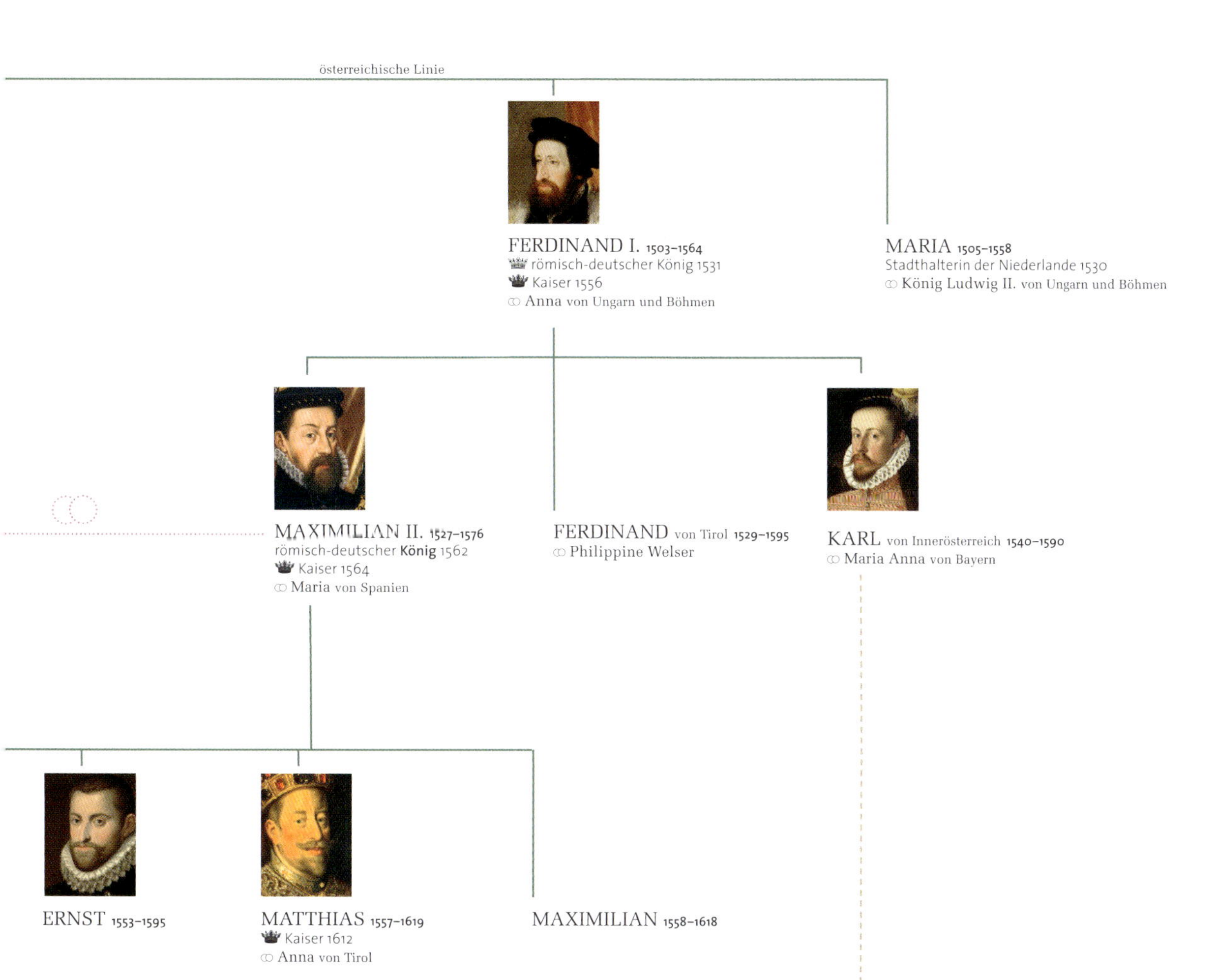

Seite 249

Spanische Linie

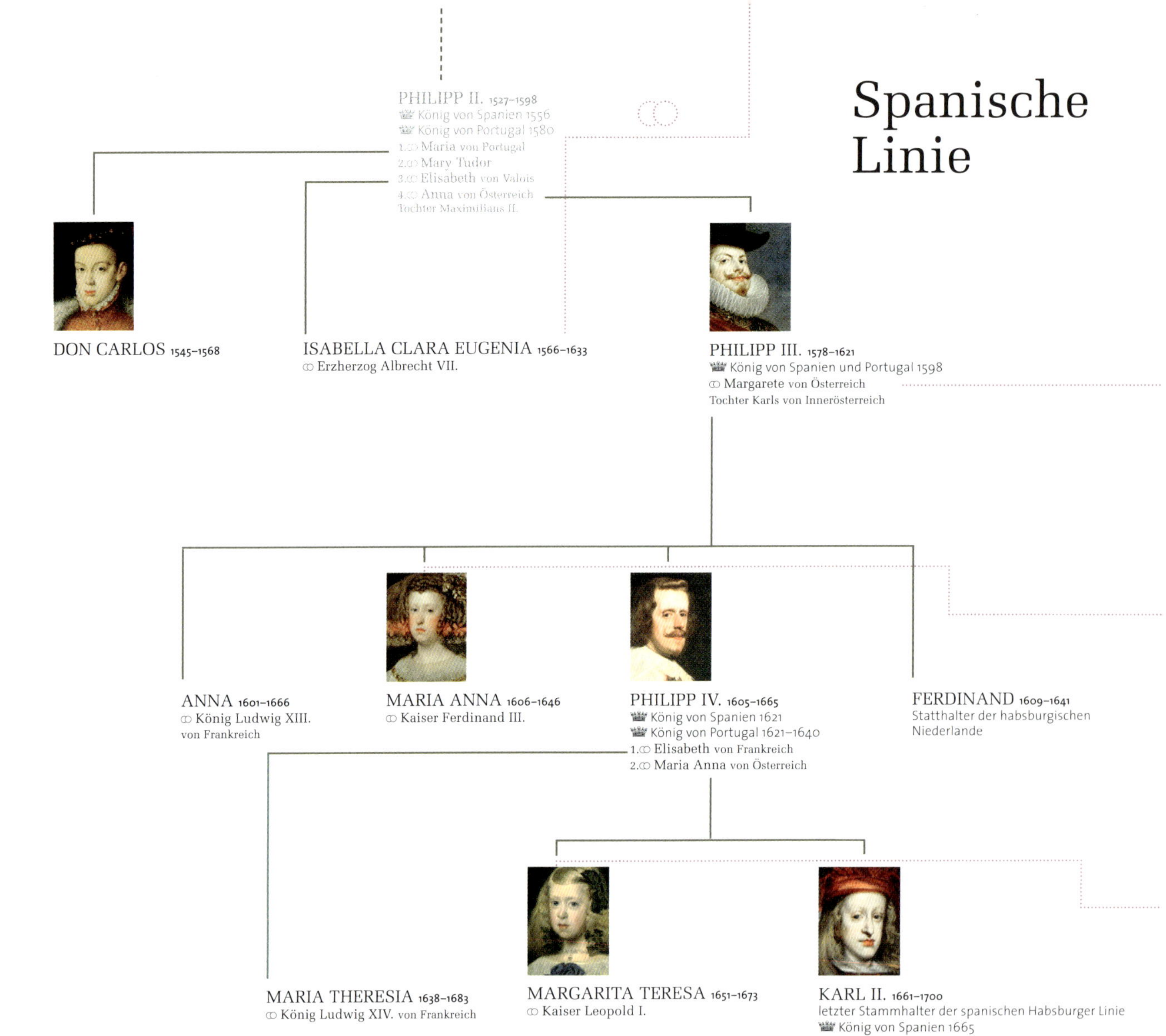

KARL von Innerösterreich 1540–1590
⚭ Maria Anna von Bayern

Österreichische Linie

FERDINAND II. 1578–1637
König von Böhmen 1617
König von Ungarn und Kroatien 1618
Kaiser 1619
1.⚭ Maria Anna von Bayern
2.⚭ Eleonore von Mantua

MARGARETE 1584–1611

LEOPOLD 1586–1632
Bischof von Passau 1598
Bischof von Straßburg 1607
Landesherr von Tirol 1626

FERDINAND III. 1608–1657
König von Ungarn 1625
König von Böhmen 1627
römisch-deutscher König 1636
Kaiser 1637
1.⚭ Maria Anna von Spanien
Tochter König Philipps III. von Spanien
2.⚭ Maria Leopoldina
3.⚭ Eleonore Gonzaga von Mantua

FERDINAND IV. 1633–1654
König von Böhmen 1646
König von Ungarn 1647
römisch-deutscher König 1653

LEOPOLD I. 1640–1705
König von Ungarn 1655
König von Böhmen 1656
Kaiser 1658
1.⚭ Margarita Teresa von Spanien
Tochter König Philipps IV. von Spanien
2.⚭ Claudia Felizitas von Österreich-Tirol
3.⚭ Eleonore von Pfalz-Neuburg

JOSEPH I. 1678–1711
römisch-deutscher König 1690
Kaiser 1705
⚭ Amalia Wilhelmine von Braunschweig-Lüneburg

KARL VI. 1685–1740
König von Spanien (III.) 1706–1711
Kaiser 1711
⚭ Elisabeth Christine von Braunschweig-Wolfenbüttel

MARIA THERESIA 1717–1780
Königin von Böhmen und Ungarn 1740
⚭ Franz I. Stephan
Kaiser 1745

Seite 250

Das Haus Habsburg-Lothringen

MARIA THERESIA 1717–1780
Königin von Böhmen und Ungarn 1740

FRANZ I. Stephan 1708–1765
Herzog von Lothringen 1729-1737
Großherzog der Toskana 1737
Kaiser Franz I. 1745

JOSEPH II. 1741–1790
römisch-deutscher König 1764
Kaiser 1765–1790
König von Böhmen und Ungarn 1780
1.⚭ Isabella von Bourbon-Parma
2.⚭ Maria Josepha von Bayern

MARIE CHRISTINE 1742–1798
⚭ Albert von Sachsen

MARIA AMALIA 1746–1804
⚭ Ferdinand von Parma

LEOPOLD II. 1747–1792
Großherzog der Toskana 1765–1790
König von Ungarn 1790
Kaiser 1790
König von Böhmen 1791
⚭ Maria Ludovica

MARIA KAROLINE 1752–18…
⚭ Ferdinand von Neapel

FRANZ II./I. 1768–1835
König von Böhmen und Ungarn 1792
Kaiser 1792–1806
Kaiser von Österreich 1804
1.⚭ Elisabeth von Württemberg
2.⚭ Maria Theresia von Bourbon-Neapel
3.⚭ Maria Ludovika von Modena
4.⚭ Karoline Auguste von Bayern

FERDINAND III. 1769–1824
Großherzog der Toskana 1790–1801
Kurfürst von Salzburg 1803–1805
Großherzog von Würzburg 1806–1814

KARL 1771–1847

JOSEF 1776–1847
Palatin von Ungarn

JOHANN 1782–1859
deutscher Reichsverweser 1848/4…
⚭ Anna Plochl Gräfin von Meran

MARIE-LOUISE 1791–1847
1.⚭ Kaiser Napoleon I. von Frankreich
2.⚭ Adam Albert Graf Neipperg
3.⚭ Karl Graf Bombelle

FERDINAND I. 1793–1875
Kaiser 1835–1848
⚭ Maria Anna von Savoyen

LEOPOLDINE 1797–1826
⚭ Pedro I. von Brasilien

FRANZ KARL 1802–1878
⚭ Sophie von Bayern

FRANZ JOSEPH I. 1830–1916
Kaiser ab 1848
⚭ Elisabeth von Bayern

FERDINAND MAXIMILIAN 1832–1867
Kaiser von Mexiko 1864
⚭ Charlotte von Belgien

SOPHIE 1855–1857

GISELA 1856–1932
⚭ Leopold von Bayern

RUDOLF 1858–1889
⚭ Stephanie von Belgien

MARIE VALERIE 1868–1924
⚭ Franz Salvator von Toskana

ELISABETH 1883–1963
1.⚭ Otto Fürst Windisch-Graetz
2.⚭ Leopold Petznek

KARL VII. Karl Albrecht von Bayern 1697–1745
Herzog von Bayern 1726
Kaiser 1742
⚭ Maria Amalie von Österreich
Tochter Kaiser Josephs I.

MARIA JOSEPHA von Bayern 1739–1767

FERDINAND KARL 1754–1806
⚭ Maria Beatrix von Este-Modena

MARIA ANTONIA 1755–1793
bekannt als Marie Antoinette
⚭ König Ludwig XVI.
von Frankreich

MAXIMILIAN 1756–1801
Kurfürst von Köln
und Deutschmeister

sowie noch einen Sohn
und sieben Töchter

RAINER 1783–1853

LUDWIG 1768–1864

LEOPOLD 1772–1792

RUDOLF 1788–1831

KARL LUDWIG 1833–1869
1.⚭ Margarete von Sachsen
2.⚭ Maria Annunziata von Neapel-Sizilien
3.⚭ Maria Theresa von Portugal

LUDWIG VIKTOR 1842–1919

FRANZ FERDINAND 1863–1914
⚭ Sophie Chotek Herzogin von Hohenberg

OTTO FRANZ JOSEF 1865–1906
⚭ Maria Josefa von Sachsen

FERDINAND 1868–1915
verzicht, seit 1911

MAXIMILIAN EUGEN 1895–1952
⚭ Franziska zu Hohenlohe

KARL I. 1887–1922
Kaiser 1916–1918
⚭ Zita von Bourbon-Parma

KARL I. 1887–1922
Kaiser 1916–1918
∞ Zita von Bourbon-Parma

OTTO 1912–2011
∞ Regina von Sachsen-Meiningen

ADELHEID 1914–1971

ROBERT 1915–1996
∞ Margherita von Savoyen
5 Kinder

FELIX FRIEDRICH 1916–2011
∞ Anna-Eugénie von Arenberg
7 Kinder

ANDREA 1953–
∞ Karl-Eugen Erbgf. von Neipperg

Philipp 1978
Benedikt 1980
Dominik 1981
Hemma 1983
Katharina 1986

MONIKA 1954–
∞ Gonzaga Hzg. von Santangelo

Baltasar 1981
Gabriel 1983
Rafael 1986
Santiago 1993

MICHAELA 1954–
1.∞ Eric d'Antin
2.∞ Hubertus Graf von Kageneck

Marc Joan 1984
Carla 1987
Justin 1989

GABRIELA 1956–
∞ Christian Meister

Severin 1981
Lioba 1983
Alena 1986

Das Haus Habsburg-Lothringen bis heute

CARL LUDWIG 1918–2008
⚭ Jolanda von Ligne
4 Kinder

RUDOLPH 1919–2010
1.⚭ Xenia Gräfin Besobrasow
2.⚭ Anna Gabriele von Wrede

CHARLOTTE 1921–1989
⚭ Georg Herzog von Mecklenburg

ELISABETH 1922–1993
⚭ Heinrich Prinz Liechtenstein

WALBURGA 1958–
⚭ Graf Archibald Douglas

Mauritz 1994

KARL 1961–
⚭ Francessca von Thyssen-Bornemisza de Kászon

GEORG 1964–
⚭ Herzogin Eilika von Oldenburg

Sophie 2001
Ildiko 2002
Karl Konstantin 2004

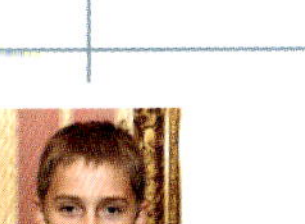

ELEONORE 1994

FERDINAND 1997

GLORIA 1999

Register

L

M

N

O

P

Auswahlbibliographie

- **BAIER, STEPHAN / DEMMERLE, EVA:** Otto von Habsburg. Die Biographie. Wien, 2002/2007
- **BELLER, STEVEN:** Geschichte Österreichs. Wien, 2007
- **BÖHMER, PETER/ FABER, RONALD:** Die Erben des Kaisers. Wem gehört das Habsburger Vermögen? Wien, 2004
- **BRANDI, KARL:** Kaiser Karl V. Werden und Schicksal einer Persönlichkeit und eines Weltreiches. 8. Aufl. München 1986
- **BRAUNEDER, WILHELM/ HÖBELT, LOTHAR** (Hg.): Sacrum Imperium. Das Reich und Österreich 996-1806., Wien, 1996
- **BROUCEK PETER:** Karl I. Der politische Weg des letzten Herrschers der Donaumonarchie. Wien 1997
- **BURG, PETER:** Der Wiener Kongress. Der deutsche Bund im europäischen Staatensystem. München 1993
- **CORNWALL, MARC:** Die letzten Jahre der Donaumonarchie. Der erste Vielvölkerstaat im Europa des 20. Jahrhunderts. Magnus Verlag, 2004
- **CRANKSHAW, EDWARD:** Die Habsburger. Wien, 1971
- **DE CARS, JEAN:** La saga des Habsbourg. Du Saint Empire à l'Union européenne. Paris, 2010
- **DEMMERLE, EVA.** Kaiser Karl. Selig die Frieden stiften. Wien, 2004
- **DEMMERLE, EVA:** Der Habsburg-Faktor. Eva Demmerle im Gespräch mit Otto von Habsburg. München 2007
- **ERBE, MICHAEL:** Die Habsburger 1493-1918. Eine Dynastie im Reich und in Europa. Stutt-gart, 2000
- **EVANS, R.J.:** Rudolph II. Ohnmacht und Einsamkeit. Graz, 1980
- **FEIGL, ERICH:** Zita. Kaiserin und Königin. 5. Neu bearbeitete Auflage. Wien 1991
- **FEIGL, ERICH:** Kaiser Karl. Wien, 1990
- **FEIGL, ERICH:** Kaiserin Zita. Kronzeugin eines Jahrhunderts. Wien 1989
- **FEJTÓ, FRANCOIS:** Requiem für eine Monarchie. Die Zerschlagung Österreich-Ungarns. Wien, 1991
- **FRANZEL, EMIL:** Die Habsburger – Gestalt und Schicksal eines Geschlechts. München, 1971
- **FRANZL, JOHANN:** Rudolf I. – Der erste Habsburger auf dem deutschen Thron. Graz, 1986
- **GESCHICHTE IN QUELLEN.** Band III: Renaissance, Glaubenskämpfe, Absolutismus. München 1966
- **GRIESSER, HERMANN:** Konfisziert. Österreichs Unrecht am Hause Habsburg. Wien, 1986
- **GRIESSER-PECAR:** Tamara: Die Mission Sixtus. Österreichs Friedensversuche im Ersten Welt**KRIEG. WIEN, 1988**
- **GRÖSSING, SIEGRID MARIA:** Maximilian I. Kaiser, Künstler, Kämpfer. Wien, 2002
- **GÜNZEL, KLAUS:** Der Wiener Kongress. Geschichte und Geschichten eines Welttheaters. München 1995
- **GUIS MCGUIGAN, DOROTHY:** Familie Habsburg 1273–1918. Glanz und Elend eines Herrscherhaueses. Wien 1966
- **HABSBURG, OTTO VON:** Damals begann unsere Zukunft. Wien, 1971
- **HABSBURG, OTTO VON:** Idee Europa. Wien, 1976
- **HABSBURG, OTTO VON:** Karl V. Kaiser für Europa. Wien 1990
- **HEILIGES RÖMISCHES REICH DEUTSCHER NATION 952–1806.** Altes Reich und neue Staaten 1495–1806. Katalog zur Ausstellung des Europarates im Deutschen Historischen Museum Berlin, Band II, Essays. Berlin 2006
- **HEIMANN, HEINZ DIETER:** Die Habsburger. Dynastie und Kaiserreiche. München, 2001
- **HÖBELT; LOTHAR:** Ferdinand III. Friedenskaiser wider Willen. Graz 2008
- **HÖBELT, LOTHAR:** Kaiser Franz Joseph I. Der Kaiser und sein Reich. Eine politische Geschichte. Wien, 2009
- **HÖBELT, LOTHAR:** Die Habsburger. Aufstieg und Glanz einer europäischen Dynastie. Stuttgart, 2009
- **HOENSCH, JÖRG:** Premysl Otakar II. von Böhmen. Der goldene König. Graz 1989
- **KANN, ROBERT A.:** Werden und Zerfall des Habsburger Reiches. Graz 1962
- **KANN, ROBERT A.:** Geschichte des Habsburger Reiches 1526–1918. Wien, 1977
- **KANTON AARGAU:** Die Habsburger zwischen Rhein und Donau. Katalog zur gleichnamigen Ausstellung. Aarau 1996
- **KINDERMANN, DIETER;** Die Habsburger ohne Reich. Geschichte einer Familie seit 1918. Wien, 2010
- **KOHLER, ALFRED:** Karl V. Eine Biografie. München 1999
- **KOVACS, ELISABETH:** Untergang oder Rettung der Donaumonarchie? Die österreichische Frage. Kaiser und König Karl und die Neuordnung Europas 1916–1922, Band I., Wien 2004
- **LAURO, BRIGITTA:** Die Grabstätten der Habsburger. Kunstdenkmäler einer europäischen Dynastie. Wien, 2007
- **LEITNER, THEA:** Habsburgs Goldene Bräute. Durch Mitgift zur Macht. 3. Aufl. München, 2004
- **MAGENSCHAB, HANS:** Joseph II. Revolutionär von Gottes Gnaden. Graz 1979
- **MAGRIS, CLAUDIO:** Der habsburgische Mythos in der modernen österreichischen Literatur. Neuausgabe, Wien 2000
- **MARINELLI, ELVIRA:** Eine europäische Dynastie: Die Habsburger, Berlin, 2008
- **ORDENSKANZLEI DES OGV:** Das Haus Österreich und er Orden vom Goldenen Vlies. Beiträge zum wissenschaftlichen Symposium am 30.11. und 1.12.2006 im Stift Heiligenkreuz. Graz, 2007
- **POLACEK, MAX:** Franz Ferdinand. Europas verlorene Hoffnung. Wien 1989
- **REIFENSCHEID, RICHARD:** Die Habsburger in Lebensbildern. Von Rudolf I. bis Karl I., Graz 1982
- **REINALTER, HELMUT:** Am Hofe Josephs II. Leipzig, 1991
- **RIEDER, HEINZ:** Kaiser Karl. Der letzte Monarch Österreich-Ungarns. München 1981
- **RILL, BERND:** Friedrich III. Habsburgs europäischer Durchbruch. Graz, 1987
- **PIEPER, DIETMAR UND SALTZWEDEL, JOHANNES:** Die Welt der Habsburger. Glanz und Tragik eines europäischen Herrscherhauses. München, 2010
- **SCHILLING, HEINZ:** Aufbruch und Krise. Deutschland 1517–1648. Berlin 1994
- **SCHUCH, MANFRED:** Historischer Atlas Österreich. 6. überarbeitete Auflage. Wien, 2008
- **SEIBT, FERDINAND:** Karl V. Der Kaiser und die Reformation. Berlin 1998
- **SEWARD, DESMOND:** Metternich, der erste Europäer. Eine Biografie. Zürich 1993
- **SPIELMANN, JOHN:** Leopold I. Zur Macht nicht geboren. Graz 1981
- **VACHA, BRIGITTE (HG.):** Die Habsburger. Eine europäische Familiengeschichte. Graz, 1992
- **VASARI, EMILIO:** Ein Kämpfer für Europa. Otto Habsburg im Europaparlament. München 1982
- **VOCELKA, KARL:** Geschichte Österreichs. Kultur – Gesellschaft – Politik. Graz, 2000
- **VOGELSBERGER, HARTWIG:** Kaiser von Mexiko. Ein Habsburger auf Montezumas Thron. Wien 1992
- **VOSSEN, CARL:** Maria von Burgund. Des Hauses Habsburg Kronjuwel. Stuttgart 1992
- **WAGNER, WILHELM J.:** Der große illustrierte Atals Österreich - Ungarn. Das Habsburgerreich in Wort, Bild und Karte. Wien, 2009
- **WANDRUSZKA, ADAM:** Das Haus Habsburg. Die Geschichte einer europäischen Dynastie. Stuttgart, 1956
- **WEISSENSTEINER FRIEDRICH:** Die Töchter Maria Theresias. Wien 1994
- **WEISSENSTEINER, FRIEDRICH:** Die großen Herrscher des Hauses Habsburg. 700 Jahre europäische Geschichte, München, 2007
- **WINKELHOFER, MARTINA:** Viribus Unitis. Der Kaiser und sein Hof. Ein neues Franz-Joseph-Bild. Wien 2008
- **ZWEIG, STEFAN:** Die Welt von gestern. Erinnerungen eines Europäers. 32. Aufl., Frankfurt, 2000

Bildnachweis

Herausgeber und Verlag haben sich bis Produktionsschluss intensiv bemüht, alle weiteren Inhaber von Abbildungsrechten ausfindig zu machen. Personen und Institutionen, die möglicherweise nicht erreicht wurden und Rechte an verwendeten Abbildungen beanspruchen, werden gebeten, sich nachträglich mit dem Verlag in Verbindung zu setzen.

©AGE FOTOSTOCK / LOOK-FOTO: S. 93 o.

©AKG-IMAGES, BERLIN: S. 33; 61 o.li.; 62; 64; 71; 72; 79 u.; 83 re.; 91 u.; 104 u.; 115; 152 li.; 154; 158 o.re.; 158 u.; 179 u.; 185 o.re.; 185 u.; 189 o.m.; 189 m.li.; 189 u.; 203 u.; 246 2. Reihe li.; 246 5. Reihe m.; Album / Oronoz: S. 93 u.; historic maps / Braun: S. 94/95; Imagno: S. 211 o.; Erich Lessing: S. 6 o.; 6 m.u.; 7 o.; 7 m.m.; 18; 28 u.; 46 u.; 54 o.; 56 u.li.; 58 o.li.; 59 u.; 63 o.; 82; 83 li.; 90; 96; 101; 105 li.; 105 re.; 109; 130; 131; 159; 172; 179 o.; 191; 202 u.; 204; 246 2. Reihe re.; 246 4. Reihe; 246 5. Reihe li.; 246 u.li., 247 2. Reihe; 248 o.li.; 249 3. Reihe; 250 3. Reihe; 251 2. Reihe; Joseph Martin: S. 76 u.; Nimatallah: S. 7 m.o.; 150

©ARTOTHEK / WINFRIED BAHNMÜLLER: S. 152 re.; 251 o.

©BEDNORZ, ACHIM: S. 23; 42/43; 54 u.; 58 o.re.; 67; 79 o.; 98 o.re.; 103 o., 121; 138, 139; 163 u.; 211 u.m.; 211 u.re.; 244 o.

©BESTATTUNG WIEN: S. 168 o.

©BILDAGENTUR HUBER / REINHARD SCHMID: S.128/129

©BPK, BERLIN: S. 165 o.li.; 166 u.

©FUNDACAO ARISTIDES DE SOUSA MENDES, LISSABON: S. 234 u.

©HAACK, H.-P.: S. 12

©HAAG-KIRCHNER, PETER, HISTORISCHES MUSEUM DER PFALZ, SPEYER: S. 87

©HANDLER, JEANETTE: S. 4; 15 u.li.; 56 o.li.; 56 o.m.; 56 o.re.; 240 o.; 242 o.; 242 m.; 242 u.; 243 o.; 243 u.m.; 243 u.re.; 252 o.li.; 252 m.; 252 u.li.; 252 u.m.li.; 252 u.m.re.; 252 u.re.; 253 m.m.; 253 m.re; 253 u.

©HAUS-, HOF- UND STAATSARCHIV, WIEN: S. 37

©HEERESGESCHICHTLICHES MUSEUM, WIEN: S. 8; 221

©IMAGNO / AUSTRIAN ARCHIVES, WIEN: S. 124/125; 135; 155; 205 li.

©KUNSTHISTORISCHES MUSEUM, WIEN: S. 15 u.re.; 28 o.; 39; 63 u.; 68/69; 76 o.li.; 107 u.; 108 o.; 144 o.; 169; 250 2. Reihe re.

©LAIF / DIRK EISERMANN: S. 240 u.re.

©ÖSTERREICHISCHE GALERIE BELVEDERE, WIEN: S. 24

©ÖSTERREICHISCHE NATIONALBIBLIOTHEK, WIEN: S. 15 o.; 40; 165 o.m.; 165 o.re.; 216

©ÖSTERREICHISCHES STAATSARCHIV, WIEN: S. 190 o.li.; 190 o.re.

©PICTURE-ALLIANCE: Abecasis / Leemage: S. 202 o.re.; AKG-Images: S. 7 m.u.; 16/17; 21; 26; 29; 30 o.; 30 u.; 31; 34; 38; 51; 52; 53; 57 o.; 59 o.; 60 u.li., S. 60 o.; 61 o.re.; 73 li.; 73 re.; 76 o.re.; 77; 80 o.; 81 u.; 84; 91 o.; 98 m.; 98 u.; 99 u.re.; 102 o.; 104 o.; 105 o.m.; 108 m.re.; 108 u.re.; 110; 111 u.; 112/113; 118 o.; 118 u.; 120 o.li.; 120 o.re.; 120 u.; 122/123; 122 u.; 123 u.; 126 o.; 126 u.; 127 re.; 133; 134 u.; 136 o.re.; 137 u.; 143; 144 u.; 145; 146 o.; 153; 158 o.li.; 160 u.; 161; 163 o.; 163 m.; 164 o.; 170/171; 174 o.; 174 u.; 175; 178; 181 o.re.; 182; 183 u.; 184; 185 o.li.; 185 o.m.; 186 o.re.; 186 u.; 187 o.; 187 u.; 188 o.; 189 o.li.; 189 o.re.; 189 m.re.; 190 m.; 190 u.; 194; 196 u.; 198; 200; 208 o.; 208 u.; 211 u.li.; 213 o.; 213 u.; 214 m.; 229 o.; 233 u.; 234 o.; 236 u.re.; 245 o.; 245 u.; 246 3.Reihe; 246 5. Reihe re.; 247 o.; 247 3. Reihe; 247 u.; 248 u.li.; 249 2. Reihe; 249 4. Reihe re.; 250 4. Reihe li.; 250 4. Reihe re.; 250 u.re.; 251 3. Reihe; AKG-Images / Andre Held: S. 78 o.li.; 89; AKG-Images / Markus Hilbich: S. 48 o.; AKG-Images / Erich Lessing: S. 6 m.m.; 36; 46 o.; 50 u.; 50 o.; 56 o.m.; 57 u.; 61 u.; 65; 70; 78 u.; 81 o.; 88; 99 li.; 99 o.re.; 103 u.; 106 o.; 106 u.; 107 o.; 111 o.; 117; 132 o.; 132 u.; 134 o.; 136 u.; 141; 147; 148/149; 162; 167; 176; 177; 180/181; 201; 209 li.; 244 m.; 244 u.; 246 u.re.; 248 o.re.; 248 m.li.; 248 u.re.; 250 2. Reihe li.; 250 u.li.; AKG-Images / Paul M. R. Maeyaert: S. 92; AKG-Images / Joseph Martin: S. 140; 142 u.; 248 m.re.; AKG-Images / Rabatti-Domingie: S. 97; AKG-Images / Jost Schilgen: S. 60 u.re.; AKG-Images / Visioars: S. 180 li.; Ali Schafler: S. 98 o.li.; Allover / Karl Thomas: S. 9; Arco Images GmbH / De Meester: 66 u.; Bildagentur Huber / Smetek: S. 203 m.; dpa: S. 7 u.; 10 u.; 22; 35; 45; 78 o.re.; 80 u.; 116, 119; 151; 157 u.; 165 u.; 173; 181 u.; 203 o.; 205 re.; 210 o.; 217 m.; 220; 235 u.re.; 236 u.li.; 238; 239 li.; 241 o.; 251 u.li; 251 r.re.; Imagestate / HIP: S. 58 u.; 66 o.; 195; 225 o.; Imagno / Austrian Archives: S. 6 m.o.; 6 u.; 11 u.; 13; 44; 46 m.; 48 u.; 114; 136 o.li.; 157 o.; 168 u.; 183 o.; 186 o.li.; 188 u.; 189 m.m.; 196 o.; 202 o.li.; 210 u.; 214 li.; 217 o.; 222 o.; 224 u.; 225 u.; 235 u.li.; 241 m; 241 u.; 245 m.; 249 o.; Imagno / NB: S. 226; Imagno / Österreichische Volkshoc: S. 192/193; 217 u.; 218/219; Imagno / Photo archiv Setzer: S. 228 o.; Imagno / Schloss Schönbrunn: S. 102 u.; 142 o.; 156; 160 o.; 164 u.; 247 4. Reihe li.; 249 4. Reihe li. ; 249 u.; 250 o.; Imagno / Gerhard Trumler: S. 11 o.; 85; Imagno / Wilfried Vas: S. 49; 227; Judaica-Sammlung Richter: S. 100 o.; Keystone / Gaetan Bally: S. 10 o.; 27; 100 u.; Lonely Planet Images: S. 209 re.; Evans Picture Library: S. 215; maxppp: S. 214 re.; maxppp/ Leemage: S. 108 u.li.; 127 li.; Terra Incognita e.V.: S. 166 o.; United Archives / TopFoto: S. 229 u.

©PRIVAT: S. 243 u.li.; 253 m.li.

©PRIVATARCHIV HABSBURG: S. 222 u.li.; 222 u.re.; 223 li.; 223 re.; 224 o.li.; 224 o.re.; 230 o.; 230 u.; 231 li.; 231 re.; 232 li.; 232 m.; 232 re.; 233 o.; 235 o.; 236 o.li.; 236 o.re.; 237 o.; 237 u.; 239 re.; 252 o.re.; 253 o.li.; 253 o.re.

©SCHLOSS WARTEGG: S. 228 u.

©TLFM, INNSBRUCK: S. 55, 246 o.

©ULLSTEIN-BILD: S. 207; AP: S. 240 u.li.

©UNGARISCHE NATIONALGALERIE, BUDAPEST: S. 86

©WAGNER, WILHELM J., GRÜNBACH AM SCHNEEBERG: S. 197

©WIKIPEDIA: S. 19; 25; 74 u., 137 o.; 206

©2011. PHOTO PIERPONT MORGAN LIBRARY / ART RESOURCE / SCALA, FLORENCE: S. 74 o.

Der Text auf S. 240 zur Paneuropa-Union: www.paneuropa.org

Kapiteleinleitungs-Bilder

S. 16/17: **Schlacht Rudolf von Habsburg gegen Ottokar II. von Böhmen** (Schlacht auf dem Marchfeld), *Julius Schnorr von Carolsfeld, 1838.* Der Sieg König Rudolfs I. über den böhmischen König Ottokar II. im Jahr 1278 (bei der Schlacht von Dürnkrut und Jedenspeigen) war eine wichtige Voraussetzung für die habsburgische Herrschaft in Österreich.

S. 42/43: **Die Hofkirche in Innsbruck, auch »Schwarzmanderkirche«** genannt, wurde 1563 fertiggestellt. Kaiser Maximilian ließ sich ein prächtiges Kenotaph als Grabmal erbauen.

S. 70/71: **Der Kriegszug Kaiser Karls V. gegen Tunis**, *Wandteppich, Willem de Pannemaker, nach einem Entwurf von Jan Vermeyen, 1535.* Die Eroberung und Plünderung von Tunis war der Höhepunkt des erfolgreichen Feldzugs von Karl V., um den nordafrikanischen Korsaren Einhalt zu gebieten. Der Maler Jan Cornelisz Vermeyen und der Hoftapessier Willem de Pannemaker setzten diesen Feldzug in zwölf wunderbare Tapisserien um.

S. 94/95: **Ansicht der Stadt Prag,** *1493.* Die Goldene Stadt.

S. 112/113: **Fenstersturz zu Prag 1618.** *Wenzel von Brozik, 1889.* Vertreter der böhmischen Stände stürmen die königliche Kanzlei auf dem Hradschin und werfen die Beamten Slavata und Martinitz aus dem Fenster. Beide überleben den Sturz (auf einen Misthaufen) nahezu unverletzt, doch war dies der Auslöser für eine 30-jährige Katastrophe.

S. 128/129: **Schloss Belvedere in Wien,** der Palast Prinz Eugens, von der Gartenseite aus.

S. 148/149: **Schloss Schönbrunn.** *Bernardo Bellotto, gen. Canaletto, 1759/61.* Das Bild zeigt die Ehrenhofseite und hält zugleich auch einen historischen Augenblick fest, als Kaisern Maria Theresia die Nachricht vom Sieg der österreichischen Armee gegen die Preußen in der Schlacht bei Kunersdorf erhält. Im Vordergrund die Wagen der Boten, auf dem Balkon schemenhaft die kaiserliche Familie

S. 170/171: **Sturm auf die Bastille am 14. Juli 1789.** Die französische Revolution wälzte nicht nur Frankreich um. Sie wirkte sich auf das gesamte politische System Europas aus.

S. 192/193: **Kaiser Franz Joseph I. auf dem Heimweg von den Manövern,** um 1910.

S. 218/219: **Die Hochzeit von Erzherzog Karl mit Prinzessin Zita von Bourbon-Parma** in Schloss Schwarzau am Steinfeld, in der Mitte das Brautpaar, rechts Kaiser Franz Joseph I., 21. Oktober 1911. Erzherzog-Thronfolger Franz Ferdinand war Trauzeuge. Kaiser Franz Joseph war sichtlich froh über diese Verbindung.

Abkürzungen in den Karten:

Kgr.	Königreich
Kurfsm.	Kurfürstentum
Hzm.	Herzogtum
Ghzm.	Großherzogtum
Erzhzm.	Erzherzogtum
Gft.	Grafschaft
Mgft.	Markgrafschaft
Fgft.	Freigrafschaft

Autorin: Eva Demmerle
Projektmanagement: Lucas Lüdemann
Layout und Satz: die Basis Gbr, Wiesbaden
Fachlektorat: Thomas Kraemer
Korrektorat: Christina Kuhn
Karten und Grafiken: Rolli Arts
Bildredaktion: Astrid Winde
Covergestaltung: Mojca Kumar Dariš, Cankarjeva založba-Založništvo d.o.o., Ljubljana, Slovenia
Abbildungen Vorderseite:
Maria Theresia, Kaiserin (S. 150)
Porträtreihe oben (v.l.n.r.):
Karl V., Kaiser (S. 72), Franz II./I., Kaiser (S. 172), Friedrich III., Kaiser (S. 44), Maria von Burgund (S. 54), Franz Joseph, Kaiser (S. 194), Eleonore von Portugal (S. 51)
Abbildungen Rückseite:
Porträtreihe oben (v.l.n.r.):
Philipp II., König von Spanien und Portugal (S. 96), Zita, Prinzessin von Bourbon-Parma (S. 219), Franz I. Stephan, Kaiser (S. 160), Elisabeth (Sisi), Kaiserin (S. 201), Karl II., König von Spanien (S. 140), Sophie, Erzherzogin (S. 190)

Gesamtherstellung: h.f.ullmann publishing GmbH, Potsdam

Sonderausgabe

Printed in Slovenia, 2015

ISBN 978-3-8480-0723-3

10 9 8 7 6 5 4 3 4 2
X IX VIII VII VI V IV III II I

www.ullmann-publishing.com
newsletter@ullmann-publishing.com
facebook.com/hfullmann
twitter.com/hfullmann